国家社科基金项目（13CTY038）

苏州大学人文社科优秀学术专著出版资助计划

太极拳

延缓认知衰退研究

基于脑科学

岳春林 著

Brain Science for
Delaying
Cognitive Decline in
Tai Chi Chuan

上海交通大学出版社
SHANGHAI JIAO TONG UNIVERSITY PRESS

内容提要

　　本书旨在揭示太极拳锻炼对改善老年人认知功能的影响及其作用机制。全书内容分三部分共八章。第一部分介绍运动延缓认知衰退的研究基础,第二部分说明运动对大脑及海马形态和功能的影响,第三部分探讨太极拳锻炼对认知衰退的影响。本书的研究属于认识人脑功能的范畴,聚焦运动对脑健康的影响。

　　本书适合认知神经科学、康复学、体育学、心理学等领域的研究人员和学生阅读。

图书在版编目(CIP)数据

太极拳延缓认知衰退研究：基于脑科学／ 岳春林著.
—上海：上海交通大学出版社,2020
ISBN 978 - 7 - 313 - 23739 - 2

Ⅰ. ①太… Ⅱ. ①岳… Ⅲ. ①太极拳－影响－长寿－
研究 Ⅳ. ①G852.11②R161.7

中国版本图书馆 CIP 数据核字(2020)第 168374 号

太极拳延缓认知衰退研究：基于脑科学
TAIJIQUAN YANHUAN RENZHI SHUAITUI YANJIU：JIYU NAOKEXUE

著　者：岳春林
出版发行：上海交通大学出版社　　　　　　　　　地　址：上海市番禺路 951 号
邮政编码：200030　　　　　　　　　　　　　　电　话：021 - 64071208
印　制：上海万卷印刷股份有限公司　　　　　　　经　销：全国新华书店
开　本：710mm×1000mm　1/16　　　　　　　印　张：13.25
字　数：216 千字
版　次：2020 年 11 月第 1 版　　　　　　　　　印　次：2020 年 11 月第 1 次印刷
书　号：ISBN 978 - 7 - 313 - 23739 - 2
定　价：68.00 元

版权所有　侵权必究
告读者：如发现本书有印装质量问题请与印刷厂质量科联系
联系电话：021 - 56928178

前　　言

人口老龄化是贯穿 21 世纪的一项基本国情。中国是世界上老年人口数量最多的国家,同时也是全球人口老龄化发展速度最快的国家之一。中国老龄产业发展蓝皮书《中国老龄产业发展报告(2014)》预测,到 2050 年,全世界的老年人口将达到 20.2 亿,其中,中国老年人口将达到 4.8 亿,几乎占全球老年人口数量的四分之一。

认知缺陷正成为 21 世纪人类面临的最大健康威胁之一。多数人随着年龄的增长,一些认知能力会有所下降。我国老年人认知衰退和痴呆的发生越来越普遍。老龄化过程会伴随着一系列大脑结构和功能的变化,某些特定的认知能力比其他能力更容易下降,如大脑信息加工速度、情节记忆以及执行功能等。

越来越多的研究表明,一些简单的干预,如适当的饮食、身体锻炼和认知训练,在延缓认知功能衰退中可起到关键作用,并且身体锻炼还可引发脑容量、脑功能激活等脑可塑性的变化,尤其对那些易患老年痴呆的人群效果更加显著。令人鼓舞的是,越来越多的研究表明,有氧健身对与大脑健康相关的各种变量都有积极的影响。有氧健身可以改变大脑老化的模式,大多数表现出衰退的脑区也正是那些易受健身影响而减弱老化效应的脑区。

太极拳作为中华武术的瑰宝,是中国传统文化的组成部分。太极拳由于其具有轻松柔和、连贯均匀、圆活自然、协调完整的特点,古往今来一直被人们视为一种行之有效的体育疗法,备受青睐,是终身体育锻炼的首选内容。作为具有中国传统文化特色的一种身心锻炼方式,太极拳在替代医学和传统医学中有着特殊的地位。

太极拳锻炼对人体的有益作用已经研究了数十年,但太极拳锻炼延缓认知衰退的科学性研究还非常薄弱。随着人类科学技术的飞速发展,脑成像技术已经广泛地运用到科学研究中来,其中磁共振技术和事件相关电位技术等应用到人类受试者中,可以对锻炼引发身体相关效应的神经机制进行深入的研究。近年来,本课题组对太极拳锻炼延缓认知衰退的现象和机制进行了一系列的探索,在前期多项研究工作的基础上,笔者精心撰写了本书。

本书旨在揭示太极拳锻炼对改善老年人认知功能的影响及其作用机制,为采用体育健身手段延缓老年人认知功能的衰退,保障老年人享受幸福的老年生活提供理论和实践依据,使世界上更多人了解太极拳,接受中国传统文化。本书分三部分共八章。第一部分介绍运动延缓认知衰退的研究基础,包括两章(第一、第二章),第一章认知衰退的神经科学基础和血管生理学机制,扼要介绍了与衰老进程有关的脑形态结构的变化、认知衰退与脑结构的改变以及认知衰退的运动干预研究等有关认知衰退的神经科学基础,从阿尔茨海默病(Alzheimer disease,AD)患者的血管生理学角度,探讨运动干预对 AD 患者认知能力的影响。第二章不同成像技术在运动与脑可塑性研究中的应用,介绍磁共振成像技术和事件相关电位技术,总结这两项技术目前在运动与脑可塑性研究中的应用。第二部分介绍运动对大脑及海马形态和功能的影响,分为三章(第三~五章),第三章运动对脑形态结构的影响,通过运动对灰质体积的影响,运动对脑白质及连接性的影响,介绍了国内外有关运动干预影响大脑形态、结构的研究进展;第四章运动对脑功能的影响,介绍了运动对老年人执行功能的影响、对老年人记忆及空间学习的影响以及对老年人脑功能连接的影响;第五章海马在认知衰退中的作用及运动预防海马老化,介绍了海马体积、结构、功能随着年龄增长的改变情况,衰老海马的血管和炎症性改变以及延缓海马功能衰退的两个重要因素:体育锻炼和环境的富集。第三部分介绍太极拳锻炼对认知衰退的影响,分为三章(第六~八章),第六章太极拳的历史发展和健身特点,介绍了太极拳的起源与发展,并从心血管健康、调节呼吸、运动健身、运动协调、社交互动、运动冥想等六个方面,介绍了当下太极拳的健身特点,且这些特点有助于大脑结构和功能的改善;第七章太极拳锻炼对基本认知功能的可塑性,从注意、记忆、执行功能三个基本认知功能出发,介绍了太极拳对人的认知功能,尤其是执行功能产生的影响,这对于预防老年人认知衰退具有重大的意义。第八章太极拳锻炼对脑结构和脑功能的影响,瞄准学科交叉研究前沿,从小世界结构网络、大尺度功能网络、全脑灰质密度比较和基于

ROI 的局部一致性分析,到 2 - back 任务相关静息态 fALFF 值、2 - back 任务相关 ERP 等角度,揭示了太极拳锻炼对延缓认知衰退的影响及其作用机制。

　　太极拳锻炼延缓认知衰退是一个十分复杂的问题,我们近年来的探索仅关注了几个问题,大量问题仍然需要进一步深入开展多学科交叉的系统研究。同时,认知神经科学的发展日新月异,而理论书籍的写作往往需要一定时间的积累,其中有些观点可能过时,或存在不当之处。尽管本人尽了最大的努力,仍难免存在遗憾和不足之处,真诚希望得到同行专家和读者的批评、指正,同时也希望本书的出版可以起到抛砖引玉的作用。

目　　录

第一部分

运动延缓认知衰退的研究基础

第一章

认知衰退的神经科学基础和血管生理学机制

人口老龄化是贯穿我国 21 世纪的一项基本国情。中国是世界上老年人口数量最多的国家,同时也是全球人口老龄化发展速度最快的国家之一。中国老龄产业发展蓝皮书《中国老龄产业发展报告(2014)》预测,到 2050 年,全世界的老年人口将达到 20.2 亿,其中中国老年人口将达到 4.8 亿,几乎占全球老年人口数量的四分之一(吴玉韶等,2014)。衰老是个整体的生物进程,它改变了所有组织的解剖、神经化学和生理功能,包括脑组织的结构、功能和形态,其主要生理病理学改变有:脑重量减少和脑萎缩;神经元数量减少,神经胶质细胞数量增加;老年斑产生;神经元纤维缠结等。随之而来的是脑功能发生的各种程度的衰退,这些衰退在认知能力方面会有所体现,如老年人部分认知能力的显著下降,即认知衰退的发生等。

本书将总结现有和增龄相关的大脑变化以及认知能力变化的文献,讨论运动影响正常认知衰退的机制和条件。

第一节 认知衰退的神经科学基础

一、与年龄增长有关的脑形态结构的变化

(一)横断面研究

1. 人体解剖学研究

对成年个体进行的解剖学研究显示,与增龄有关的大脑结构的改变很多,

主要包括脑重量下降，脑体积减小，脑室扩大和脑沟扩张（Skullerud，1985）。镜检可观察到大脑皮质神经元胞体的凋亡（Marner et al.，2003），有髓神经纤维的髓鞘异常（如节段性脱髓鞘，再髓鞘化）（Griffiths et al.，1975；Sharma et al.，1980），神经元的萎缩和畸形（Haug，1985），树突形态的变化（如树突棘数量下降、树突轴缩短，以及树突分支减少等）（Nakamura et al.，1985；Rafols et al.，1989），脂褐素的积累（Terman and Brunk，1998），脑血管的稀疏化（Riddle et al.，2003），突触密度降低（Morrison and Hof，1997），传入神经阻滞（Bertoni-Freddari et al.，2002），线粒体损伤的累积（Brunk and Terman，2002），DNA 修复能力下降，核 DNA 受损的神经元无法清除（Rutten et al.，2003）等。衰老对大脑的一些影响是整体性的，影响整个中枢神经系统，但在许多情况下，与年龄相关的差异是有局限的，仅限于特定的区域和皮质（Uylings and de Brabander，2002）。尸检（postmortem，PM）研究的主要优势在于解剖学的精确性，允许人们对大脑进行最详尽的研究。一般来说，PM 文献仅限于对医疗资料和行为史不全且无法同时进行评估的人的遗骸进行横断面调查。

2. 脑区体积、灰质白质体积和皮质厚度

自磁共振成像（MRI）技术出现以来，健康衰老大脑的颅内体积测量一直在进行。总结这些研究的结果比较困难，因为研究之间的差异显著，不易解释。有文献表明，前额叶皮质比其余皮质更易受到影响（平均体积与年龄的相关性 $r=-0.56$）。随着年龄的增长，颞叶体积与年龄的相关性有所下降（中值 $r=-0.37$），顶叶（$r=-0.20$）和枕叶（$r=-0.19$）皮质的差异性变小（Raz，2004）。此外，海马体积与年龄呈中度负相关，杏仁核、小脑和新纹状体也是如此（相关系数介于 -0.30 至 -0.43 之间）。有报道称苍白球（$r=-0.20$）、丘脑（$r=-0.28$）与年龄相关的差异很小，其中后者的报告高度不一致（Raz，2004；Walhovd et al.，2005）。白质和灰质，随老化的发展其变化趋势呈现明显区别。研究者发现，从儿童期到老年期，灰质体积表现为线性减小的趋势，而白质体积则以另一种趋势改变（Sullivan et al.，2004）。Bartzokis 等发现，在大脑老化过程中，白质和灰质的体积呈现不同的变化趋势。新皮质的灰质体积呈线性减小（前额叶的减小程度大于颞叶）趋势，而这两个脑区的白质体积则呈现倒"U"形趋势。研究者采用基于体素的形态测量学（voxel-based methods of digital morphometry，VBM）自动化分析法得到了白质体积随年龄增长,呈倒"U"形变化的结果。此外,该样本还发现了灰质体积随年龄增长而减小的趋势(Good et al.,2001)。在另一项 VBM 研究中,研究者发现灰质体积随年龄增长显著减小,而白质体积未出现明显的年龄差异(Van Laere and Dierckx,2001)。一项针对 600 多名健康老年人的研究显示,与体积学文献所描述的萎缩模式相比,萎缩并没有那么集中,且与一些受年龄影响的初级皮质有关(Lamaître et al.,2005)。然而,对 14 个大脑区域的脑沟形态的测量发现,脑沟宽度和深度会随着年龄的增长而增加,特别是在专门进行多模式处理的皮质区域(Kochunov et al.,2005)。

3. 白质显微结构的年龄差异

尽管在成年期的大部分时间里,脑白质总体积保持相对稳定,但也能观察到其微观结构随年龄增长有明显的变化(Kemper,1994)。在 T2 加权的 MRI 扫描中,即使是无症状的老年人,白质中也可见多个脑白质高信号(white matter hyperintensities,WMH)。WMH 的神经病理学基础多种多样,包括神经胶质瘤、神经鞘萎缩和室管膜下心室内膜破裂(De Leeuw et al.,2001)。WMH 形成的其他原因包括脑灌注减少以及边界区域的脆弱性增加(Brant-Zawadzki et al.,1987),症状不明显的缺血(Pantoni et al.,1996)。年龄是 WMH 最可靠的预测因素,但导致脑血管疾病的危险因素,如高血压、短暂缺血发作史、颈动脉粥样硬化、脑静脉胶原增厚、皮质血管密度减少和各种小血管疾病的血液循环标志物也与 WMH 数增加有关(De Leeuw et al.,2001;Pico et al.,2002)。值得注意的是,抗高血压治疗可以降低但不会消除 WMH 的风险(Raz et al.,2003a-c)。越来越多的人认识到,WMH 并非均匀分布于脑白质中,而是表现出额叶区域更显著的特征(Fazekas et al.,2005),之后随着年龄的增长和影响心血管健康的危险因素的增加,可能逐渐向大脑后部区域发展(Artero et al.,2004)。总之,虽然 WMH 存在于表面健康的老年人中,但并不完全是良性的。

胼胝体前侧的连合纤维特别容易老化(Meier-Ruge et al.,1992;Sullivan and Pfefferbaum,2003)。弥散张量成像(diffusion tensor imaging,DTI)和弥散加权成像(diffusion weighted imaging,DWI)等新方法,有望为研究与年龄相关的白质微观结构变化提供新的途径(Sullivan and Pfefferbaum,2003)。虽然弥散成像的研究目前仍然很少,但已经有了一些共同的发现。高龄与整个大脑、额叶白质和豆状核的平均弥散系数(average diffusion coefficient,

ADC)增加有关,但与顶叶白质、内囊后肢、丘脑和胼胝体无关(Sullivan and Pfefferbaum,2003；Abe et al.,2002；Nusbaum et al.,2001；Rovaris et al.,2003)。纤维完整性的另一个标志——各向异性分数(fractional anisotropy,FA)随着年龄的增长在半卵圆中心和顶叶周围区域、胼胝体膝中降低(Zhang et al.,2005)。胼胝体前部对比后部,额叶白质对比颞叶、顶叶和枕叶白质的,与年龄相关的各向异性下降更大(Head et al.,2004；Salat et al.,2005)。值得注意的是,除了白质中 FA 的年龄趋势一致外,灰质(尤其是豆状核)FA 值随着年龄的增长而增加(Furutani et al.,2005；Zhang et al.,2005)。虽然这些趋势的生物学基础尚不清楚,但它们可能反映了基底神经节的髓鞘损伤和矿化(mineralization)的平行过程。

总的来说,现有的关于白质扩散特性的研究集中在前脑-后脑梯度衰退的概念上,尽管这种梯度可能反映了衰老的病理改变,而不是其正常过程(Artero et al.,2004)。目前,还不清楚基于全脑扩散的白质完整性指数是否大大增加了传统容量法和半定量评价 WMH 数所提供的信息(Rovaris et al.,2003)。不过,有可能的是,ADC 局部的不同或 FA 的纵向变化比全脑扩散率的测量更有价值(Mascalchi et al.,2003)。

对正常老化大脑的横断面研究支持了差异老化的概念,在这种情况下,皮质联合区比感觉区域更易受衰老的影响。尽管如此,横断面设计仅限于年龄差异的调查,由于可能存在的群体效应和长期趋势,以及不受控制的个体差异,可能会削弱真实年龄效应,因此本质上它无法揭示真正的变化。此外,对横断面结果的解释有几个主要的注意事项。首先,被调查的样本大多是"方便样本",其人口学和健康相关特征各不相同。虽然活体研究的平均样本量比 PM 调查的样本量大得多,但按照流行病学标准,样本量仍然很小,无法对人口学的变化和健康变量进行有效的统计控制。其次,样本的年龄组成不同,由于皮质体积的一些区域差异可能会遵循非线性轨迹,年龄分布异常(65 岁以上50%)(Salat et al.,2004；Lamaître et al.,2005)可能解释了不同于矩形年龄分布样本的结果模式(Raz et al.,2004a-c)。再次,当"超级健康"的老年人与普通年轻人相比时,年龄的影响可能被低估。此外,在测试时,表面上健康的老年受试者可能存在与年龄相关的临床前症状,这可能会夸大年龄效应的估计(Sliwinski and Buschke,1999)。最后,不同样本的测量方法和感兴趣区(regions of interest,ROIs)的划分是不同的,即使是对于最常测量的大脑结构如海马(Jack et al.,1995),也是不同的。使用基于体素的方法的研究增加了方法的可变性。然而,当方法差异得到控制时,对区域脑容量的年龄差异(不像性别差异和半球不对称)的估计在样本之间是相对稳定的,至少来自相同人群和使用类似方法时是如此(Raz et al.,2004a-c)。纵向研究有望缓解横断面调查的不足。

(二)纵向体积研究

1. 内侧颞叶结构

研究人员非常关注内侧颞叶结构,包括海马(hippocampus,HC)和内嗅皮质(entorhinal cortex,EC)。其中一个重要原因是它们被认为是最先发现的、与阿尔茨海默病病理特征相关的病灶(Braak and Braak,1991)。此外,EC 的改变更易发生在那些生前有认知损伤的人的身上(Kordower et al.,2001;Price et al.,2001)。相比之下,正常老化对 EC 体积的影响可以忽略不计(Insausti et al.,1998),尽管存在一些独立的 PM 样本,如在 EC 的 II 板层内可以观察到相当多的与衰老相关的神经元凋亡(Simic et al.,2005;Merrill et al.,2000)。而海马体积减小是 AD 以及非痴呆个体 AD 型病理表现很好的预测指标(Laakso et al.,2000),而对 EC 体积的比较更适合把正常老化的个体从轻度认知损伤的个体中鉴别出来(Killiany et al.,2002)。

纵向研究结果表明,HC 的体积以每年 1.23% 的速度减小(Raz,2004)。较年轻和较健康的受试者表现出 HC 的体积缩小速度较慢的趋势(每年低于1%),而在 70 岁及以上的非痴呆成年人中,其每年体积减小幅度约为 1.7%。样本内比较显示,即使在非常健康的人群中,年龄较大的受试者的 HC 的体积减小率也是年轻受试者的 2 倍以上(Liu et al.,2003;Raz et al.,2004a-c)。这些差异与几个横断面样本中年龄与 HC 体积非线性关系的报道预期一致(Raz et al.,2004a-c;Fjell et al.,2005)。然而,这些比率远低于 AD 中观察到的 3%～4% 的年减小率(Jack et al.,2000),并且几乎比 AD 基因易感人群HC 体积的减小少一个数量级,后者每年达到约 8%(Fox et al.,1996)。虽然HC 的纵向体积减小看起来相当大,但结果必须限定高血压等病理因素和其他脑血管危险因素对 HC 体积下降的显著加速作用。

只有少数的纵向研究考查了健康成年人 EC 体积的变化。海马旁回(包括EC)的体积显著减小最早是在一个健康脑衰老的纵向研究中观察到的(Kaye

et al.，1997）。在两个仅限于老年人的小样本中，EC 体积显著减小（每年
1.4%和 2.6%）（Cardenas et al.，2003；Du et al.，2003）。两个年龄范围更广
的研究，其结果相互冲突。在一个平均年龄为 46 岁的小样本中，EC 体积每年
减小 1.6%，HC 体积未发现变化（Schott et al.，2003）。在间隔 5 年测量健康
成年人 HC 和 EC 体积的更大样本中，研究人员观察到一种不同的模式（Raz
et al.，2005）。HC 体积的显著减小伴随着 EC 体积最小限度的减小。有趣的
是，这两种结构的衰退速度都随着年龄的增长而加快，HC 的衰退速度更快。
年轻的受试者（年龄在 50 岁以下）没有发现 EC 体积减小，只有轻微的 HC 体
积减小；而年长的受试者 EC 体积减小大约和年轻人 HC 减小的幅度相近（大
约每年 0.5%）。一项对健康成人内侧颞叶区域血流动力学特性的研究显示，
两个海马区域（下托和齿状回）都呈现了随增龄而体积显著减小的模式，而 EC
中没有年龄相关性差异（Small et al.，2000）。值得注意的是，在这项研究中，
只在年龄最大的参与者（70～88 岁）中观察到 EC 的基础代谢显著下降。然
而，必须注意的是，EC 体积的减小似乎与 HC 体积减小中起重要作用的血管
病理因素无关（Du et al.，2006）。

2. 小脑及其他后脑结构

四项纵向研究（Raz，2004）考查了小脑体积的变化，其中一篇研究测量了
小脑蚓部和腹侧脑桥体积变化的纵向过程。所有的研究都严格控制了年轻人
和老年人的年龄范围。有研究结果表明，所有后脑结构，其体积都会随着老化
而减小。但是，各种结构的体积减小率不同。小脑半球的年减小率略大于小
脑蚓部，而脑桥前侧最低（Raz et al.，2003a‐c）。

3. 纹状体核团

纹状体，虽然它在运动控制和学习中具有重要性（Alheid et al.，1990；
Nakamura et al.，2001），但在老龄化的纵向研究中受到的关注相对较少。大
多数现有的研究仅限于年轻人的小样本和短期随访（Raz et al.，2003a‐c）。
在年轻人中，研究结果喜忧参半。部分研究显示尾状核明显萎缩，即使在相对
年轻的年龄，每年萎缩也超过 1%。研究者对 53 名年龄在 20～77 岁之间的健
康成人进行了 5 年的随访，发现他们所有纹状体核团的体积均随老化呈线性
下降。然而，不同核团的体积下降的速度各不相同，尾状核的下降速度最快
（每年 0.83%），壳核和苍白球的下降速度较慢（分别为 0.73%和 0.51%）。观
察到的纹状体的体积减小呈线性，与年龄无关。年轻人纹状体核团体积减小

的速度与老年人大致相同。这些发现与药理学、神经影像学结果一致，表明纹状体和前额皮质中多巴胺能（DA）活性的显著下降（Bäckman and Farde，2004；Erixon-Lindroth et al.，2005）。

4. 脑室系统

脑室的神经解剖结构不如脑实质稳定。大脑和脑室的全面测量可以以极高的可靠性和高度的自动化来完成。因此，在许多有关衰老的神经解剖学研究中，人们常用脑室和全脑体积作为大脑改变的指标。在所有的研究中，对脑室的测量显示，脑室系统的容积以平均每年 2.9% 的脑室扩张率增长（Raz，2004）。随着年龄的增长，脑室的扩张速度可能加快。5 项针对老年受试者的研究（Hu et al.，2001；Mueller et al.，1998；Resnick et al.，2003；Sullivan et al.，2002；Tang et al.，2001）表明，脑室扩张速度平均年增长率为 4.25%（2.90%～5.56%），而在由年轻受试者组成的 4 个样本中（Cahn et al.，2002；DeLisi et al.，1997；Ho et al.，2003；Saijo et al.，2002），脑室扩张速度平均仅为每年 0.43%。此外，至少有一项研究（Scahill et al.，2003）报告了与年龄相关的脑室扩张显著加速，但没有提供百分比（Raz，2006）。

当涉及与年龄相关的变化时，脑实质的总体积虽然呈现与脑室体积相似的总体指标，但表现很不同。与年龄相关的脑室扩大相比，脑实质萎缩较小。在 13 项研究中（Raz，2004），中值仅为每年 0.18%。尽管如此，与进展性脑室扩大一样，脑实质萎缩率随着年龄的增长而加速，尽管对于年龄最大的受试者来说，整体萎缩的幅度也很小（每年 0.35%）。值得注意的是，在两项分别考虑灰质和白质的研究中，研究者观察到了更显著的体积减小。其中一项研究发现，老年人的灰质和白质会显著减小，分别为每年 1.17% 和 2.52%（Thompson et al.，2003）。另一项研究显示，灰质体积的缩小速度比全脑脑实质的缩小快得多，0.90% vs. 0.20%，前者速度是后者的 4 倍多（Cardenas et al.，2003）。巧的是，脑实质体积的年平均减小率与 PM 样本中估计的每年 0.18% 的新皮质神经元凋亡率相差不大（Pakkenberg and Gundersen，1997）。必须指出的是，研究所观察到的脑皮质缩小的差异模式并不是老年人所特有的；在较年轻的个体中，前额叶和顶叶（不包括枕叶）的灰质体积在青少年早期至成年早期也会下降（Giedd et al.，1999）。

与灰质相比，一些横断面比较表明，在年龄范围较广的样本中，白质衰老遵循非线性过程（Bartzokis et al.，2001；Raz et al.，2005）。在由年龄非常大的参与者组成的样本中,通常会发现与年龄相关的白质体积的显著差异(Salat et al.,1999)。此外,在对健康成年人进行的超过5年的纵向研究中,研究者观察到显著的年龄与时间的相互作用(Raz et al.,2005),这表明白质收缩的大小与年龄有关。从生命的第五个十年开始,健康的成年人表现出脑白质体积明显的萎缩,而年轻的成年人则相反,显示出无变化。在一项关于正常发育的纵向研究中,研究者观察到儿童期和成年早期白质体积稳步增加的模式(Giedd et al.,1999)。因此,白质的体积,尤其是前额叶区域的白质体积遵循一个非线性的纵向过程,从出生到青年阶段呈线性增长,中年期趋于平稳,随后几年急剧下降(Raz et al.,2005)。

综上所述,对衰退的神经解剖横断面和纵向的体积研究表明,随着年龄的增长,大脑内部脑脊液(cerebrospinal fluid,CSF)填充的空腔存在明显的加速扩张现象,脑实质出现轻度收缩,脑白质病变也在不断增加。关联皮质、新纹状体、海马和小脑,以及连接这些区域的深部白质束,比主要感觉皮质、内嗅皮质、古纹状体、脑桥和相关的白质通路对衰老似乎更为敏感。这些结构变化的细胞和代谢有怎样的相关性? 它们在体内可以观察到吗? 到目前为止,利用磁共振波谱(magnetic resonance spectrum,MRS)对其进行的研究不多。

二、认知衰退与脑结构的改变

随着年龄的增长,脑区容量和白质完整性的差异与认知能力有关。然而对文献的回顾,只观察到中等关联程度(Raz,2000)。对结构和认知具有关联的研究,实验结果不易重复且对样本的组成和认知测量的选择很敏感。到目前为止,海马体积大小与记忆表现之间存在关联的证据还是相当薄弱的,与病理样本中观察到的更清晰的结果相矛盾(Raz,2000)。若有可能对海马进行更精细的测量或更长的延时记忆评估,也许会发现海马体积和记忆之间更密切的联系。当对大脑衰老的特定标志物(如神经纤维缠结与淀粉样蛋白沉积)体内评估变得可行时,这种关系也有可能变得清晰。

在认知衰退的其他领域也观察到结构和功能的关联。在执行功能的任务(如威斯康星卡片分类测试)中,成绩好坏与前额叶皮质体积大小(Raz et al.,1998;Gunning-Dixon and Raz,2003)、前额叶WMH数多少(Gunning-Dixon and Raz,2003)有关。年轻人的海马体积更大,神经元代谢标志物N-乙酰天门冬氨酸(N-acetylaspartate,NAA)水平也更高,他们的空间记忆成绩优于老年人(Driscoll et al.,2003)。在一项 MRS 研究中发现,年轻人对单词列表的记忆能力与前额叶灰质乳酸盐(葡萄糖利用的代谢产物)的增减有关,而老年人则没有这种关联性(Urrila et al.,2004)。

运动知觉技能的年龄差异以及动作的速度和准确性可能受纹状体结构(尾状核和壳核)以及前额皮质和小脑的体积差异影响(Kennedy and Raz,2005;Raz et al.,2000)。值得注意的是,在技能习得过程中,大脑结构和成绩之间的关系可能会发生变化。例如,在旋转追击任务训练的高级阶段,只有小脑的体积,而不是壳核,仍然是成绩的重要预测指标(Raz et al.,2000)。这项研究说明,认知功能和脑结构之间的关系可能是比较脆弱的。区域脑容量和成绩之间的联系可能会出现也可能会消失,这取决于测量认知能力的哪个方面和哪个阶段。

这些结构之间的关系有可能受到老化的影响,而与年龄相关的认知衰退则可能是由于连接的减少而产生的,这种连接会影响前额-纹状体和前额-小脑的协同作用。皮质-皮质下连接的变化可能会影响维持认知能力所需的资源的使用,例如工作记忆。工作记忆在调节与年龄相关的认知差异方面的作用尚不清楚。工作记忆可能直接影响认知和运动成绩,也可能通过与其相关的大脑结构中与年龄相关的差异来影响。问题是,即使是相同的样本,工作记忆对成绩的间接影响也可能是在不同的大脑区域,由与年龄相关的差异进行调控的,如前额叶皮质(河内塔任务,Head et al.,2002)或小脑(旋转追击任务,Raz et al.,2000)。然而,有报道称,前额叶皮质某些脑区的体积与工作记忆任务的成绩之间存在独立的负相关关系(Salat et al.,2002;Van Petten et al.,2004)。因此,在正常的老年人中,同时测量的脑区体积和认知能力之间的联系尚不清楚,个体差异很可能是由于年龄以外的因素,如心血管疾病引发的。有报道称,随着时间的推移,可在有各种血管病危险因素的人群中观察到工作记忆的衰退及其与脑萎缩的联系,但在健康成年人中并未发现。因此,即使在相对健康的人群中,心血管病风险也可能在解释认知任务成绩与脑区变化之间的关联方面发挥重要作用(Raz et al.,2007)。

WMH 数的增加不利于执行控制速度加快的任务,并且白质完整性指数可能与前额叶的体积无关(Gunning-Dixon and Raz,2000;Gunning-Dixon and Raz,2003)。使用 DTI 评估白质完整性的研究表明,由前额叶回路调节的功能（如语言流利性）与白质各向异性之间具有特定关联（O'Sullivan et al.，2001）。然而，WMH 数的增加可能与执行功能年龄差异相关（Prins et al.，2005）。

综上所述，目前还无法评估正常衰老过程中脑区体积与认知功能之间的真实关联。横断面研究的脑结构特征与认知能力之间的关联，因两者实质的个体差异而很难辨别。纵向研究中，个体水平差异得到控制，个体变化差异可以独立于个体水平差异进行测量。最终结果表明，大脑结构与认知之间的联系较为显著。例如，即使在健康人群中，EC 缩小也与记忆力下降有关（Du et al.，2003；Rodrigue and Raz，2004），代谢受损的 EC 会带来随后的记忆衰退（de Leon et al.，2001）。纵向研究中，WMH 数的增加与某些执行任务的成绩下降有关（Cook et al.，2004），同时也有报道指出，前额区 WMH 数的增加与运动灵巧度的下降之间存在特定的联系（Fazekas et al.，2005）。因此，纵向研究显示出反映认知衰退的神经解剖学机制的潜力，但这类研究还太少，尚不能得出明确的结论。

三、认知衰退的其他调节因素

多种因素会影响大脑衰老和认知衰退，改变个体和整个物种的轨迹。其中一些因素会加速年龄相关的脑老化，而另一些则可能减缓老化，延长大脑到达病理状态的时间。确认这些因素并评估它们在认知衰退中的作用，对于理解认知衰退的神经学基础至关重要。

（一）高血压等心血管疾病危险因素

原发性高血压是一种与年龄相关的慢性疾病，与心血管系统的多种改变有关（Marin and Rodriguez-Martinez，1999）。血压的持续上升强化了衰老对大脑结构的影响（den Heijer et al.，2005），确诊的高血压患者比未诊断或未治疗的患者认知能力下降的风险小（Tzourio et al.，1999）。值得注意的是，从样本中剔除正在接受医学治疗的高血压受试者，可以显著降低脑与认知的老化效应（Raz et al.，2005；Head et al.，2002）。接受过治疗的高血压患者，其脑白质异常的患病率一般高于正常对照组（van Swieten et al.，1991），同样，前额灰质和白质体积也有明显减小（Raz et al.，2003a－c）。此外，高血压会加速与年龄相关的海马萎缩,这可以用来解释其高度非线性的年龄轨迹(Raz et al.,2005;Du et al.,2006)。与高血压相关的 HC 缩小会因腔隙性梗死的存在而加剧,而在 EC 萎缩上没有发现这种影响(Du et al.,2006)。在正常衰老过程中通常很稳定的脑区,如初级视觉皮质,高血压患者和其他心血管疾病患者也会出现纵向衰退现象。后者符合一种模型,在该模型中,衰老的一般趋势(前额叶萎缩)会因为引起后部脑区变化的血管疾病而发生改变(Artero et al.,2004)。事实上,与健康成年人相比,有血管疾病危险因素和血管疾病的人显示出顶叶区域 WMH 扩展较快,扩展速度与较高的收缩压有关。研究发现,在自发性高血压大鼠中前额叶对高血压具有选择性易感,并且抗高血压药物的治疗似乎在前额皮质中显示出更大的神经保护作用(Sabbatini et al.,2001)。

除了高血压,心血管疾病风险的代谢标志物也可能与衰老的脑结构差异有关联。其中一个标志是同型半胱氨酸(homocysteine,Hcy),它是一种氨基酸,由 B 族维生素作为辅助因子参与合成。在健康成人中,Hcy 的增加与海马萎缩(den Heijer et al.,2003)、灰质总体积减小(Whalley et al.,2003)和脑室扩张(Sachdev et al.,2002)有关。血浆中总 Hcy 水平的升高预示着非痴呆老年人的认知能力下降,并与广泛的神经心理学测试中成绩较差相关(Teunissen et al.,2003),尤其是那些测量延迟回忆和执行控制的测试(Dufouil et al.,2003)。因此,Hcy 可能是大脑变化的一个重要因素,而这些变化往往与正常衰老有关。此外,由于研究的横断面性质,无法得出 Hcy 升高是否先于脑老化,还是与脑老化同时发生,或者是由脑老化引起的结论。值得注意的是,一些已知的脑萎缩促发因子,如慢性酒精中毒,也与 Hcy 升高有关,Hcy 升高可预测海马萎缩程度超出年龄预期的水平(Bleich et al.,2003)。

(二)运动锻炼

随着年龄的增长,神经行为功能逐渐衰退,这对 65 岁及以上的成年人有相当大的影响。令人鼓舞的是,越来越多的研究表明,有氧健身通过多种变量对大脑健康产生积极的作用(Cotman and Berchtold,2002)。常运动锻炼能促进大脑的健康,应付日常的挑战。积极参与身体锻炼,有意识地接受多感官刺激,可以防止大脑功能衰退。一般来说,认知能力和运动能力会因为久坐而显著下降。关于脑老化与锻炼的研究,都是基于一些脑结构和脑功能的间接测量的方法,这些研究大致都得出了这样的结论:执行功能和与之相关的脑结构对于有氧健身的积极作用非常敏感(Colcombe et al.,2003)。

有研究证实了有氧锻炼对脑老化的积极作用(Colcombe et al.,2003)。该研究通过估计最大摄氧量来考查有氧锻炼对 55 个健康受试者的作用,研究者采用 VBM 技术分析 MRI 扫描数据,从而测量大脑的完整性。该研究发现了与老化相关的大脑变化的典型模式:皮质区(前额、顶上、顶下及颞下)和前额叶白质的脑组织密度随年龄增长而减小,而枕叶和运动区不受年龄的影响。此外,该研究发现,有氧健身可以改变大脑老化的模式,所有表现出老化相关衰退的脑区正是那些容易受健身影响而减弱老化效应的脑区,因此有氧锻炼就像是大脑老化潜在的调节器。

虽然身体锻炼对大脑健康的确切作用尚不清楚,但有一种共识是,运动锻炼有助于神经保护(Hillman et al.,2008;Taubert et al.,2010)。其中一个过程是通过有意识的锻炼来加强基于经验的神经可塑性(de Felipe,2006),大脑的结构和功能变化(神经重构)包括新神经元的发育(神经发生),新神经胶质细胞的产生(神经发生),现有连接的加强或新突触的生长(突触发生),以及大脑新血管的形成(Buonomano and Merzenich,1998;Ponti et al.,2008)。大脑的可塑性是一个终生持续的过程,在成人后期也会继续发挥重要作用。身心活动必须具有大脑刺激和身体上的适宜性,才能给老化的大脑带来更大的好处(Colcombe et al.,2003,2006)。

第二节　运动影响认知能力的血管生理学机制

人们通常认为正常脑老化与神经系统退变性疾病如阿尔茨海默病、帕金森病等相互独立,有本质区别:前者是一种正常生理现象,年龄是其主要因素,引发的记忆损伤是轻度、选择性的缓慢下降;后者脑的结构与功能已经发生病变,患者记忆损害是重度、全面性的进行性衰退。然而,越来越多的证据表明两者具有相互重叠的临床和病理特征、相似的病因和发病机制(Hunter,2012)。有研究证实脑老化是脑退行性疾病的初级阶段,与增龄性脑疾病的发生有相同基础(Hunter,2012;Fjell,2009)。β-淀粉样蛋白(amyloid β-protein,Aβ)一直被认为是阿尔茨海默病的病理性标志物,但是尸检发现,认知功能正常的老年人脑内也有大量的 Aβ 存在。同时最近有学者对阿尔茨海默病 Aβ 学说提出质疑,并认为对于迟发性散发性阿尔茨海默病患者,针对年龄等相关因素进行预防或许有效。因此,脑老化的研究不仅对健康老年人有意义,对于了解脑老化相关疾病也具有重要意义。

了解脑老化对脑血流和认知的不利影响,有助于确定有效的策略来减轻其对人的影响。有规律的运动是一种有助于提高认知功能的干预手段,然而运动背后的生理学原理尚不清楚。下面从阿尔茨海默病的血管生理学角度,探讨运动干预对该病患者认知能力的影响,进而了解运动对正常认知衰退影响背后的血管生理机制。

一、AD 病理学特征

根据阿尔茨海默病协会报告,超过 65 岁的成年人,有三分之一死于阿尔茨海默病或其他痴呆。2000—2010 年,心血管疾病、脑卒中和艾滋病的死亡率已经下降,而死于 AD 的人群数量却增加了 68%。

AD 是一种最终导致痴呆的特殊神经系统退行性疾病。具体而言,AD 的病理特征表现为脑中的异常簇(淀粉样斑块)和纤维束(神经原纤维缠结)。淀粉样前体蛋白被裂解形成淀粉样肽。通常脑中的淀粉样蛋白的产生与清除是平衡的,从而防止累积。然而,在 AD 早期,这些淀粉样蛋白碎片聚集在细胞膜内形成斑块。淀粉样斑块可导致神经退行性病变,并与认知产生关联。然而,并非所有淀粉样蛋白聚集显著的个体都会发展为 AD。此外,通过免疫接种来清除和减少淀粉样蛋白的干预措施在治疗疾病方面,尚未有成功的临床结果出现。AD 的病理变化和大脑衰老之间有着复杂的相互作用,因此,预防 AD 是一个多方面的问题。

神经原纤维缠结是过磷酸化 tau 蛋白的聚集物,影响神经退行性改变 (Duyckaerts et al. , 2009)。tau 蛋白曾被认为在预防 AD 中作用有限,但现在它被认为是 AD 病理的重要中介。tau 蛋白磷酸化可能会影响微管的稳定,改变突触正常的调节功能,或影响神经信号,从而导致认知功能的变化。淀粉样蛋白和 tau 蛋白沉积的增加被认为是神经系统病变,是 AD 的特征。

临床上,AD 或痴呆的最初症状表现为主观记忆障碍。轻度认知功能障碍 (mild cognitive impairment,MCI)的患者表现为有一些认知障碍但没有达到

AD 或痴呆的程度。这些患者在一个或多个认知功能方面有缺陷，但他们能够维持大多数日常活动。MCI 患者或表现出进一步的认知能力下降，最终被诊断为 AD 或其他痴呆。

大脑中淀粉样蛋白和 tau 蛋白的积累，以及神经元功能变化的假设，并不能完全解释 AD 的病理生理学原理。大规模免疫试验的失败和尸检证据表明，认知正常的个体可能有显著的 AD 病理特征，这表明还有其他需要考虑的机制。最近的一项研究调查了为什么一些人对痴呆有更高的抵抗力。在 AD 病理显著的个体中，更大的脑体积和海马体积解释了认知正常的成年人和痴呆患者之间的差异（Erten-Lyons et al.，2009）。更大的脑体积可能带来更多的储备或更高的基线。因此，在认知发生显著变化之前，会出现更多的 AD 病理特征。此外，有明确的 AD 病理特征的认知正常个体可能有代偿机制来保护神经退化，如突触数量的差异（Scheff et al.，2007）或凋亡通路的差异（Cotman and Anderson，1995）。

二、运动干预对脉管系统的影响

随着年龄的增长，脑容量和灰质体积在减少（Raz et al.，2005）。重要的是，在认知正常的老年人中，心肺功能越强，与年龄相关的灰质萎缩率就越低，尤其是前额叶、顶叶和颞叶皮质（Colcombe et al.，2003）。在一项跟踪认知正常老年人的纵向研究中（Larson et al.，2006），那些每周锻炼 3 次或 3 次以上的受试者在 6 年的随访期间保持无痴呆的可能性更大，且不受其他痴呆危险因素的影响。同样的道理，在研究的 9 年内，每周步行量大（以街区为单位）预示着更高的灰质体积（Erickson et al.，2010）。步行量 72 个街区/周是保护海马、前额叶和颞叶区域免受衰老影响的阈值。在 9 年的随访中发现，运动量与 MCI 相关。以上研究强调了作为预防 AD 和痴呆的一种措施，有规律的锻炼对于减缓与年龄相关的脑容量下降具有重要作用。

有规律的体育活动和锻炼可以预防心血管疾病，减少患 AD 和痴呆的风险。Barnes 和 Yaffe 最近计算了人群归因风险，包括风险因素的流行程度以及该风险因素与 AD 诊断的相关性。在所有可改变的 AD 危险因素（包括糖尿病、高血压、肥胖、吸烟、抑郁等）中，将体育活动频率提高 25% 是对抗 AD 最有效的措施（Barnes and Yaffe，2011）。这还可能低估了实际效果，因为体育活动也可能间接改变高血压、肥胖或抑郁等其他危险因素的患病率。

在运动过程中,依赖于运动的模式和强度,大脑的血流量会显著增加或减少,在稳态循环中,尽管平均动脉压保持不变,但脑血流、心输出量和氧气消耗会同时增加(Hiura et al.,2014)。脑局部血流量的增加与中枢命令、骨骼肌传入神经相关的神经网络有关(Mitchell,2013),在运动开始时,大脑的中央指挥系统同时启动骨骼肌收缩和自主神经系统的变化。因此,运动开始时大脑血流量的增加并不仅仅源于心输出量的增加,还与大脑代谢的变化,提供了更多的神经激活有关。

运动时大脑的血流量与运动强度有关。在健康人群中,从低强度到中等强度的自行车运动,主要通过颈动脉、椎动脉和大脑中动脉(middle cerebral artery,MCA)的血流量增加来实现。在较高的运动强度下,血流速度趋于平稳或下降(取决于血管),而颈动脉血流量继续上升(Ogoh,2009)。这种效应被认为是人体通过颈外动脉的血流量增加维持高强度运动期间的体温调节(Sato et al.,2011)。因此,高等强度的锻炼会导致流向大脑的血液急剧增加。然而,目前还不清楚定期锻炼是否会长期提高安静时的大脑血流量。

目前还缺乏将 AD 病理学特征、神经退行性病变与血流调节联系起来的信息。然而,许多研究表明血管疾病风险与 AD 或痴呆发病率的增加有关。Roberts 等人报道了有或没有心脏病的成年人之间 MCI 累积发病率的差异(Roberts et al.,2013)。在这项研究中,心脏病包括房颤、冠心病和(或)充血性心力衰竭。与无心脏病的对照组相比,有心脏病的个体 MCI 的危险比为1.77∶1。除了心脏病,其他心血管疾病的危险因素,如高血压、肥胖和糖尿病,都与 AD 或痴呆的风险增加有关(Levine,2011)。目前,很难确定心脑血管疾病风险如何影响 AD 或痴呆发展。

心血管疾病危险因素与认知能力下降之间的关联机制尚不清楚。每种心血管疾病的危险因素也与血液流动调节的改变和血管系统功能的降低有关。"血管功能障碍"这个术语通常用来描述血管失去正常反应的能力。当内皮细胞层受到损伤(由炎症、氧化应激、晚期糖基化终产物等引起)或血管壁内层和内层胶原-弹性蛋白比值增加时,就可能发生这种情况。血管功能障碍破坏动脉树向靶器官提供足够血流的能力,最终表现为临床疾病(Versari et al.,2009)。一个血管床的功能障碍会转化为其他血管床。因此,系统性血管功能障碍可能会改变流向大脑的血液,临床上表现为认知障碍。因此,血管功能障碍和血流调节的改变可能是心血管疾病发生和认知功能下降之间的关键环节。

常规监测血管和血流调节来检测血管功能障碍对心血管疾病的预防,临床意义重大。由于血管系统的变化先于传统危险因素发生,这就提供了一个窗口来识别可能出现危险因素的个体,并可积极干预以延迟或预防疾病的发生。因为血管功能障碍会破坏大脑中的神经血管耦合,它可能是高血压、糖尿病、肥胖和认知功能下降的关键环节。因此,血管功能障碍的量化也可能与包括肾脏和大脑在内的其他器官系统存在临床相关性(Versari et al.,2009)。如图1-1所示,de la Torre 等人提出血流动力紊乱加快了神经退行性疾病的进程,这个过程和认知能力下降有关(de la Torre et al.,2012)。目前还不清楚血管功能障碍究竟是如何导致认知能力下降的。

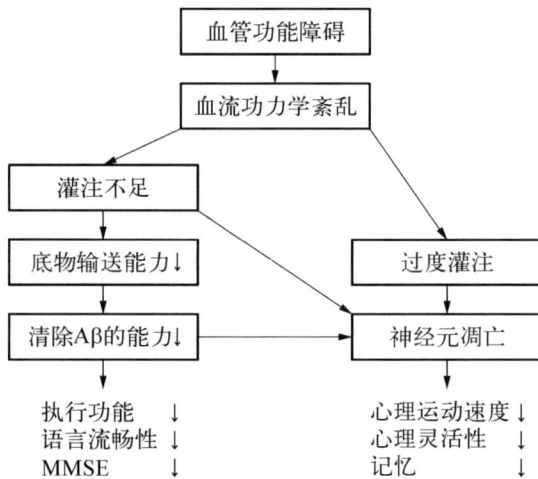

图1-1 心血管疾病危险因素(尤其是血管功能障碍)

(引自 de la Torre,2012)

还有一个检测血管功能障碍的方法是在临床环境中对其进行量化。外周血管功能常在前臂测量。以前臂血流对动脉内输注血管扩张物质的反应,评估前臂血管的"反应性",已经使用了几十年。

研究表明,前臂的血流反应可用来观察与年龄有关的血流调节和血管功能的变化。DeSouza 等人通过测量 $50\sim76$ 岁健康成人前臂对乙酰胆碱的血流反应,发现年龄增长带来血管功能的降低。相比之下,定期进行有组织的耐力运动训练的老年人,血管功能并没有随着年龄的增长而下降(DeSouza et al.,1999)。此外,当久坐的成年人被纳入一个为期 3 个月的有氧运动训练计划时,他们的血管功能得到了改善,这突出了血管系统的可塑性(DeSouza et al.,1999)。这些数据表明,有规律的体育锻炼和运动训练可以改善或延缓衰老对血管的负面影响。不过,解释运动如何阻止年龄相关性血管功能下降的确切机制尚不清楚,目前仅有一些推测(Seals et al.,2009)。

虽然目前许多研究都集中在衰老和运动对周围循环系统的影响上,但对大脑循环的了解比较缺乏。在动物研究中,与久坐不动的对照组相比,运动的动物在休息时脑血流量增加(Huang et al.,2013)。同样,经常锻炼的人与长期久坐的人相比,静止时大脑的 MCA 血流速度高 17%(Ainslie et al.,2008)。习惯性锻炼的有益效果不受血压、体重指数等混杂变量的影响,这一点意义重大,因为使用经颅多普勒探测器作为脑血流的替代物测量的 MCA 血流速度随着年龄的增长而逐渐下降(Ainslie et al.,2008)。虽然尚不清楚大脑中脑血流量的增加是否能保护认知,但这表明运动可能会改变全脑的脑血流量。

动物实验为运动如何改变大脑循环提供了很多证据。在动物中,毛细血管的生长发生在跑步训练开始后的 30 天内,主要是在运动皮质内检测到的(Swain et al.,2003)。然而,其他研究表明,在中年期动物的整个大脑皮质中,毛细血管的总表面积更高(Huang et al.,2013)。此外,如果运动训练前,动物的新生血管和血管生成受到抑制,与对照组相比,休息时动物的脑血流量没有增加(Gertz et al.,2006)。这表明,有组织的运动训练可以通过增加大脑内血管的生成来增加脑血流量。虽然这些数据为我们提供了一些关于衰老的影响和有规律锻炼的潜在保护作用的提示,但它们并没有提供关于脑血管反应性或其如何影响神经血管耦合的信息。

研究表明,在健康成年人中,年龄的增长与脑血管反应性的降低有关(见图 1-2)(Barnes et al.,2012)。此外,研究发现,脑血管反应性与老年人有氧运动能力呈正相关(Barnes et al.,2013)。随后的一项研究确定,久坐的与锻炼有素的成年人的脑血管反应性与其最大有氧运动能力相关(Bailey et al.,2013)。总的来说,这些研究表明,与周围循环系统类似,脑血管功能随着年龄的增长而降低,并与有氧健身水平相关。因为运动训练过的老年人有更大的脑血流量和更好的脑血管功能,他们的基线更高,延缓了大脑认知功能的衰退(Davenport et al.,2012)。

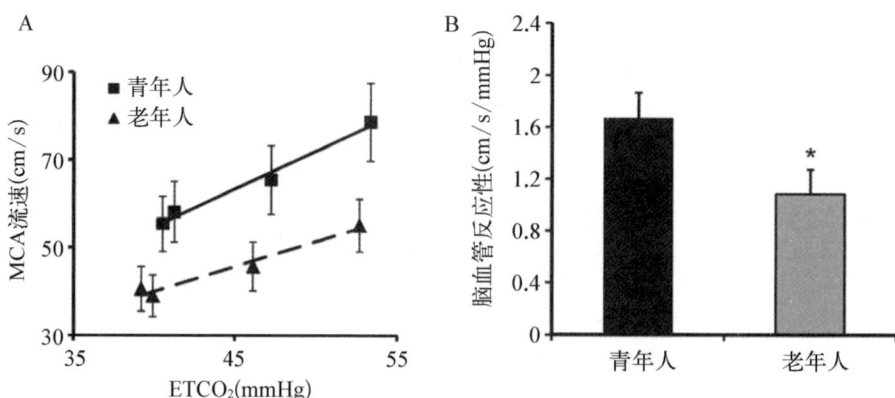

图 1－2　年龄与脑血管反应性关系(引自 Barnes,2012)

A. 脑 MCA 血流与休息时的血液中 CO_2 浓度的关系

B. 不同年龄的脑血管反应性

重要的是,类似的技术已用于评估 AD 患者脑血管功能。事实上,与年龄匹配的对照组相比,AD 患者的脑血管反应性较低(den Abeelen et al.,2014),这表明大脑调节血液流动的能力受损与认知缺陷之间存在关联。更大的脑血流量和更强的血管功能可以减轻 AD 病理特征,从而减少认知功能损伤。Li 等的研究证实,在基因敲除小鼠 AD 模型中,脑内低灌注与淀粉样蛋白积累一致。然而,当野生型小鼠的脑血流动力发生改变时,并没有出现净淀粉样蛋白累积,这说明脑血流量的增加或减少并不能解释 AD 病理改变的幅度(Li et al.,2014)。因此,目前尚不清楚 AD 病理是否会导致血管功能下降,或血管功能障碍是否通过淀粉样蛋白清除障碍介导 AD 病理。

Stern 等提出了"储备"的概念,指出 AD 病理特征与认知之间并没有直接的联系,有些人只是有更高的储备(Stern et al.,2002)。除了脑血管储备,认知储备也可以解释为什么一些认知正常的个体可以有高水平的 AD 病理特征。AD 研究中的这一悖论表明,大脑的神经病理学因素(β 淀粉样蛋白和 tau 蛋白)与认知结果之间存在差异。一些老年人似乎可以忍受更高水平的 AD 病理因素,表现为更多的淀粉样蛋白聚集和更多的神经纤维缠结,而没有认知障碍的临床表现。

上述观点提示我们脑血管功能与认知储备可能具有协同作用。Davenport 及其同事在一篇综述中提出,运动可能通过改变神经营养因子、血管生成、血管功能和神经血管耦合来增加静息状态时的脑血流量和"脑血管储备",这将导致神经发生、认知表现和认知储备发生更大变化（Davenport et al.，2012）。脑血流量较大或认知储备较高的成年人可能有更多的代偿机制来处理日益增多的 AD 病理因素，因此不会对认知产生显著影响。

从生理学上讲，在认知储备较高的成年人中，大脑更好地发挥功能的能力可能是由于神经发生与认知刺激或丰富的环境（Stern et al.，2012）。因为在有刺激的环境中，身体活动会增加，所以在一个丰富的环境中进行体育锻炼可能是提高认知能力的关键。多项动物研究的结果一致表明，有氧运动可以有效改善记忆和认知能力（Kobilo et al.，2011）。然而，针对人类的实验数据不那么直接，也不是所有的结果都是一致的。大多数研究表明，从幼儿到老年人，在他们的整个生命周期中，健康水平越高，他们在认知任务上的表现就越好。有报道称，有氧健身水平较高的儿童在统计上与年轻人相似，而健康水平较低的儿童则对应较低的准确性和较慢的反应速度（Voss et al.，2011）。根据功能性核磁共振成像（fMRI）的测量，身体越健康的儿童，其大脑活动模式越多样。这进一步证明，锻炼和体育活动是早期大脑结构和功能的有力调节剂。

儿童和青少年时期的健康水平或运动量与患认知障碍的风险存在直接关联。Nyberg 等人最近的一项研究表明，18 岁时的健康水平（低、中或高）可以预测 42 年后患 MCI 和痴呆症的风险程度（Nyberg et al.，2014）。即使考虑到智商和 MCI 的传统风险因素后，这些结果也是如此。因此，18 岁时较低的有氧适能成为未来认知缺陷的潜在危险因素。

尽管在老年女性受试者中尚无此类数据，但在控制了风险因素后，有氧健身与整体认知功能之间的确存在正相关关系。当将久坐的女性与运动的女性分开时，两组女性的认知得分有显著差异，运动的女性认知能力更好（Brown et al.，2010）。此外，这些老年女性经颅多普勒测量，结果显示，较高的有氧健身能力与较大的脑血流量有关。这是首次将有氧健身与脑血管功能、认知联系起来的研究，表明血液循环的调节可能是运动对认知有有益作用的关键机制。

这些关联在健康的成年人中显而易见。Baker 等人的研究调查了两种形式的运动，有氧运动和拉伸运动，发现有氧运动更优越（Baker et al.，2010）。Baker 等人对 MCI 患者进行了 6 个月的拉伸/有氧运动试验。有氧训练组的女性与拉伸对照组相比，认知能力得分有所提高。然而，在男性的运动组之间没有区别。这就引出了一个问题：什么样的锻炼对提高认知功能更有益？

到目前为止，还没有很多研究比较不同的训练模式对认知能力的影响。Liu-Ambrose 等将抗阻训练与平衡训练进行比较，发现抗阻训练在某些认知任务中引起了更大的脑灌注量增加（Liu-Ambrose et al.，2012）。按照这一思路，在对老年人进行局部脑灌注测量时，每周至少进行一次力量训练的女性的脑灌注量大于没有进行力量训练的人（Xu et al.，2012）。单一的锻炼模式很可能不会像建立有氧健身、肌肉力量、平衡和柔韧性的多组分锻炼计划那样有效。最近的一项研究调查了 6 个月的多种运动形式（有氧、力量和平衡）对MCI 患者的影响。与对照组相比，这个一周 2 天的运动计划有效改善了逻辑记忆和认知功能，并维持了脑萎缩率（Suzuki et al.，2013）。

衰老与心血管疾病风险、血管功能障碍、AD 病理特征增加有关，这将影响脑血管功能、灌注和脑萎缩率。临床上，这些变化表现为认知功能减退、神经退行性病变和痴呆的发生。有规律的锻炼可以改善认知功能，我们假设这是可以通过血管生理而发生的。关于运动对 AD 病理学的影响尚不清楚，但许多相关研究正在进行中。美国心脏协会（American Heart Association）在2011 年发表了一项科学声明：通过一项大规模的荟萃分析得到的结论是，体育活动可以防止认知能力下降（Gorelick et al.，2011）。此外，血管生理和 AD病理之间存在复杂的相互作用，中年期的运动干预对于预防或延缓衰老过程中的认知障碍是有效的。

第二章

不同成像技术在运动与脑可塑性研究中的应用

第一节　磁共振技术概述

脑与认知研究是一个具有重大科学和哲学意义的战略科学领域。脑科学通过多学科方法研究大脑的正常功能和脑疾病的机制,大脑是认知功能的生理基础,利用脑成像技术研究大脑的结构和认知功能是认知科学不可缺少的重要组成部分。随着正电子发射型计算机断层显像(positron-emission computed tomography,PET)、脑电图(electroencephalogram,EEG)、脑磁图(magnetoencephalogram,MEG)、磁共振成像(magnetic resonance imaging,MRI)等技术的发展,功能性磁共振成像(functional magnetic resonance imaging,fMRI)可以通过血氧浓度的变化间接观察不同脑区的神经活动。

一、MRI 技术发展历程

MRI 的物理基础是核磁共振(nuclear magnetic resonance,NMR)。20 世纪 40 年代,斯坦福大学的费利克斯·布洛赫(Felix Bloch)和哈佛大学的爱德华·珀塞尔(Edward Purcell)首次发现了磁共振现象。他们因此获得了 1952 年的诺贝尔物理学奖。1967 年,贾斯珀·杰克逊获得了第一个活体动物磁共振信号。随着硬件和计算机软件的进步,相继产生了新的扫描序列:血氧水平依赖性功能性磁共振成像(blood oxygen level-dependent functional magnetic resonance imaging，Bold-fMRI）、弥散加权成像（diffusion weighted imaging，DWI）、弥散张量成像（diffusion tensor imaging，DTI）、灌注功能成像（perffusion weighted imaging，PWI）、磁共振动脉自旋标记（arterial spin labeling，ASL）等技术。

fMRI 无须使用造影剂，安全无创，空间分辨率高，已广泛应用于临床、脑科学和认知科学（OtteA，2006；Kay，2008）。fMRI 捕捉的血氧浓度的变化，通过血流动力学响应能够反推大脑神经核团活动情况（Aquino，2014），通过测量神经元活动引起的血流动力学变化，可以间接观察神经活动。通过这项技术，人们进一步发现大脑的神经元活动可以分为几个功能网络。这些网络相互配合，具有很强的内在关联性。它们在执行功能任务和休息状态时均可以彼此稳步分离（Biswal，1995；Smith，2009）。这项技术在脑科学研究中的应用已成为一种普遍的手段，促进了脑科学和认知科学的快速发展。

MRI 是一种具有强大功能的医学影像技术，与软组织对比度好，空间分辨率高。原子是由电子和原子核组成的，由于携带电荷，原子核自旋时能产生磁矩。一旦原子核处于外加磁场中，并且外磁场射频脉冲频率与原子核自旋频率相同，且外磁场中原子核的自旋频率与射频脉冲频率相同，则原子核将增大自旋进动角以吸收能量，从而产生能级向高能态过渡的现象，这就是磁共振现象（包尚联，2006），由于 fMRI 具有空间分辨率较高、无创性、不具有放射性、重复性高等特点，目前被广泛应用于临床以及基础研究中。Biswal 等在 1995 年提取静息态下 BOLD 信号进行分析，发现大脑左右半球的感觉运动皮质的低频成分（<0.1 Hz）具有显著的同步性，并首次提出功能连接概念：空间上相距较远的脑区在时间序列上存在相关性。后来越来越多的研究证明这种低频振荡（<0.1 Hz）的信号是大脑固有的自发的神经活动（Biswal，2010）。

二、脑 MRI 数据分析方法概述

大脑的结构一般分为 3 类：灰质（GM）、白质（WM）和脑脊液（CSF）。采用 T1（纵向弛豫时间）加权成像序列获取结构磁共振成像（structural MRI，sMRI）。T1 加权成像是基于不同脑组织之间的弛豫时间差异形成的。脑灰质主要由神经元细胞体组成,是中枢神经系统最重要的组成部分,能直接反映脑功能。由神经元组成的复杂网络系统不仅是人类思维活动的物质基础,也是调节身体所有功能的最高中心。

1. 基于体素的形态学分析

基于体素的形态测量学(VBM)由 Wright 在 1995 年首次提出,可用于检测不同组群间特定脑组织(灰质、白质、脑脊液等)的浓度或体积差异。VBM 是一种基于全脑的分析技术,其采用计算机自动处理和基于体素的全脑灰质、白质分析,能定量地计算局部灰质、白质密度的改变,从而精确地显示脑组织形态的变化。它具有良好的客观性和可重复性,能全面评价受试者脑组织形态的变化,其处理流程可以简单地描述为:灰白质分割、空间标准化、图像平滑、统计分析(见图 2 - 1)。

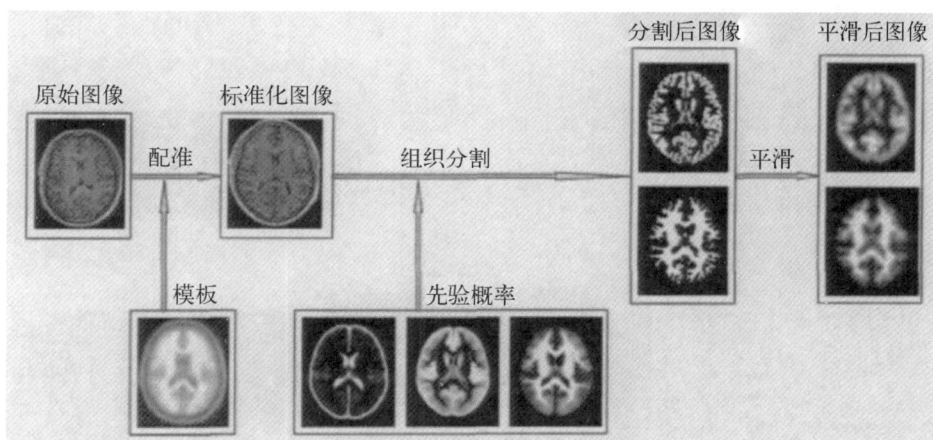

图 2 - 1　VBM 处理的一般流程图(引自张远超,2010)

我们采集 20 例杨氏太极拳专业组老年人,22 例与他们年龄、受教育年限相匹配的对照组老年人进行 VBM 分析,结果显示,太极拳组老年人左侧海马、右侧旁海马、左侧脑岛、右侧颞上回灰质密度大于对照组(见图 2 - 2)。

Taubert 通过让受试者参与一项复杂的全身平衡任务,在练习 2 周、4 周和 6 周后,使用 MRI 测量进行纵向观察,2 周后,发现受试者次级运动区域的灰质密度显著增加。这些变化是短暂的,并在接下来的几周内逐渐减少,而在 6 周的训练中,前额叶前部皮质的灰质密度逐渐增加(Taubert,2010)。

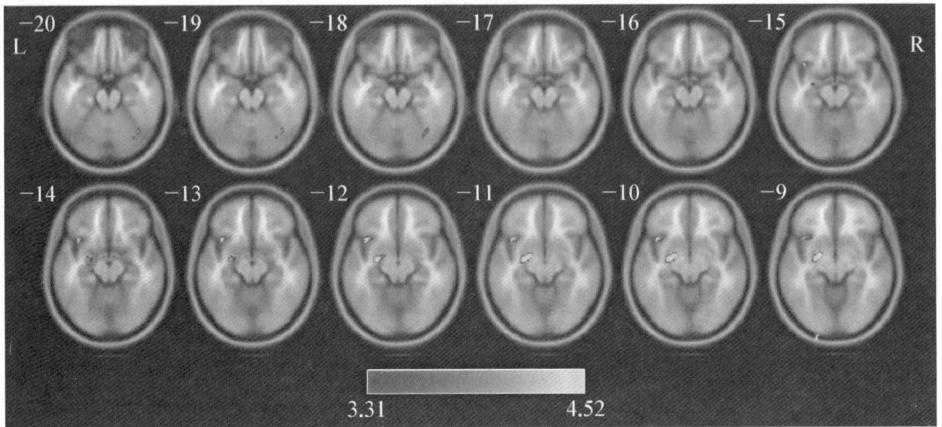

图 2-2　太极拳组与步行组灰质密度差异脑图（引自本课题组）

2. 基于皮质厚度的形态学分析

基于皮质厚度的形态学分析（surface-based morphometry，SBM）是另一种分析大脑结构形态数据的方法。大脑皮质是大脑的灰质部分，是指脑脊液与灰质的交界面到白质皮质与灰质皮质的交界面之间的距离。人类运动皮质的一个有趣的方面是其显著的可塑性。SBM用数学方法对大脑皮质表面积、体积、厚度和皱纹进行测量（见图 2-3）。整个大脑皮质的表面积和厚度等指

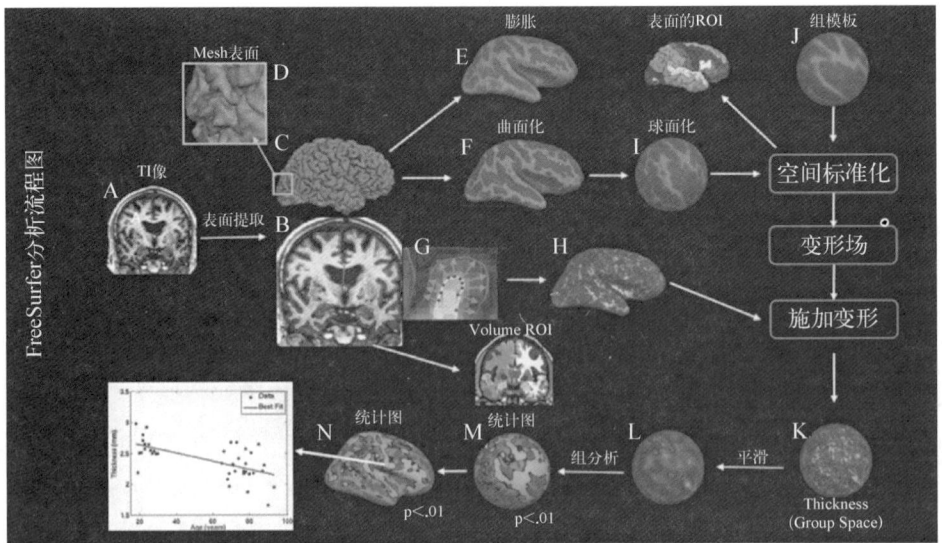

图 2-3　FreeSurfer 计算皮质厚度及表面积流程图

标对描述大脑褶皱程度具有重要意义。沟回、曲率和曲率导数（如高斯曲率）是与脑褶皱复杂性相关的形态学指标。这些指标反映了基于不同角度的单个大脑沟回褶皱折叠的局部和详细形态特征。

在一项复杂的平衡任务中练习 1 小时后，我们发现运动者的运动灰质体积局部增加。在长期的平衡训练中，参与平衡任务的初级运动区域和高阶运动区域的加工需求会发生变化。主要运动区域可能是在平衡训练的早期，而随后的练习将改变运动控制过程，这可能会将处理需求转移到涉及的高阶方面的区域（Taubert,2016）。

3. 弥散张量成像

弥散张量成像（DTI）是近年发展起来的一种新的脑功能成像技术。它利用水分子在生物体中存在较强的各向异性这种弥散特性，对人体内的组织结构进行研究，显示出组织微结构的变化。能在活体上定量测量脑组织内水分子弥散特性进行成像。弥散（diffusion）是指分子的随机运动和不规则运动，它是人体重要的生理活动，是物质在体内的运输方式之一，又称布朗运动（Brownian motion）。"张量"（tensor）一词实际上来源于物理学领域和工程学领域，它使用一组三维矢量来描述固态物质中的张力。为了使扩散张量可视化，我们可以把它视为一个椭圆球体。位于弥散椭圆球体的三个正交轴中，最长轴代表最大弥散值（eigenvalue，本征值）和弥散方向（eigenvector，本征矢量），最短轴代表最小弥散值和弥散方向。如果三个轴相等，则弥散是各向同性的（isotropic）。例如，在脑脊液和大脑灰质，其弥散张量就可看作球体形。如果三个轴线的长度不相等，则此种弥散叫作各向异性（anisotropic）弥散，人体组织的弥散特征大多表现为各向异性，尤以大脑白质为著。

研究人员通常使用各向异性分数（fractional anisotropy，FA）和平均弥散率（mean diffusion，MD）来检测大脑微观结构的变化（见图 2 - 4）。DTI 可以根据弥散方向和弥散能力对白质纤维束进行跟踪和检测，这是目前唯一能在活体内显示大脑纤维束方向的成像技术。一般认为，弥散张量的主特征向量表示体素中纤维的方向，通过追踪连续张量场的主方向，可以重建组织的整个纤维路径。弥散张量模型因其简单稳定而受到广泛关注，目前已有许多相关研究报道，如降噪、数据正则化、采样方式优化、统计学研究等。弥散张量技术是近年发展起来的一种磁共振成像技术。它不但可以研究健康组织的结构和功能，而且对探讨一些影响组织结构连接的疾病具有重要作用，因此广泛应用于脑发育和神经退行性脑疾病的研究中。目前，DTI 主要用于揭示人脑的发育过程，评价组织结构的完整性和结构功能的病理变化。DTI 在临床、脑中枢系统研究、认知科学脑结构研究等领域发挥着不可替代的作用。

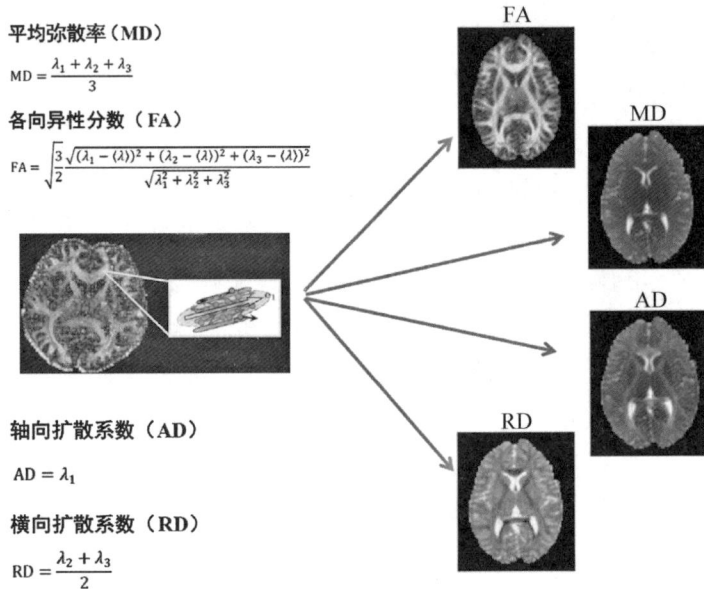

平均弥散率（MD）

$$MD = \frac{\lambda_1 + \lambda_2 + \lambda_3}{3}$$

各向异性分数（FA）

$$FA = \sqrt{\frac{3}{2}} \frac{\sqrt{(\lambda_1 - \langle\lambda\rangle)^2 + (\lambda_2 - \langle\lambda\rangle)^2 + (\lambda_3 - \langle\lambda\rangle)^2}}{\sqrt{\lambda_1^2 + \lambda_2^2 + \lambda_3^2}}$$

轴向扩散系数（AD）

$$AD = \lambda_1$$

横向扩散系数（RD）

$$RD = \frac{\lambda_2 + \lambda_3}{2}$$

图 2 - 4　弥散张量成像的弥散指标（引自本课题组）

我们对 20 名年轻的女性专业舞蹈演员与 20 名年龄和受教育程度与之相匹配的非舞者在大脑结构和功能上进行了对比。使用扩散张量、形态测量、静息状态和与任务相关的功能磁共振成像，发现专业舞者皮质脊髓束具有较低的各向异性。在观看舞蹈动作的刺激序列时，专业舞者相比非舞者，激活了动作观察网络（action observation network，AON）。由此观察到专业舞者 AON 和运动学习网络的功能连接发生了变化。这些功能连接性差异与舞蹈技能、平衡和训练诱导的结构特征有关（Burzynska et al.，2017）。

本课题组对太极拳组老年人，以及与之年龄、受教育年限相匹配的对照组老年人，采用弥散张量成像和确定性纤维追踪方法，构建两组受试者的白质结构脑网络（见图 2 - 5、图 2 - 6）。图形分析结果显示，太极拳组的小世界属性高于对照组,太极拳组的聚集系数、整体效率和局部效率属性均高于对照组。但在节点属性和边缘分析上,两组间无显著性差异。

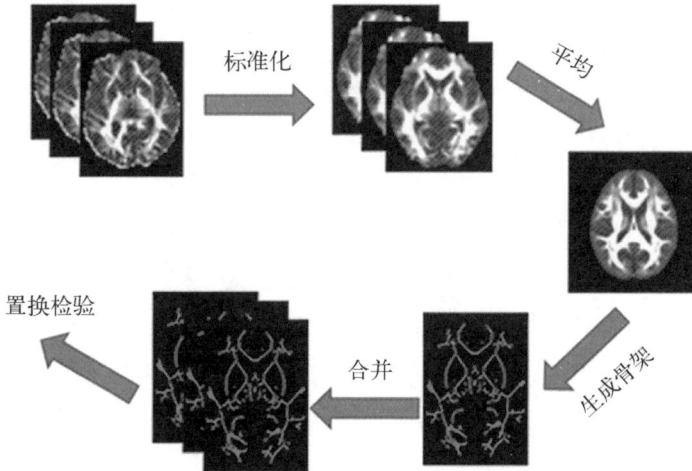

图 2-5 基于白质骨架的统计学处理流程(引自本课题组)

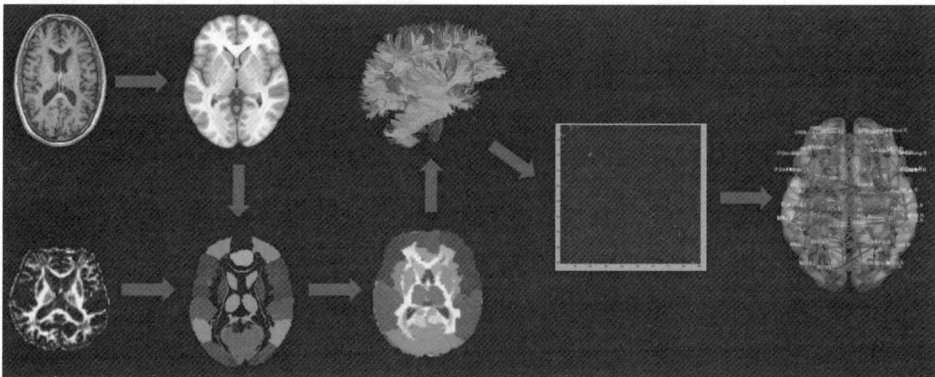

图 2-6 基于弥散张量成像构建脑网络过程(引自本课题组)

注:个体的 FA 像配准到个体的结构像,然后个体的结构像非线性配准到 ICBM152 标准空间,得到一个变换矩阵,再借助上面两步的逆变换矩阵将 AAL 解剖标记图谱配准到个体空间,重建整个大脑白质纤维。通过计算连接每对大脑区域的纤维数量,创建每个受试者的加权网络。通过组水平构建两组人的脑网络矩阵,进而计算脑网络属性。

4. 独立成分分析

独立成分分析(independent component analysis,ICA)是由 McKeown 等人于 1998 年率先引入 fMRI 信号分析中来的。ICA 是在只知道混合信号,而不知道源信号、噪声以及混合机制的情况下,分离或近似地分离出源信号的分析过程。目前比较流行的 ICA 算法有 FastICA、Infomax、Fixed-point。它们的根本区别是求取分离矩阵的方法不同。

ICA 通过对大脑内混合的 BOLD 信号的盲源分离提取出多个空间上或者时间上独立的成分。ICA 具有不需要先验知识，仅依靠 fMRI 数据自身的结构特点就能进行数据分析的优点，它使这些成分间的相互独立性保持最大。使用空间 ICA 方法（见图 2-7）分析 fMRI 数据，能够识别出许多稳定的空间模式（Calhoun et al.,2002）。它是一种数据驱动的分析方法。该方法经过数据产生、数据降维、成组数据独立成分估计与数据反重构四个步骤得到与每个受试者相对应的独立成分与时间序列。这种方法不需要提前对模型进行假设，根据数据的独立性就能够将 BOLD 信号、心跳声、机器扫描噪声等独立分开，进而提取到相关的脑网络信息，因此在静息态分析中应用广泛。

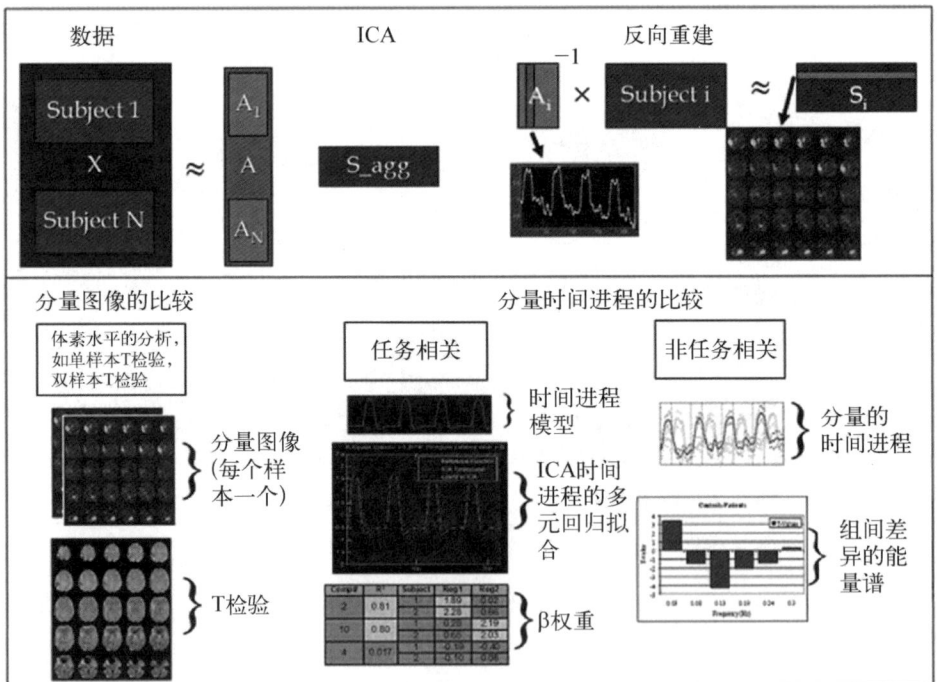

图 2-7 空间 ICA 示意（引自 Calhoun,2009）

本课题组收集了 20 例太极拳组老年人与 22 例对照组老年人的静息态磁共振数据，通过独立成分分析方法分解不同功能成分，发现太极拳组老年人与对照组老年人静息态功能磁共振的默认网络、感觉运动网络、视觉网络存在显著的差异(见图 2-8)。

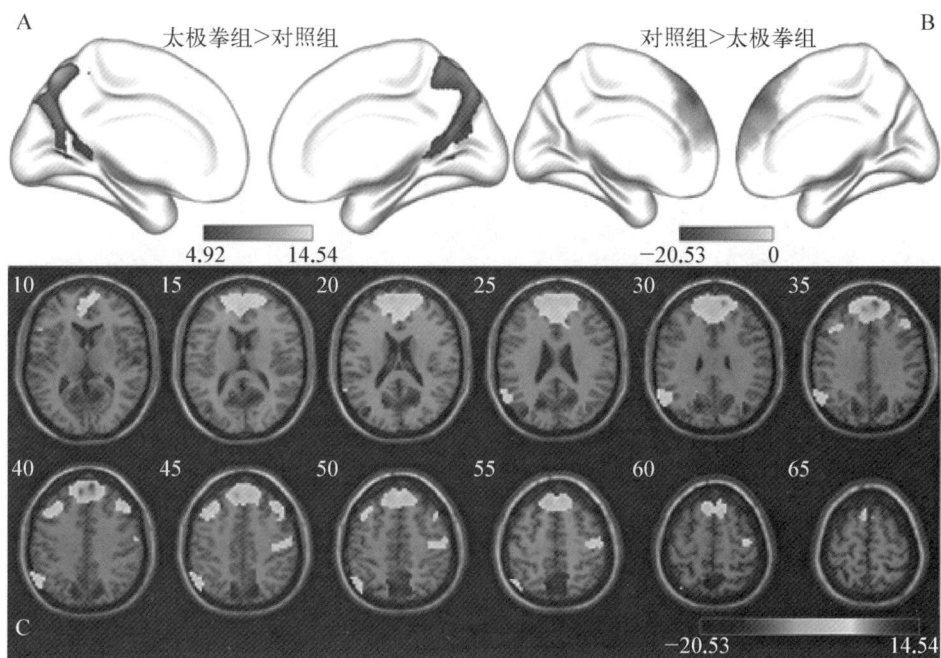

图 2-8 太极拳组与对照组默认网络组间比较结果脑图(引自本课题组)

注:A. 太极拳激活脑区大于对照组。B. 对照组激活脑区大于太极拳组。C. 太极拳组与对照组有差异脑区图。统计阈值为 $p < 0.05$,cluster>20 体素,结果通过 FWE 校正。

5. 功能连接分析

功能连接是指在空间上大脑远端区域之间的时间相关性。整个大脑其他体素与感兴趣区域之间的功能连接可以根据事前确定的感兴趣区域来计算。基于种子的相关分析(seed-based correlation analysis)是最常用的功能连接统计分析方法。其主要原理是相关性分析,具体方法是预先选择一些脑区作为感兴趣区域,并根据所选的种子点与其他脑区进行相关性分析,然后得到相关系数并设置阈值。如果相关系数达到该阈值,则认为研究区域和选定种子点之间存在功能上的连通性。种子点分析是静息态功能磁共振(RS-fMRI)中最常用的方法之一,但是这种方法需要研究人员具有很强的先验知识。

本课题组采集了受试者颅脑结构像和静息态磁共振数据,采用基于体素的形态学分析和功能连接，比较长期太极拳锻炼组和对照组受试者的脑结构和功能差异。研究表明，太极拳组不仅左侧海马灰质密度大于对照组，左侧海马与左、右丘脑功能的连接也大于对照组（见图 2-9）。

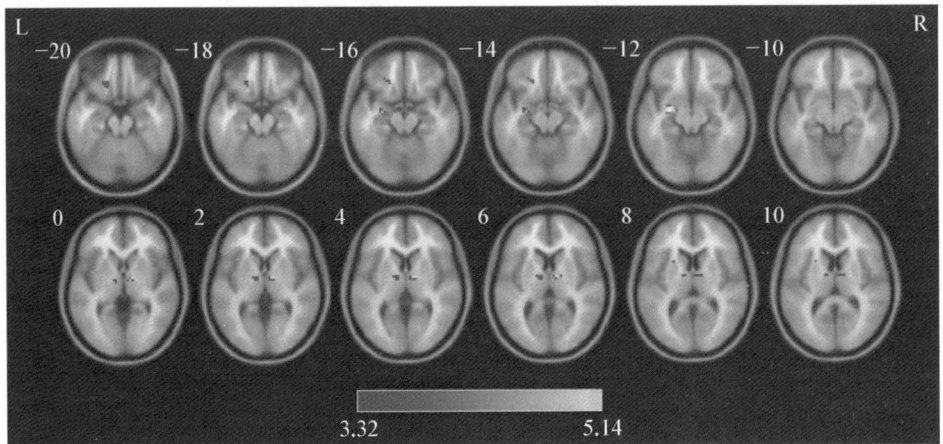

图 2-9 太极拳组与对照组功能连接示意（引自本课题组）

注：以左海马为种子点，进行静息态全脑功能连接分析，发现太极拳组的左侧眶部额上回、左侧丘脑、右侧丘脑功能连接强度大于对照组。使用 $p < 0.001$，$voxel > 10$ 的 MNI 坐标。

Tao 探讨了太极拳和八段锦练习对老年人认知控制网络的静息状态功能连接作用。两个运动组的参与者练习太极拳或八段锦 12 周，然后发现太极拳组背外侧前额叶皮质（dorsolateral prefrontal cortex，DLPFC）与左上额叶的功能连接，脑回和前扣带回皮质显著降低，八段锦组的脑功能在 DLPFC 和左侧壳核的静息态连接明显下降（Tao，2017）。

Voss 使用功能磁共振成像技术研究了参与为期 1 年的干预试验前后的老年人的认知相关的低频一致性（$0.008\ \mathrm{Hz} < f < 0.08\ \mathrm{Hz}$）与静息态脑网络的相关性，比较了有氧运动和非有氧运动对脑功能和认知的影响效果。结果表明，有氧训练提高了老年人认知网络的静息功能效率。步行锻炼一年后增加了默认模式网络（Default mode network，DMN）额叶中部、后部、颞叶皮质与额叶执行网络的功能连接。锻炼时间是一个重要因素，研究表明，6 个月锻炼后无显著改变，在训练 12 个月后才观察到有利于步行组的效果。无氧拉伸在6 个月和 12 个月时显示出 DMN 和额顶网络（fronto-parietal network，FPN）的功能连接性增加，这可能反映出经验依赖的可塑性（Voss et al.，2010）。

6. 低频振幅分析

低频振幅(ALFF)分析方法是臧玉峰等首次开发并应用于静息态功能磁共振研究的数据处理方法,它反映的是大脑功能活动 BOLD 信号相对基线变化的幅度,而比率低频振幅(fractional amplitude of low-frequency fluctuation, fALFF)是 Zou 等在 ALFF 的基础上提出的,fALFF 可以从能量的角度反映各个体素在静息态脑自发活动水平的高低,能更好地反映大脑功能网络特征。该方法是某个特定频段的振幅强度与可探测到的全频段范围信号幅值和的比率,即相对强度,如图 2-10 所示(臧玉峰等,2007)。这一方法是对 ALFF 方法的改进,一方面减弱了无关信号的干扰,另一方面对大脑自发活动有更好的敏感性和特异性。

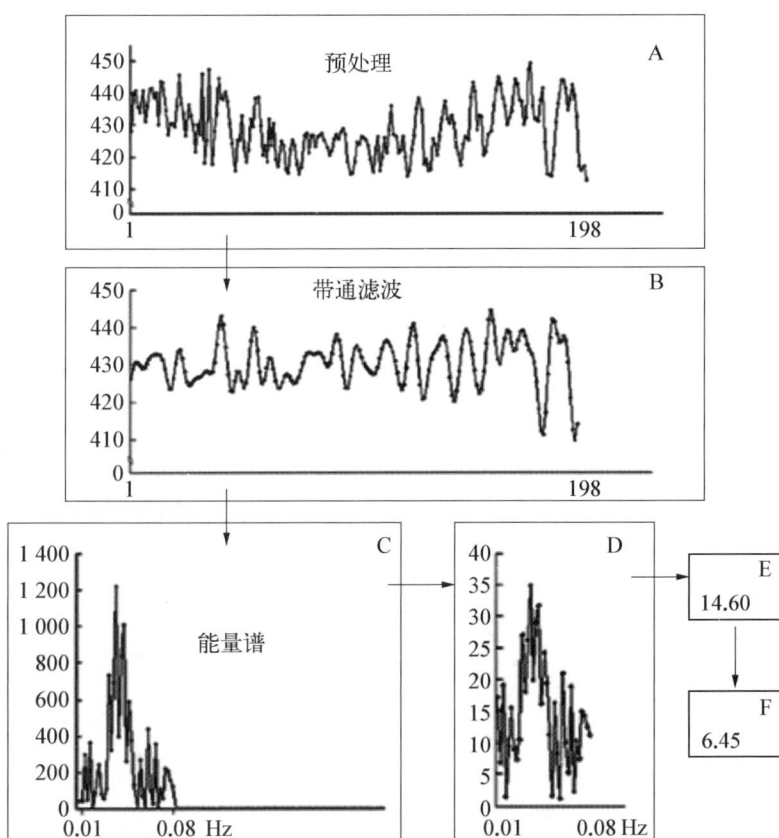

图 2-10　低频振幅分析(引自 Zang 等,2007)

注:A. ALFF 分析示意图;B. 带通滤波(0.01~0.08 Hz)的时间进程;C. 快速傅里叶变换功率谱;D. 0.01~0.08 Hz 功率谱的平方根,即 ALFF;E. 0.01~0.08 Hz 的平均 ALFF(14.60);F. 0.01~0.08 Hz 的标准化 ALFF(6.45)。

利用 DPARSF 软件分析去线性漂移后未滤波图像的 fALFF 值。首先对 0.01～0.08 Hz 信号的功率谱进行开方运算，得到了 ALFF 值。然后，将该范围内低频振幅的值相加所得和，除以全频振幅的总和，得到 fALFF 值。最后，将每个体素的 fALFF 值除以全脑信号振幅的平均值，对全脑体素进行标准化处理，使每一个受试者得到一个平均低频振幅率（mfALFF）（见图 2-11）。

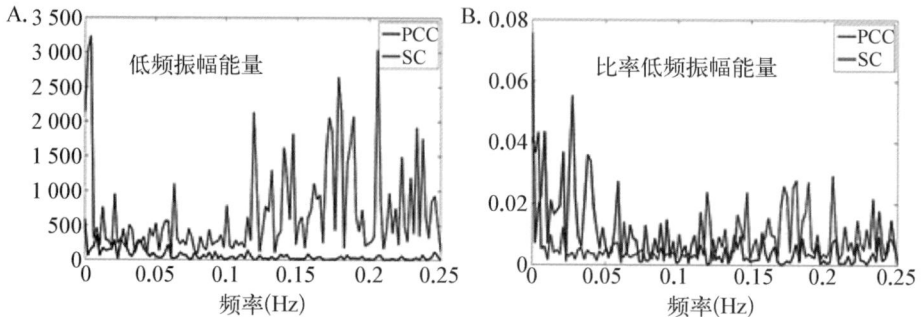

图 2-11　比率低频振幅分析（引自 Zou,2008）

本课题组采集 20 例杨氏太极拳专业组老年人与 22 例年龄、受教育年限与之相匹配的对照组老年人，通过 fALFF 分析，对太极拳组与对照组静息态下大脑自发性活动进行探索。在 0.01～0.08 Hz 频段，左侧额中回的 fALFF 值太极拳组大于对照组，太极拳组的左侧额中回 fALFF 值与工作记忆刷新任务的反应时间存在相关性，而在对照组之间没有明显的相关性。静息态下太极拳组左侧额中回存在激活，这可能是因为长时间的太极拳锻炼对额叶产生持续累积效应引起认知脑功能变化，并通过提高工作记忆的能力延缓了老年人认知功能的衰退（见图 2-12）。

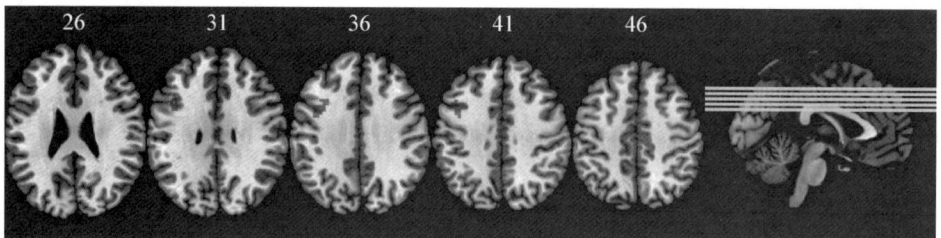

图 2-12　太极拳组与对照组差异脑区定位（引自本课题组）

7. ReHo

局部一致性（regional homogeneity，ReHo）计算方法最初由臧玉峰等人提出，是一种通过计算肯德尔和谐系数（Kendall's coefficient of concordance，KCC）来评估每个体素与其相邻体素时间序列之间相似性的数据处理方法，主要用于测量大脑静息状态下自发产生的低频波动信号的局部同步性（臧玉峰等，2004），重点研究了区域内体素间时间序列的相关性，从一致性角度显示了大脑的局部功能状态。它可以同时考虑体素之间的局部域信息和时间序列信息，摆脱传统的"刺激–响应"模式。该方法具有良好的重测信度，能可靠地反映局部脑活动。这一目标主要通过计算某一体素与其相邻体素的肯德尔和谐系数的一致性来实现。一般来说，其方法是选择一个特定体素与其相邻的 26 个体素的时间序列的相关性作为 KCC 值，先得到该体素的 KCC 值，再得到整个大脑的 KCC 图。这一方法主要用于研究静息态下被给定的体素与其相邻体素之间自发的神经元活动的一致性，能够反映脑区局部时间序列的同步性，现已被广泛应用。

对每个体素的 ReHo 值采用 REST 软件计算，具体的计算公式如下：

$$W = \frac{\sum (R_i)^2 - n(\overline{R})^2}{\frac{1}{12}K^2(n^3 - n)}$$

其中，R_i 表示第 i 个时间点的等级（rank）秩和，$\overline{R}$ 表示 R_i 的平均值，K 代表所测量的计算单元（多个相邻体素构成的计算 ReHo 值的最小单元），K 的范围为 $0\sim1$，K 越接近 1，表示某体素与周围相邻体素在时间序列上的活动越一致，反之则接近 0，n 表示等级的格式（即时间点数），i 的范围是从 1 到 n，肯德尔和谐系数的值（W）的范围是从 1 到 n。通过公式可以得到每个体素的 ReHo 值，从而得到每个受试者的脑 ReHo 图，ReHo 值的标准化值＝每个体素的 ReHo 值/全脑 ReHo 值。

本课题组对太极拳组老年人与对照组老年人进行了静息态磁共振的 ReHo 值比较。通过静息态磁共振分析发现，在阈值 $p<0.001$，体素数量大于 20 的条件下，长期锻炼的太极拳受试者的左侧海马、右侧中央前回、左侧脑岛 ReHo 值大于对照组。右侧顶上回 ReHo 值对照组大于太极拳组（见图 2–13）。

一项持续 6 周包括认知训练、太极锻炼和团体咨询的干预研究发现，实验组的颞上回、颞中回和小脑后叶的血氧水平依赖性（BOLD）信号自发波动的

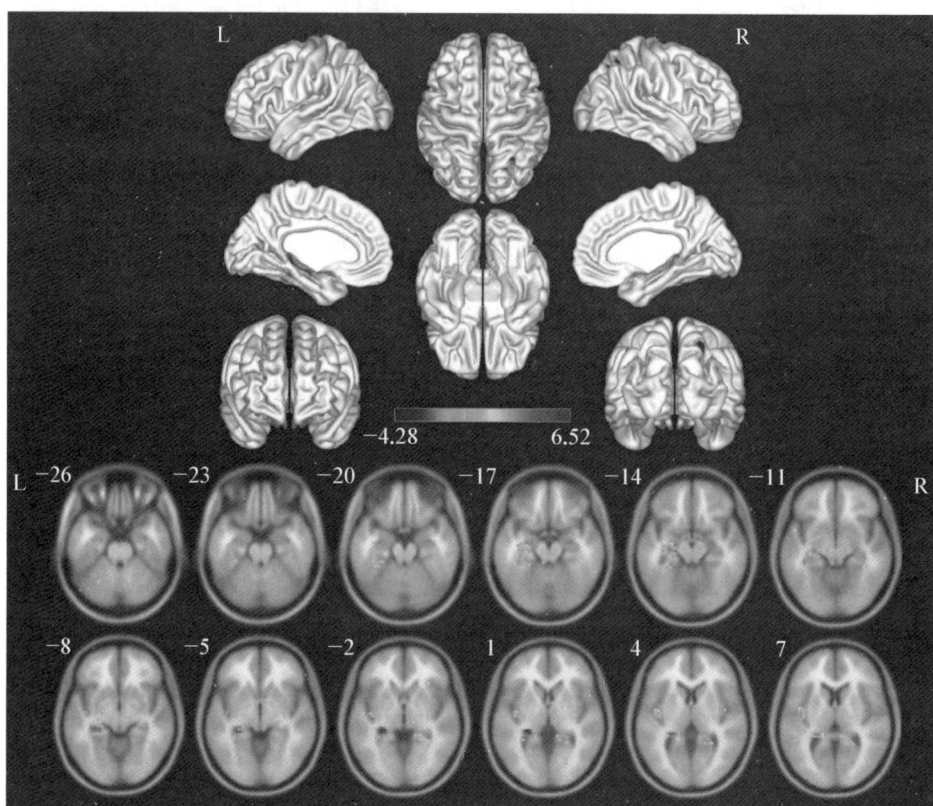

图 2 - 13　太极拳组与对照组 ReHo 值差异脑区定位(引自本课题组)

注：ReHo 分析显示，长期锻炼的太极拳组左侧海马、右侧中央前回、左侧脑岛 ReHo 值大于对照组。右侧顶上回 ReHo 值对照组大于太极拳组。使用 $p<0.001$ (未校正阈值)的 MNI 坐标。

ReHo 和认知能力得到改善，干预引起的局部自发活动一致性的变化与个体认知能力的提高有关(Zheng et al.，2015)。

8. 结构网络

对大脑的理论探索表明，功能分离(functional segregation)和功能整合(functional integration)是大脑运行的两个主要规律(Friston et al.，2009)。尽管功能分离是大脑组织分布最基本的原则，但功能整合强调不同脑区之间存在相互作用，随着脑功能和结构网络理论研究的成熟，人脑连接组的概念正式被提出。

基于结构构建的脑网络分析。结构连接网络是功能连接的物质基础，结构连接是根据不同脑区的形态学数据之间的相关性来定义的。He 等人通过计算大脑皮质 54 个脑区皮质厚度之间的相关性首次构建了人脑结构网络(见图 2 - 14),并发现该网络具有小世界属性(He et al.,2007)。

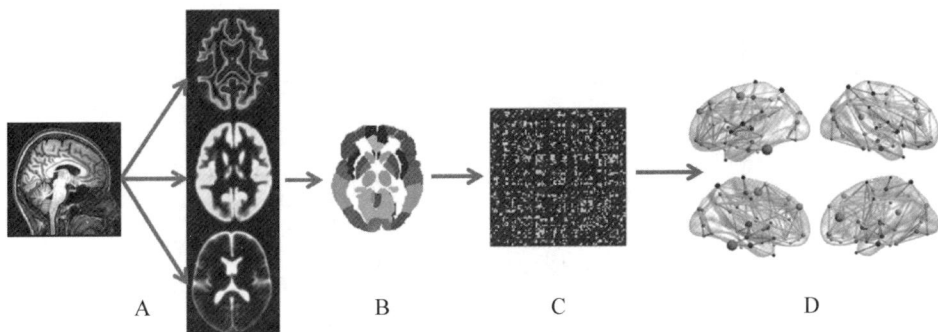

图 2 - 14 结构网络的构建过程

本课题组通过 VBM 软件将太极拳组与对照组的结构像分割为灰质、白质、脑脊液,通过灰质构建结构网络,利用大脑灰质体积来计算各个脑区直接的相关系数,构建出太极拳组与对照组的大脑结构网络。在整个稀疏度区间范围内,并没有发现太极拳组与对照组之间的脑结构网络参数指标具有统计意义下的显著性差异(见图 2 - 15、图 2 - 16),但发现太极拳练习组的小世界属性在不同稀疏度下高于对照组(见图 2 - 17),推测可能是长时间的太极拳运动对大脑的一种可塑性,长期的太极拳锻炼能够优化老年人的大脑属性,进而延缓大脑的认知衰退。

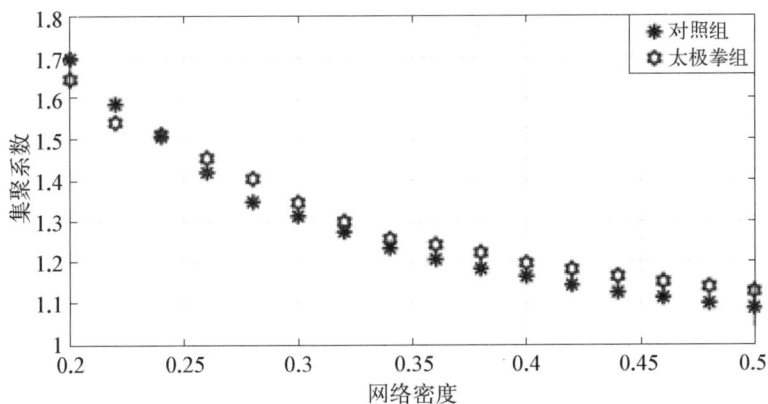

图 2 - 15 太极拳组与对照组在不同稀疏度下集聚系数结果(引自本课题组)

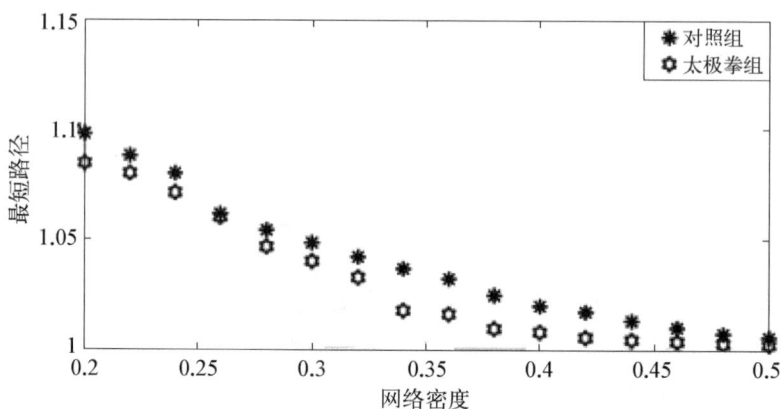

图 2－16　太极拳组与对照组在不同稀疏度下
最短路径结果(引自本课题组)

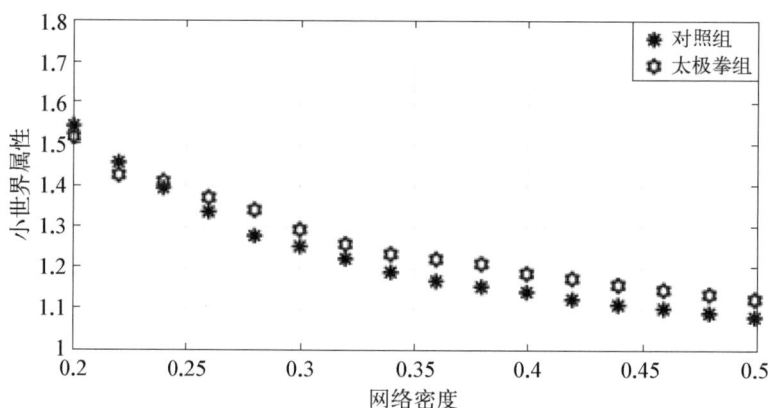

图 2－17　太极拳组与对照组在不同稀疏度下
小世界属性结果(引自本课题组)

功能神经影像技术的快速发展,已成为研究认知和临床脑疾病的重要手段。利用不同模态的神经影像新技术(如静息态和任务态 fMRI、弥散张量成像、脑神经网络技术等),研究人员可以获得脑结构、功能、代谢等多方面的信息。神经影像新技术在认知科学和神经/精神科学领域的研究和应用已经越来越广泛,虽然前人在太极拳促进人体健康机制研究方面取得了一定的进展,但太极拳运动与复杂的脑网络理论和神经机制的关联,目前仍然缺乏清晰的了解。结构连接、功能连接的多模态脑网络分析方法为了解太极拳运动对老年人影响提供了影像证据,有助于我们深入理解太极拳运动对大脑的影响机制。

第二节 磁共振技术在运动与脑可塑性 研究中的应用

与年龄相关的认知衰退主要与工作记忆、执行功能和情景记忆有关 (Schaie,1994)。同时,痴呆最常见的形式是 AD,其特征是记忆以及其他智力能力下降,严重影响患者的日常生活。AD 不仅是认知上的问题,也是老年人死亡的主要原因。截至 2018 年,全球 AD 患者人数已超过 5 000 万,预计到 2050 年这一数字增加 2 倍(Hosseini et al.,2014)。然而,目前还没有针对 AD 的有效治疗药物。

轻度认知障碍(MCI)是一种介于正常老化和轻度痴呆之间的过渡状态,已用于早期发现新发痴呆(Petersen et al.,2001,2009;Guillozet et al.,2003)。事实上,MCI 患者已经表现出明显的病变症状(Jack et al.,2013)。MCI 最常见的表现形式为遗忘型轻度认知障碍(aMCI),其特征为轻微的记忆障碍,而其他认知域相对保留(Petersen et al.,2009;Dubois et al.,2010)。它以每年 5%~15% 的比率转化为痴呆,而正常老化的比率为 1%(Petersen et al.,2009)。既往研究表明,MCI 向痴呆的转化率的小幅降低可能会显著降低痴呆的患病率(Ferri et al.,2005)。因此,MCI 被认为是减缓认知能力下降向痴呆发展的干预目标(Petersen and Morris,2005)。

由于痴呆症的数量在快速增长,并且目前尚无有效的治疗药物,因此有必要在临床前阶段进行干预。非药物干预对预防和治疗老年认知功能减退和 MCI 具有重要意义。许多研究表明,体育运动,特别是有氧运动,可能有助于改善 MCI 和 AD 患者的认知能力(Kramer and Erickson,2007;Bherer et al.,2013)。运动可以促进血液流动和大脑环境的变化,从而恢复生理和结构功能(Petzinger et al.,2013)。功能磁共振成像数据显示,有氧运动后,正常衰老和 AD 受试者的前额叶区域的神经元活动变得更加有效(Angevaren et al.,2008)。有氧运动可以通过促进神经可塑性来修复正常衰老和 AD 受试者的认知(Turner and Spreng,2012)。越来越多的证据表明,在正常老化、MCI 和 AD 早期,运动相关的认知能力得到改善,揭示了神经影像生物标志物的运动相关改变(Kramer and Erickson,2007;Bherer et al.,2013)。研究正常老化和 MCI 中受影响的神经网络，以及训练过程中恢复的神经网络是非常重要的。了解运动相关机制对于设计有效的运动项目来治疗和干预认知能力下降至关重要。

一、衰老和轻度认知障碍者脑网络损伤相关改变

近年来，功能神经影像技术已经彻底改变了系统神经科学领域。fMRI、EEG、MEG 和 PET 等技术为研究人员提供了有关人类大脑功能机制的前所未有的信息。

功能性磁共振成像包括静息状态或基于任务的序列，被广泛用于大脑网络和认知之间关系的研究。Tambini 等人对健康人进行静息态 fMRI 扫描，发现海马和枕叶外侧复合体之间的功能连接增强，并在联想编码任务后，记忆评分更高(Tambini et al.，2010)。Sala-Llonch 等证明海马与其他皮质的连接强度随着年龄的增长而减弱(Sala-Llonch et al.，2015；Madden et al.，2010)。同时，一些研究发现，使用基于任务的功能磁共振成像，老年人在某些大脑区域具有更高的活动性，这反映了当大脑的功能连接受到破坏时的一种补偿机制(Grady，2012)。上述发现可能解释了衰老过程中认知功能低下的机制。但正常衰老过程中大脑活动的变化是非常复杂的。Grady 等发现老年人大脑活动的增加可能与任务成绩的好坏有关(Grady et al.，2010)。事实上，衰老可能受到很多因素的影响，包括教育、生活经历、饮食和基因。尽管如此，许多研究认为，与年轻人相比，正常老龄化人群在执行认知任务时大脑活动模式发生了变化(Turner and Spreng，2012)。老化的大脑活动方式不同的现象可以作如下解释。① 分化假说。有人认为，多巴胺能神经递质的减少可能导致神经噪声的减弱，直接的表现就是与认知缺陷相关的皮质活动较少(Li et al.，2001)。② 补偿假说。老年人比年轻人募集更多的神经网络，但效率不高，尤其是前额叶皮质(Cabeza et al.，2002)。一般来说，基于任务的 fMRI 反映的是不同大脑区域的活动，而静息态的 fMRI 计算的是大脑区域之间的连通程度。不同的功能磁共振成像模型可以研究大脑网络的不同方面，研究者应该结合具体情况来使用它们。

MCI 认为是正常衰老和痴呆之间的过渡时期，尤其是 aMCI 有发展为 AD 的较高风险(Petersen et al.，2009)。因此，对 MCI 患者脑网络的研究有助于

理解 AD 的病理进程。一些 fMRI 研究报道表明，MCI 与正常老化受试者比较，脑功能连接的强度与简易精神状态检查（mini-mental state examination, MMSE）量表得分呈正相关关系较弱（Bai et al. ,2011）。Bai 等发现与正常老龄化人群相比，MCI 患者的整个大脑区域间存在异常的相关性，尤其在皮质下区域和额叶皮质区域。此外，他们还发现随着疾病的进展负功能连接会减少（Bai et al. ,2011）。MCI 患者在正常衰老过程中可能存在一种代偿机制。此外，Liu 证明了长距离功能连接的缺失与 MCI 和 AD 的严重程度有关（Liu et al. ,2014a）。

使用静息态 fMRI 研究最多的大脑网络是 DMN，它在反映静息状态下的内部认知方面具有优势。DMN 是反映 AD 的功能和病理过程最相关的网络模型（Buckner et al. ,2009）。Buckner 等发现 DMN 主要包括内侧颞叶和内侧前额叶子系统（Buckner et al. ,2008）。有证据表明，DMN 与具有脑脊液生物标志物沉积的大脑区域重叠，包括 Aβ42、t-tau 和 p-tau（Li et al. ,2014）。与年轻人相比，老年人 DMN 内的功能连接性降低（Grady et al. ,2010）。这有助于研究者进一步了解 MCI 和 AD，它们都被描述为分离综合征（Seeley et al. , 2009）。除了 DMN，在衰老过程中还研究了其他内在的大脑网络。Yeo 等根据 1 000 个样本数据，将脑皮质粗略地分为 7 个大网络和 17 个更精细的网络（Yeo et al. ,2011）。Onoda 等报道称，老年人的凸显性网络和其他脑网络也受到干扰，这与认知能力下降有关（Onoda et al. ,2012）。Tomasi 报道，衰老对长程功能连接密度（long range functional connection density, FCD）的影响比短程 FCD 的更大，说明长程网络可能更容易老化（Tomasi and Volkow, 2012）。同样的，在 MCI 患者中，DMN 的前、后组成部分（长程连接）也被破坏。与正常老化相比，MCI 和 AD 的全局网络效率和节点网络效率下降更严重（Liu et al. ,2014a）。Zhou 等发现 MCI 和 AD 患者 DMN 中几个重要节点的连接效率低下，如后扣带回、楔前叶、海马旁回和内侧额上回，这与之前的研究结果一致（Zhou et al. ,2015）。这些发现支持了大脑是神经网络的整合，MCI 是 AD 的前驱期的论点（Gauthier et al. ,2006）。

二、衰老和轻度认知障碍者运动相关的网络变化

越来越多的证据表明，运动可以改善认知能力。功能性磁共振成像数据显示，健康人的认知区域中，与运动相关的脑网络发生了变化。DMN 内更高

的连通度与心肺功能的增强有关,DMN 连通度还调控最大吸氧量(VO_2max)和认知功能之间的关系(Voss et al.,2010a)。有研究考察了有氧健身对青春期之前的儿童认知控制的影响,发现高体适能的儿童在认知控制方面优于低体适能的儿童,而认知控制表现的个体差异与有氧健身有关(Voss et al.,2011)。对接受了 6 周运动训练的年轻人进行的纵向功能和结构 MRI 研究显示,随着认知能力的提高,额顶网络功能连接增强。结构性灰质的改变也与前额叶和辅助运动区域的功能连接变化密切相关(Taubert et al.,2011)。

对老年人的研究也发现,与年龄有关的大脑网络功能障碍可以通过体育锻炼加以改善。Zlatar 等发现,在语义流畅性任务中,与注意网络中活跃的老化区域相比,不活跃的老化区域显示出消极任务相关活动的减少。这表明锻炼可能会纠正与注意力、语言处理相关的网络活动的改变,体育活动可以减少衰老对语言功能的影响(Zlatar et al.,2013)。Wei 等发现太极拳锻炼可以影响大脑固有结构的功能可塑性,优化局部功能,提高老年人群的认知能力。此外,太极拳还可能增加与运动、执行功能相关的大脑区域的厚度(Wei et al.,2013)。在对老年人进行 1 年的运动干预后,DMN 和 FPN 均显示出比对照组更高的连通度(Voss et al.,2010b)。

此外,一些研究还发现,进行体育锻炼的 MCI 患者的影像学的生物标记物发生了变化。如一项使用结构 MRI 的研究显示,MCI 人群的脑萎缩率较低(Suzuki et al.,2013)。另一项使用 fMRI 的研究显示,MCI 人群在语义记忆提取任务中海马激活减少,表明 PE 干预后神经效率提高(Smith et al.,2013)。总的来说,在正常衰老和 MCI 人群中,锻炼能改善认知功能,并伴随大脑区域的功能和结构的改变。

研究者对衰老和 MCI 人群的大脑网络中相关变化,以及运动延缓认知衰退的脑网络变化的影像学研究表明,目前干预认知衰退的重要脑网络可能有三种,分别是 DMN、额顶网络和额执行网络(fronto-executive network,FEN)。

（一）DMN

DMN 由后扣带回、腹侧和内侧额上回、双侧枕叶、额中回、海马和海马旁及颞中皮质组成(Buckner et al.,2008)。DMN 被认为在记忆巩固、自我参照思维、思维游荡、自传体记忆和执行控制等方面具有重要的作用(Buckner et al.,2008)。DMN 功能的增强与年轻人更好的工作记忆能力有关,和老年人更好的执行功能也相关(Hampson et al.,2006)。这些研究表明,DMN 是理解年龄相关的认知变化的重要网络(Andrews-Hanna et al.,2007)。此外,DMN 是反映 AD 的功能和病理进程的最相关的网络模型(Buckner et al.,2009)。MCI 和 AD 患者的 DMN 连接效率低下(Zhou et al.,2015)。以往的研究表明,DMN 内更高的连接度与心肺功能的增强有关,运动干预增加了DMN 的连接度(Voss et al.,2010a,b)。因此,DMN 网络是干预衰老和 MCI 的关键指标。为了评价体育项目的有效性和效率,必须更加重视 DMN 网络的功能。

（二）FPN 和 FEN

FPN 包括顶叶下皮质、辅助运动皮质和初级皮质、前额眼动区、初级和外视皮质、额叶下皮质(Corbetta and Shulman,2002;Dosenbach et al.,2006)。在一些研究中发现,与年龄有关的 FPN 结构和功能紊乱(Andrews-Hanna et al.,2007),可以通过体育锻炼进行修复。FPN 在颞-顶叶交界处与 FEN 有部分重叠。FEN 参与工作记忆、注意、推理、规划、启动及行为检测等高级认知过程(Dosenbach et al.,2006)。它由前额叶前部皮质、岛叶和额叶盖皮质、颞顶交界处、背侧后扣带回和前扣带回组成(Dosenbach et al.,2006)。研究发现,学习任务中与年龄有关的认知能力下降与该网络的功能障碍有关(Park,2009),而身体锻炼可以改善认知能力和执行控制网络功能。因此,FPN 和FEN 是评价认知衰退干预效果的重要指标。

目前来看,纵向脑成像数据和强大的网络计算算法的结合可能产生一类新的评价认知衰退的生物标志物。与运动相关的功能性脑网络的变化证明有效的运动健身计划可用于干预认知衰退。根据目前的综述,DMN、FPN 和 FEN 可能是评价认知衰退干预措施是否有效的三个最有价值的指标。

第三节　事件相关电位技术的概述

1932 年,Dietch 将傅里叶变换引入脑电图(EEG)分析中。在此之后一些

EEG 经典分析方法，频域分析法、时域分析法，包括之后的小波分析、神经网络分析、非线性动力学分析等相继被应用到 EEG 的研究中。

线性分析法的基本思想为：仍将 EEG 在某一时间段内当作平稳的信号。以下主要介绍经典的时域分析法、频域分析法和时频分析法。

EEG 时域分析法主要是对 EEG 信号的几何性质进行分析，包括幅度、均值、方差等，并用特定的数学表达式对 EEG 信号的时间序列进行建模。目前应用比较广泛的是 AR(autoregression)模型，可以将 EEG 信号用 AR 模型表示出来。

（一）时域分析

时域分析主要是分析经典的 ERP 成分，如 MMN、ERN、N170、P3 family、N400、P600 等（见图 2 - 18）。

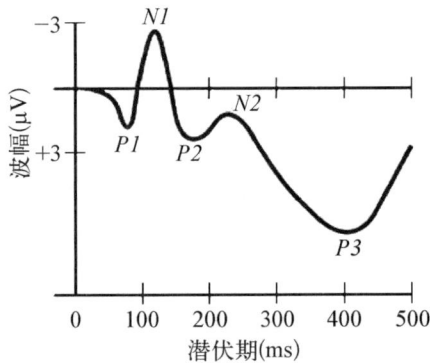

图 2 - 18　P1、N1、P2、N2、P3

计算完成每个受试者的数据，进行总平均，得出结果，具体过程如图 2 - 19～图 2 - 21 所示。

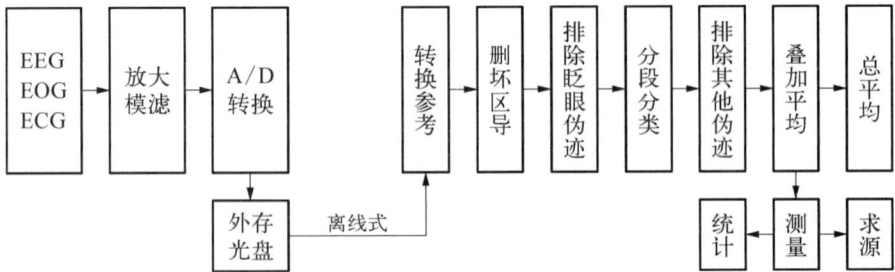

图 2 - 19　ERP 数据处理的基本过程

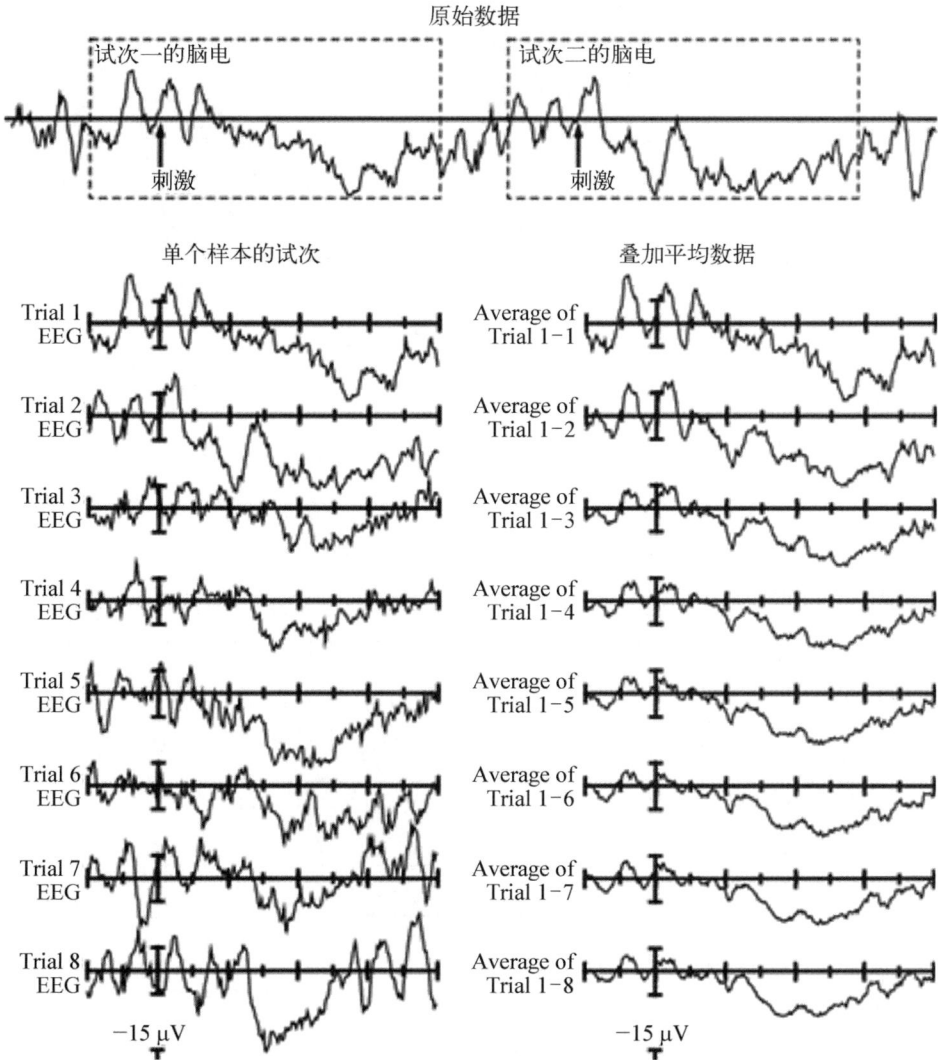

图 2-20 叠加平均提高信噪比

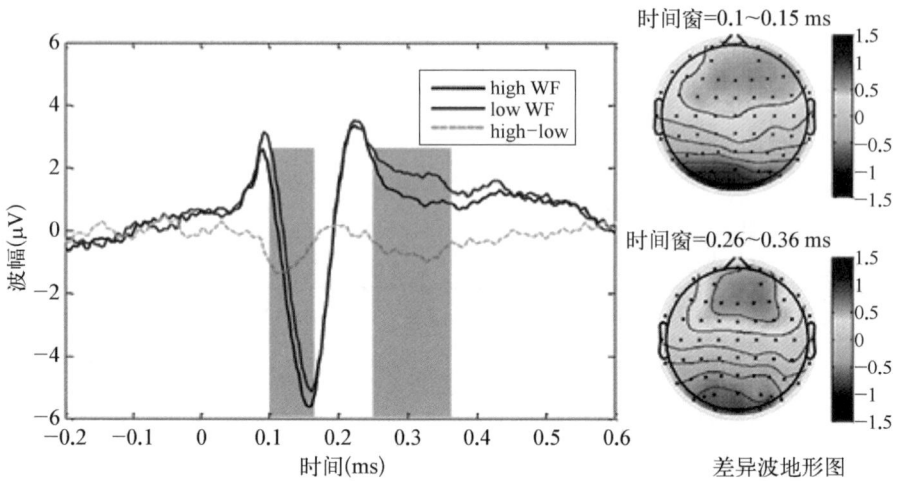

图 2‑21　结果报告

（二）频域分析

频域分析主要是分析 δ、θ、α、β 等节律的分布域变化（见图 2‑22）。

频域分析也称谱分析，主要分析 EEG 信号的某些参数随频率变化的分布情况，如功率谱、位谱、能量谱等，在频谱分析过程中采用离散傅里叶变换 FFT（见图 2‑23、图 2‑24、图 2‑25），可以使计算过程更为简单。谱分析技术在 EEG 信号处理中的地位非常重要，因为 EEG 信号的很多特征可以反映在频率特征上，功率谱分析可以将幅度与时间的关系估计为功率与频率变化的谱图，从而使人们更加容易观察到 EEG 频率分布的变化（见图 2‑26）。

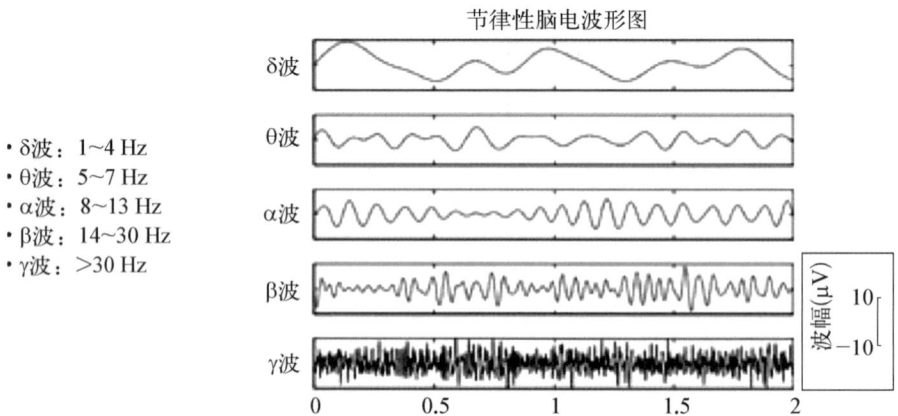

图 2‑22　常见的 EEG 波形

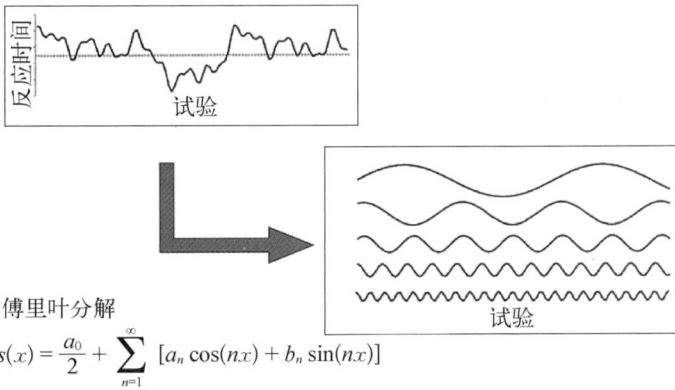

傅里叶分解

$$s(x) = \frac{a_0}{2} + \sum_{n=1}^{\infty} [a_n \cos(nx) + b_n \sin(nx)]$$

图 2 - 23 傅里叶分解

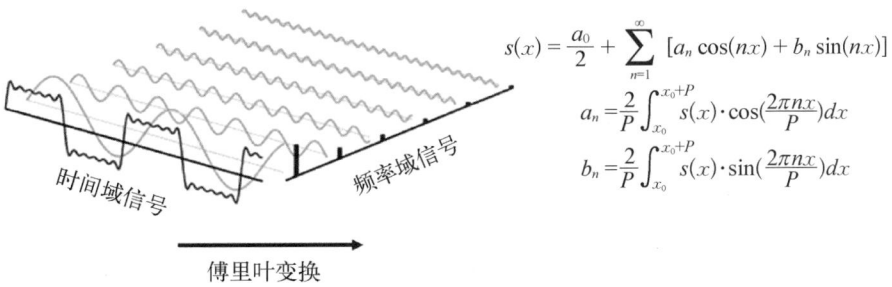

$$s(x) = \frac{a_0}{2} + \sum_{n=1}^{\infty} [a_n \cos(nx) + b_n \sin(nx)]$$

$$a_n = \frac{2}{P} \int_{x_0}^{x_0+P} s(x) \cdot \cos(\frac{2\pi nx}{P}) dx$$

$$b_n = \frac{2}{P} \int_{x_0}^{x_0+P} s(x) \cdot \sin(\frac{2\pi nx}{P}) dx$$

时间域信号   频率域信号

傅里叶变换

图 2 - 24 傅里叶变换

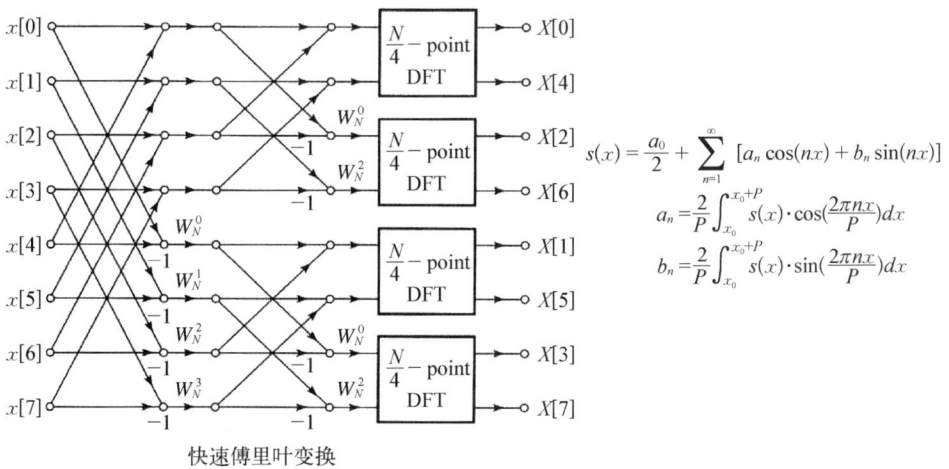

$$s(x) = \frac{a_0}{2} + \sum_{n=1}^{\infty} [a_n \cos(nx) + b_n \sin(nx)]$$

$$a_n = \frac{2}{P} \int_{x_0}^{x_0+P} s(x) \cdot \cos(\frac{2\pi nx}{P}) dx$$

$$b_n = \frac{2}{P} \int_{x_0}^{x_0+P} s(x) \cdot \sin(\frac{2\pi nx}{P}) dx$$

快速傅里叶变换

图 2 - 25 快速傅里叶变换

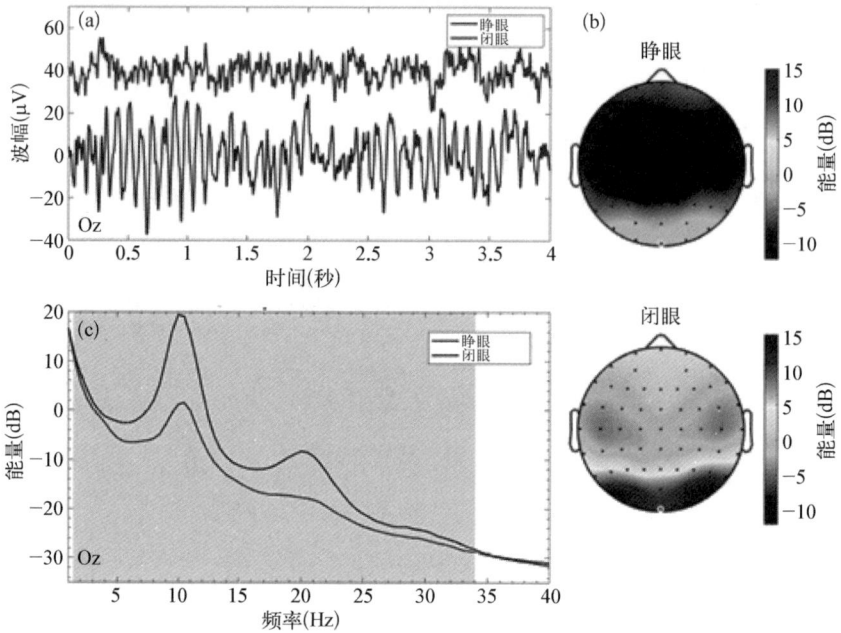

图 2-26 结果(睁眼闭眼时 EEG)

(三)时频分析

ERP 只能捕捉到锁时锁相的信息,而时频分析可以捕捉到不锁相的信息。

脑电具有时变、非平稳的特点,每个时刻都含有不同的频率成分,传统的频域、时域方法不能很好地表现出这些心理,需要将时域与频域信息联合起来进行分析。常用的时频方法有短时傅里叶变换(见图 2-27、图 2-29)、连续小

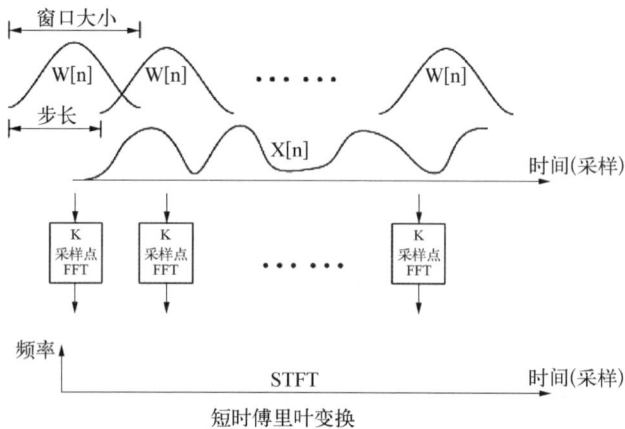

图 2-27 短时傅里叶变换

波变换(见图 2-28、图 2-29)以及 Wigner 等。

事件相关去同步/同步现象。大脑对外部或内部的刺激响应可以反映在脑电图、锁相的事件相关电位(ERP)或非锁相的脑电活动中。ERP 现象可以通过叠加平均清晰地呈现出对事件的响应。相反,非相位锁定的脑电活动变化特征会因为叠加平均而消失。感官刺激与运动行为均能改变大脑皮质内的功能连通性,从而产生事件相关去同步(event-related desynchronization, ERD)和事件相关同步(event-related synchronization,ERS)现象。ERD 现象是指当大脑某一皮质受到刺激时,特定频带范围的节律性活动的能量衰减过程;而 ERS 现象则对应特定频带范围内脑电节律能量的上升过程。ERD/ERS现象是一个在时间方向上的持续过程,它只存在锁时关系,不存在锁相关系。

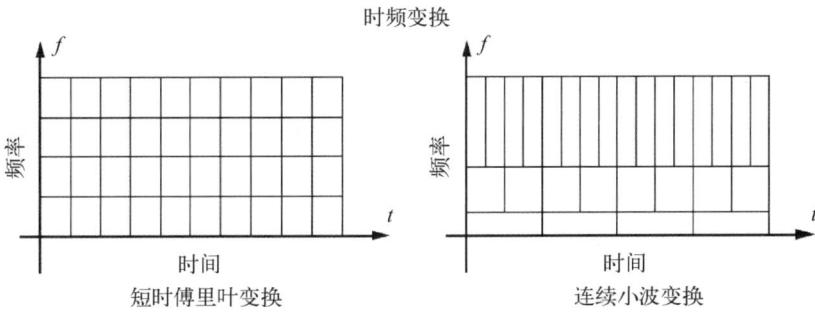

图 2-28　小波变换

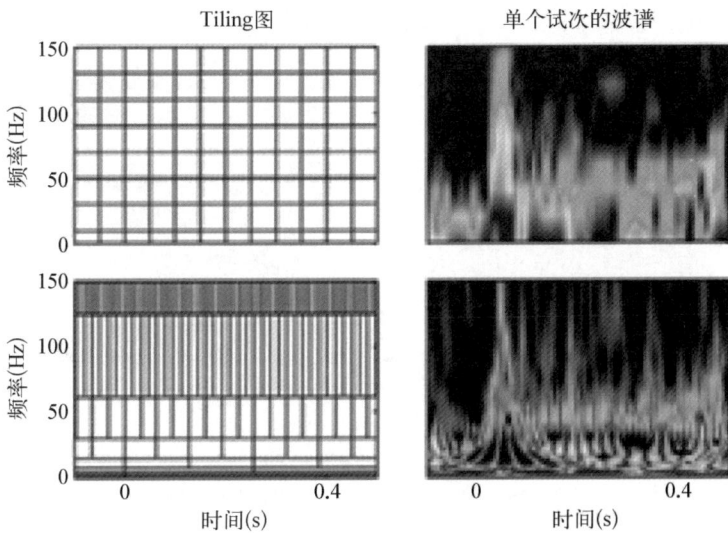

(a)

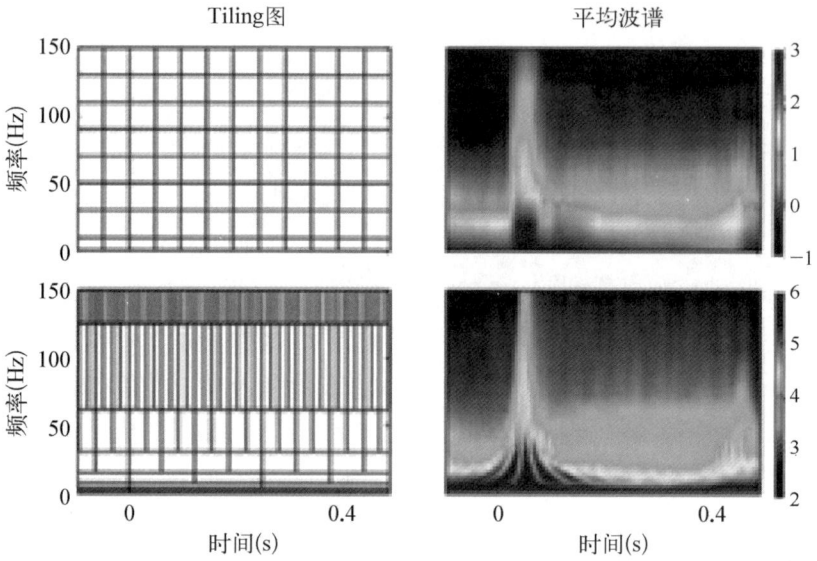

(b)

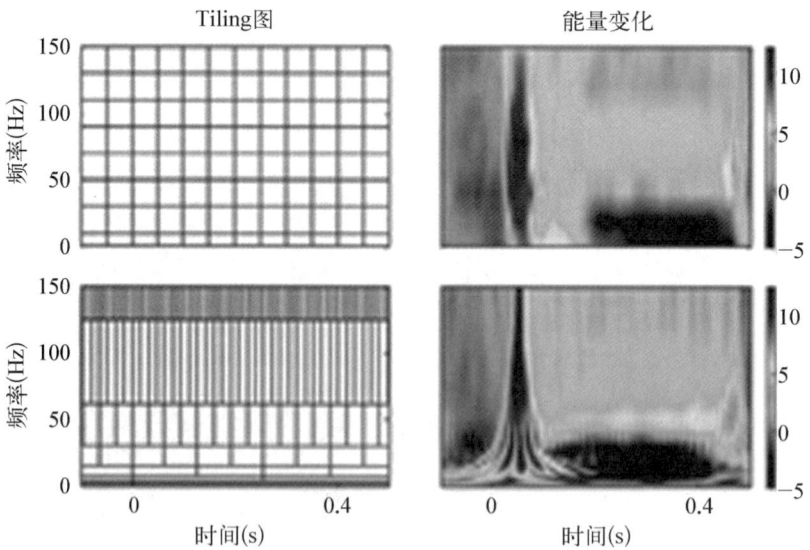

(c)

图 2-29 时频变换结果(引自 Cohen, 2013)

第四节　脑电图技术在运动与脑可塑性研究中的应用

一、衰老和 MCI 人群的脑电变化

脑电图是检测认知水平和大脑网络的有效工具(Gaal et al.,2010)。van der Hiele 等报道,基线脑电图显示,闭上眼睛时 θ 活动(4~8 Hz)增强,而睁开眼睛和记忆激活时,α 反应(8~13 Hz)减弱,这可能是老年人未来认知水平的标志(Hiele et al.,2008)。Kikuchi 等发现,在静息时的脑电波中,δ、θ、α-3、β-1 和 β-2 频段的相干性较低,这说明老年人大脑半球间功能连接较弱(Kikuchi et al.,2000)。Gaal 等指出老年人在睁眼时的聚类系数、路径长度和小世界指数均低于年轻人。这也表明随着年龄的增长,老年人反应速度减慢,大脑的综合活动水平也在降低(Gaal et al.,2010)。此外,与年轻人相比,在注意力功能上,老年人大脑回路中与任务相关的 α 波活动总体上也在减少(Deiber et al.,2013)。老年人脑电图的 θ 波活动也被发现在下降,说明老年人注意能力下降(Gola et al.,2013)。Knyazev 等利用 EEG 的图形理论分析发现衰老过程中 β 和 γ 波段网络的模块化和聚类性降低,这意味着衰老使得大脑网络更加随机(Knyazev et al.,2015)。

脑电图也被用于检测 MCI 患者的大脑认知网络。Vecchio 等通过图论分析发现,与正常老化相比,MCI 受试者的 θ 波显著受损,但 α 波段的连通性没有显著受损(Vecchio et al.,2014)。一项脑电图研究显示,高/低 α 功率比可以预测 MCI,这与大脑皮质变薄和颞顶叶灌注减少有关(Moretti,2015)。

二、运动干预对衰老和 MCI 人群的脑电变化的影响

越来越多的证据表明运动对成像生物标志物有显著影响,运动已被发现可以延缓正常衰老及改善 MCI 患者、AD 患者的认知能力。在认知变化方面,EEG 和 ERPs 提供了比神经图像具有更高时间分辨率的生物标志物。

有报道称,低强度运动组和高强度运动组在 Oddball 范式下诱发的视觉

P1 分量和 P3a 等 ERPs 分量的振幅和潜伏期存在差异。研究者认为运动调节了神经信息处理的多个阶段，包括从早期感觉处理(P1)到感知后目标分类(P3a)(Bullock et al. ,2015)。在一项针对衰老和体力活动的回顾性研究中讨论了 50 年的终身习惯性体育活动与任务转换能力的关系。研究表明，终身体育锻炼与快速回忆反应刺激(P2)、干扰处理过程中反应选择(N2)以及工作记忆更新(P3b)相关，从而降低混合和切换成本(Gajewski and Falkenstein,2015)。

我们选取了注意、记忆、执行功能三个指标来阐述运动干预对认知功能的影响，并介绍 ERP 相关的研究进展情况。

（一）运动与注意的 ERP 研究

在注意系统方面，Fong 等通过耐力锻炼、太极拳或久坐生活方式观察年轻人与老年人之间的 P3 振幅。与久坐生活方式的老年人相比，其他组受试者在任务切换中的 P3 振幅均显著增大(Fong et al. ,2014)。研究者得出结论，年龄和参与体育活动影响体育活动与任务转换的关系。有氧循环运动也能改善注意力网络。这导致前额、中央和顶叶中线部位的电极在执行控制子任务时的 P3 振幅较大(Chang et al. ,2015)。在一项精神运动警觉任务(psychomotor vigilance task,PVT)中，研究者获得了行为和电生理的 ERP，并将其作为任务时间的函数进行分析。身体素质较好的参与者在整个任务中保持着较大的 P3 振幅，而身体素质一般的参与者随着时间的推移，P3 振幅有所降低(Luque-Casado et al. ,2015)。学习是认知能力的一个重要过程。长时程增强(long-term potentiation,LTP)代表了网络的可塑性，是一种学习的促进剂。在一项研究中，使用自我报告的身体活动量表分组后，高活动组在休息 30 分钟后保持了 N1b 的振幅，而低活动组则恢复到基线水平(Smallwood et al. ,2015)。

Magnié 等研究了有氧运动对听觉注意功能的影响。他选取了 20 名年轻人作为实验对象，根据每个受试者的有氧适能水平将他们分为两组：自行车锻炼组和久坐组(Magnié et al. ,2000)。对每个受试者进行额定功率的自行车运动训练，采用听觉 Oddball 范式测试每个受试者的听觉注意功能。结果发现，运动干预后，两组的 P300 波幅增加和 P300 潜伏期降低，最大强度运动后两组的 N400 效应增加。研究者认为，最大强度有氧运动引发的唤醒效应，与有氧适能水平无关。

McDowell 等研究了运动对老年人认知功能的改善作用（McDowell et al.，2003）。共选取了 73 名受试者作为实验对象，通过测试最大摄氧量将他们分为 4 组：青年高强度运动组、青年低强度运动组、老年高强度运动组与老年低强度运动组。采用 Oddball 范式测试每个受试者的注意功能。结果发现，老年高强度运动组受试者和青年高强度运动组、青年低强度运动组受试者的 P300 曲线下面积比老年低强度运动组受试者更小。研究者认为，老年人较高的身体活动率可能与为应对简单的认知挑战所分配的神经资源减少有关。这与心理运动效率的概念是一致的。

Hatta 等研究了习惯性的适度运动对老年人中央信息处理能力的影响（Hatta et al.，2005）。他们选取 20 名每天参加 60 分钟以上运动的老年人设为运动组，20 名无运动史的老年人设为对照组。对每个受试者进行体感 Oddball 范式测试。结果发现，运动组的反应时比对照组短，P3 波幅更大。运动组的顶叶 Pz 电极的 P3 波幅大于额叶 Fz 和中央区 Cz，对照组则没有差异。研究者认为，习惯性的适度运动不仅对老年人的反应处理有益，对其认知处理过程也有很好的作用。

Hillman 等研究了运动和久坐的年轻人、老年人之间注意转换功能的差异（Hillman et al.，2006）。他们将 66 名受试者分为 4 组：老年运动组、老年久坐组、青年运动组和青年久坐组。挑选受试者的标准：每周有氧运动少于 1 小时的为久坐组，每周有氧运动多于 5 小时的为运动组。采用任务转换实验范式，进行注意转换功能的测试。结果发现，运动组受试者的反应时更短，中线的 P3 波幅显著大于久坐组受试者。在记忆保持与不可预测的转换任务间，运动组和久坐组受试者之间存在 P3 潜伏期差异，但在重复任务中没有差异。研究者认为运动锻炼对生活中与年龄相关的衰退有训练效果。

Themanson 等研究了不同年龄段人群身体活动与任务转换间的关系（Themanson et al.，2006）。他们选取了 53 名受试者作为研究对象，分为：老年运动组、老年不运动组、青年运动组与青年不运动组。采用任务转换范式对所有受试者进行注意转换的测试。结果表明，与青年人相比，老年人在一致的试次中有更长的反应时和更小的错误相关负波（error-related negativity，ERN）波幅，老年运动组受试者有着更小的全局转换代价和降低的 ERN 波幅，积极活动的老年运动组和青年运动组的错误后反应减慢，研究者认为，年龄和体育活动参与都会影响行为和神经电生理检测结果。研究为体育活动对执行控制的有益影响提供了进一步的证据。

Scisco 等研究了年轻人的心肺适能和执行控制的关系（Scisco et al.，2008）。他们选取了 52 名 18～28 岁的年轻人为实验对象，根据每个受试者的最大摄氧量，使用分级运动测试将所有受试者分为较高有氧适能组和较低有氧适能组。采用任务转换范式对所有受试者进行转换功能的测试。结果发现，年轻人更高的心肺适能与执行控制之间没有关系。研究者认为，结合之前的研究观点，更好的心肺适能和更好的认知功能的相关性并未在年轻人中表现出来。

Kamijo 等研究了运动强度和体力活动水平对年轻人大脑和认知的交互作用（Kamijo et al.，2009）。他们选取 26 名年轻人作为实验对象，分为运动组和不运动组，进行低强度、中等强度和高强度的自行车运动。在运动干预前后进行 Go/No-go 任务测试。结果发现，不运动组运动后 P3 和 No-go P3 的波幅增大。不运动组受试者对运动强度的敏感性高于运动组受试者。尽管运动强度很大，在 Go/No-go 任务中，运动组受试者仍然能够很好地保持他们的注意力。在中等强度运动后，伴随性负波（contingent negative variation，CNV）波幅的增加幅度大于其他运动强度条件。研究者认为，运动强度对认知功能的影响可能取决于规律性身体活动的水平。中等强度的急性运动有助于运动前准备。

Taddei 等研究了击剑运动对不同年龄段视觉注意的影响。他们选取了 40 名受试者，分为青年击剑组、青年非运动组、中年击剑组和中年非运动组。对每个受试者进行了视觉运动任务测试，测试其视觉注意功能。结果发现，中年非运动组受试者的反应时较长，但准确性和青年非运动组受试者没有差异，且后期 P3 成分潜伏期更长，击剑组则没有这一现象。中年和青年击剑组受试者的反应时相同，P1 潜伏期比青年受试者更短。两个击剑组的 N1 波幅提高，有更短的 N2 潜伏期和更大的 N2 波幅。在 No-go 试验中，击剑组受试者 P3 成分提高。研究者认为，开放技能运动对中年人已经退化的执行功能有良好的影响（Taddei et al.，2012）。

Dai 等研究了运动模式与执行功能间的关系及其对行为和神经电生理活动的影响。他们选取了 48 名老年人为研究对象，根据他们参加的运动项目，分为开放式运动组、封闭式运动组和无运动习惯组。对每个受试者采用任务转换实验范式测试其转换功能。结果发现，开放式运动组、封闭式运动组在全局转换和局部转换的反应时比无运动习惯组更短。两组的 P3 波幅也更大。

开放式运动组在全局转换代价上有额外的优势效应。研究者认为,运动可以改善执行功能,在开放式运动中可以获得特定执行功能方面的认知改善(Dai et al.,2013)。

Kota 等研究了运动后即刻和休息后的不同生理状态对注意功能的影响。研究者招募了一名 27 岁的大学足球队球员作为实验受试者,对他进行了 20 分钟高强度的间歇训练,包括 20 码冲刺跑,以及拖超过体重 150% 重量的雪橇。运动前后分别进行听觉 Oddball 范式测试,结果发现,在靶刺激下 P3b 波幅更大。剧烈运动后在注意任务中大脑反应的波幅和潜伏期没有显著的差异。研究者认为,ERP 测试可以检验运动员在体育赛事中的注意力,并用于检测脑震荡的早期神经症状,跟踪脑震荡后大脑的恢复情况(Kota et al.,2013)。

Wu 等研究了儿童有氧适能与注意功能的时间动态。他们选取了 39 名 9~10 岁的儿童为实验对象,分为较高有氧适能组和较低有氧适能组。采用横断面设计。采用注意瞬脱任务测试儿童注意功能。结果发现,较高有氧适能组的正确率显著高于较低有氧适能组。较高有氧适能组任务诱发的 P3 波波幅低于较低有氧适能组。研究者认为,与较低有氧适能组相比,较高有氧适能组的正确率更高,有更好的注意资源分布。有氧健身可能有益于儿童的认知健康,并涉及青春期前成熟过程中注意过程的时间动态(Wu et al.,2013)。

金成云等研究了慢性有氧运动对老年人注意功能的影响。选取了 24 名受试者,根据其身体活动水平分为两组:有氧运动组和对照组。对每个受试者进行数字广度顺背测试、划线测试、即刻再认词语测试、延迟再认词语测试、口语联想测试、手指敲击试验和 Oddball 范式测试。结果发现,有氧运动组受试者的额叶认知功能相比对照组要高,P300 波幅更大,潜伏期更短。研究者认为,长期有氧运动可能有益于缓解老年人认知功能的衰退(金成云等,2013)。

Sanchez-Lopez 等研究了武术运动员和无运动经验的新手在持续注意任务和瞬间注意任务中行为学和运动相关皮质电位的差异。他们选取了 12 名武术运动员和 10 名无运动经验的新手为实验对象,分为两组:武术运动组和新手组。采用持续注意任务和有序注意任务测试两组受试者的注意功能。结果发现,武术运动组在视听觉注意力持续操作测验(audiovisual attention continuous operation test,CPT)中,前额有更多的正波和慢负波分布,新手组则在中央区-顶叶显示出更强的反应相关电位 P3 波。在 CPT 任务中,新手组在运动反应前显示出很强的前额叶正波和反应相关 P3 波。研究者认为，在 CPT 任务中，武术运动员能根据 CPT 的需要同时分配两个不同但相关的处理，这需要控制注意力和控制运动反应(Sanchez-Lopez et al.，2014)。

Tsai 等研究了不同心肺适能水平年轻人在急性有氧运动后执行认知任务的行为与神经电生理差异。他们选取了 60 名年轻人为研究对象，根据其最大摄氧量分为 3 组：较高有氧适能组、较低有氧适能组和对照组。其中，对较高有氧适能组和较低有氧适能组受试者分别进行 30 分钟、心率达到 60% 最大心率的中等强度的跑步运动。对照组不进行干预。对每个受试者进行视觉空间注意任务测试，结果发现，有氧适能组受试者急性有氧运动干预后，反应时降低，关联性负变(contingent negative variation，CNV)波幅增大。较高有氧适能组干预后出现 P3 波幅和额叶 CNV 波幅增大现象。研究者认为，在一次中等强度的急性有氧运动后，较高的有氧适能受试者获得特殊的与认知处理相关的效率，即注意资源分配和认知准备过程，说明运动改变认知能力的神经机制取决于受试者的有氧适能水平(Tsai et al.，2014)。

Hillman 等研究了体育活动对青春期前儿童注意抑制的影响。随机选取了 221 名 8~9 岁的儿童，分为运动干预组和对照组。运动组受试者参加为期 9 个月、每周 5 次、每次 70 分钟的中等强度的体育活动。采用修改的侧抑制任务对受试者的注意力抑制进行了测试。结果发现，运动组干预前后在不一致的试次中均出现 P3 波幅增大，P3 潜伏期缩短现象。运动组在干预前后在注意力抑制方面有更大的提高。研究者认为运动干预在需要加强执行控制的任务中增强了认知能力和大脑的功能(Hillman et al.，2014)。这证明了体育锻炼对执行功能控制的影响作用。

Kamijo 等研究了儿童的有氧运动和与任务无关信息的无意注意点定向间的关系。他们选取了 38 名儿童作为实验对象，按照其 20 米折返跑的成绩分成两组：较高有氧适能组(18 人)和较低有氧适能组(20 人)。对每个受试者进行视觉 Oddball 范式测试。结果发现，较高有氧适能组儿童比较低有氧适能组儿童有更低的错误率和更小的 P3a 波幅。研究者认为，儿童有氧适能的水平不仅与更多的注意力资源分配用于任务相关信息有关，儿童更高的有氧能力还与更有效的对任务无关信息的抑制有关(Kamijo et al.，2015)。研究为运动促进儿童的认知发展和大脑健康提供了重要证据。

Bullock 等研究了不同强度的运动对视觉注意功能的影响。他们选取了

12 名大学生作为研究对象。对每个受试者进行自行车静坐、低强度自行车运动和高强度自行车运动的测试,低强度运动为 7~9 级自我感知水平的自行车运动,高强度运动为 12~14 级自我感知水平的自行车运动。对每个受试者采用 Oddball 范式测试其注意功能。结果发现,与休息状态和低强度运动相比,高强度运动后目标检测速度更快。在低强度运动中,顶叶-枕叶电极频繁非靶刺激诱发的视觉 P1 成分的平均波幅比休息时更大。与休息时和高强度运动相比,在低强度运动中,非靶刺激诱发的 P1 成分的潜伏期更短。低、高强度运动中在顶叶电极的非靶刺激诱发的 P3a 成分潜伏期更短。研究者认为,视觉 P1 和 P3a 成分的调节与运动调节从早期感觉处理到感知目标分类的多个信息处理阶段一致(Bullock et al.,2015)。

Gajewski 等研究了老年人的体育活动对执行功能的影响。他们选取了 40 名 65~87 岁的老年人作为研究对象,按照每个受试者体育活动情况分为运动组和不运动组。使用功率自行车对每个受试者进行心率达到 130 次/分的自行车运动。采用任务转换实验范式对每个受试者进行转换功能的测试。结果发现,运动组受试者比不运动组受试者的速度的混合代价更低,也有更低的准确率方面的混合和转换代价,且与自我报告的体育活动水平呈负相关。不运动组的额叶 CNV 比运动组更小。运动组靶刺激的 P2 潜伏期更短,额-中央的 N2 更大,P3b 更小。研究者认为,终身体育活动有助于更快召集刺激反应流,在干扰处理中提高反应选择,增强工作记忆刷新期间的相应选择,从而降低混合和转换代价(Gajewski et al.,2015)。

Popovich 等研究了急性有氧运动和触觉事件注意之间的关系(Popovich et al.,2015)。他们选取了 15 名受试者,采用 Oddball 范式研究方式,在运动干预前后进行触觉注意的实验。第一次触觉注意实验完成后,进行自行车有氧运动,所有受试者以 60% 的最大心率进行 20 分钟的功率自行车运动。结果显示,运动对触觉注意力 P50 没有影响,P50 波幅没有变化,而 P100 和长潜伏期正波(long latency positivity,LLP)波幅均显著增加,N140 在无注意的任务刺激里增强。此外,运动后与运动前相比,在刺激对侧的顶叶位置,N140 幅度显著增大,而运动后额叶 LLP 波幅增大,而且在运动后超过顶叶。研究者认为,单次中等强度的有氧运动促进了与任务无关的触觉刺激的感觉门控,从而在健康的年轻受试者的体感处理的后期阶段增强了相关的感觉信号。

Chang 等研究了中等强度有氧自行车运动对注意网络的影响(Chang et al.，2015)。他们选取了 30 名青年人为研究对象,进行了 40 分钟的自行车运动后,进行了注意网络测试(attention network test，ANT)。结果发现,执行控制任务中额区、中央区和顶区中线的电极点的 P3 波幅较大,只有在执行控制网络的侧抑制任务不一致的测试中,反应速度才会提高。自行车运动不影响 P3 波的潜伏期和正确率。研究者认为,有氧自行车运动之后,警报和执行控制网络将分配更多的资源在与任务相关的刺激中。然而,只有在有执行挑战性的冲突条件下,才能观察到表现的提高,说明急性运动后立即提供的大脑资源是否转化为更好的注意力表现取决于认知任务的复杂性。

Chuang 等研究了急性运动对注意力缺陷多动障碍(attention deficit hyperactivity disorder，ADHD)儿童的注意功能的影响。他们选取了 19 名 8～12 岁的 ADHD 儿童为研究对象。在持续 30 分钟、心率达到 60%最大心率的跑步运动后,进行了 Go/No-go 任务的测试。结果发现,运动后比观看视频后有更短的反应时和更小的伴随性负波。研究者认为,急性运动可能对 ADHD 儿童有益,是通过发展运动准备,特别是在执行特定的任务前保持稳定的运动准备集产生的(Chuang et al.，2015)。

Luque-Casado 等研究了有氧适能和持续注意能力间的关系。他们选取了 22 名年轻人作为较高有氧适能组实验对象,20 名年轻人作为较低有氧适能组实验对象。对两组受试者进行了 60 分钟的精神运动警觉任务测试。结果发现,在任务的前 36 分钟,较高有氧适能组比较低有氧适能组有更短的反应时。较高有氧适能组比较低有氧适能组有更大的 CNV。较高有氧适能组在整个任务过程中,保持了更大的 P3 波幅。研究者认为,更高的有氧适能与神经电生理有关,表明整体持续注意力更好,随着时间的推移,注意力资源的分配能力也更好。更高的有氧适能在任务的第一部分提高了反应准备(Luque-Casado et al.，2016)。

金承烈等研究了老年人肌肉力量训练对感觉刺激的影响。他们选取 15 名老年人作为运动组,15 名老年人作为对照组。对运动组进行为期 24 周的力量训练,结果发现,运动组的 P300 潜伏期显著短于对照组。对照组的 N100 潜伏期在反应任务中的时间更长,波幅更大,任务之间的差异较大。运动组的 EMG-RT 比对照组更短、更迅速。研究者认为,长期运动可能比感官刺激治疗更能影响运动反应治疗系统(金承烈等,2016)。

Zink 等研究了户外运动对听觉注意功能的影响(Zink et al.,2016)。选取了 15 名年轻人为实验对象。对每个受试者进行固定自行车运动和户外自行车运动的测试,每种状态 12 分钟。采用听觉 Oddball 范式测试受试者的听觉注意功能。结果发现,与固定自行车运动组相比,户外自行车运动组的 P300 波幅较小。研究者认为,处在一个真实自然、不受约束的环境中,测量的听觉 Oddball 结果主要受到认知负荷的影响。

Hung 等研究了急性中等强度的有氧运动对注意力缺陷多动障碍(ADHD)儿童任务转换的影响。他们选取了 34 名 ADHD 儿童作为研究对象。对每个受试者进行了 30 分钟心率达到 50%~70%最大心率强度的跑步运动。采用转换任务实验范式测试每个受试者的任务转换功能。结果发现,运动后,ADHD 儿童的全局转换代价反应时减少。在任务转换的混合条件下 P3 波幅增大。研究者认为,单次中等强度的有氧运动对 ADHD 儿童的工作记忆功能有积极影响(Hung et al.,2016)。

Tsai 等研究了急性有氧运动对不同心肺适能水平年轻人的任务转换功能的影响(Tsai et al.,2016)。60 名年轻人被分为 3 组,20 名为对照组,20 名为较高心肺功能组,20 名为较低心肺功能组。受试者的划分是通过测试其最大摄氧量来选择的。在 30 分钟中等强度的有氧运动后,采用转换任务实验范式测试每个受试者的转换功能,测量血清 BDNF 浓度,结果发现,急性有氧运动可以降低转换任务的反应时。运动后,较高心肺功能组的转换代价更小,P3 波幅更大。研究者认为,达到促进神经功能效果的机制可能在于急性有氧运动。

Wang 等研究了体育活动对老年人视觉空间认知的影响。他们招募了 48 名老年人作为研究对象,按照每个受试者的身体活动程度分为运动组和久坐组。采用视觉空间认知任务测试每个受试者的视觉注意功能。结果发现,无论认知负荷的水平高低,运动组老年受试者的行为正确率均更高,其 P3 波幅也更大。此外,身体活动水平和正确率成正相关关系。而在认知要求高的条件下,身体活动水平和额叶 P3 波幅成正相关关系。在 P3 潜伏期和 CNV 方面没有显著的影响。研究者认为,定期的体育活动可能是有效生活方式的一部分,可以减缓与年龄有关的认知衰退的速度,提高老年人维持较高认知能力的可能性(Wang et al.,2016)。

Tsai 等研究了开放式和封闭式运动对老年人执行功能的影响。他们招募了 64 名老年人作为实验对象，随机分为 3 组：封闭式运动组、开放式运动组和对照组。对两个运动组受试者进行运动干预。开放式运动组受试者完成共 24 周、每周 3 次、每次 40 分钟的乒乓球训练、乒乓球游戏等运动。封闭式运动组受试者完成 24 周、每周 3 次、每次 40 分钟心率达到 70%～75% 最大心率的自行车或跑步运动。采用转换任务实验范式对每个受试者进行注意转换功能的测试。结果发现，在进行转换任务测试时，运动干预后，两个运动组比对照组有更短的反应时。只有开放式运动组运动前后的重复测试和转换测试反应时有增长。运动干预后，两个运动组在额叶-顶叶皮质区域的 P3 潜伏期延长。研究者认为，24 周的开放式和封闭式运动干预对老年人额叶-顶叶皮质产生了整体的神经电生理效应。两种运动模式对任务转换功能产生了不同程度的神经心理效应(Tsai et al.，2017)。

Bianco 等研究了运动、演奏乐器对视觉注意功能的影响。他们针对性地招募了 48 名年轻人作为实验对象，根据每个受试者参加运动与演奏乐器的经历，将其平均分为 4 个组：鼓手组、运动组、非鼓手组、非运动组。对每个受试者进行 Go/No-go 任务测试。结果发现，运动组和鼓手组的反应时比非鼓手组和非运动组要短，ERP 分析显示，运动组和鼓手组的大脑运动前准备电位(BP)，反映自上而下的注意控制相关的前额负性(PN)电位，以及特定刺激后的特殊成分，如 P3 和 P2 都有上升。研究者认为，运动和击鼓对行为和认知有良好影响，提供了长期神经适应机制，提升了视觉空间能力(Bianco et al.，2017)。

Isoglu-Alkac 等研究了快速球类运动和舞蹈训练对注意力的影响。他们选取了 12 名快速球类运动员为快速球类运动组、12 名舞蹈运动员为舞蹈组、12 名健康成年人为对照组。舞蹈组每周锻炼 5～6 天、每天 2～3 小时，快速球类运动组每周锻炼 5～6 天、每天 2～4 小时。使用视觉 Oddball 范式和听觉 Oddball 范式对每个受试者进行注意功能的测试。结果发现，在听觉任务中，舞蹈组和快速球类运动组的 N200 和 P300 的潜伏期比对照组更短。在视觉任务中，快速球类运动组的 P3 潜伏期比舞蹈组和对照组更短，而且他们对非靶刺激比对照组和舞蹈组有更大的 P100 波幅。舞蹈组对非靶刺激比快速球类运动组和对照组有更短的 P1 潜伏期和更大的 N100、P3 波幅。研究者认为，快速球类运动组和舞蹈组都比对照组有更短的听觉 N2 和 P3 潜伏期，所以在认知处理速度上较快;在视觉任务中,两者注意的类型不同,舞蹈主要反映出内源性自上而下的特点,而快速球类运动则体现外部自下而上的处理过程(Isoglu-Alkac et al. ,2018)。

(二)运动与记忆的 ERP 研究

Schmidt-Kassow 等研究了体育运动对语言学习的影响(Schmidt-Kassow et al. ,2010)。他们采用混合实验设计,招募了 12 名受试者。受试者被随机分为两组:室内自行车训练组和对照组。共进行为期 3 周、每周 3 次、每次 30 分钟的法语学习培训。自行车训练组在自行车运动的同时学习法语词汇,运动保持在中等强度。培训结束后,对每个受试者进行词汇测试。结果发现,自行车训练组相比对照组在编码阶段有更大的 N400 波幅和更好的表现。研究者认为,在词汇学习过程中,同时进行的体育活动有助于记忆新的词汇。

Chang 等研究了身体活动对老年人工作记忆功能的影响。他们选取了 40 名 65～72 岁的老年人作为研究对象。按照每个受试者的身体活动水平将他们分为两组:过去 6 个月中,每周超过 3 次的轻度和中等强度的有氧运动的老年受试者为较高身体活动水平组;过去 6 个月中,每周参与运动的次数少于 2 次的老年受试者为较低身体活动水平组。采用斯滕伯格工作记忆任务测试每个受试者的工作记忆功能。结果发现,较高身体活动水平组受试者不论工作记忆负荷大小,反应时更短,其 P3 波幅和 N1 波幅更大,P3 潜伏期更短。研究者认为,身体活动水平较高组受试者可以通过分配更多的注意力资源,提高在检索阶段评估刺激的效率,并在早期投入更多的注意力资源,提升工作记忆任务编码阶段的判别能力(Chang et al. ,2013)。

Winneke 等研究了运动对不同有氧适能水平的年轻人的工作记忆功能的影响。他们选取了 26 名年轻人作为实验对象,根据每个受试者的有氧适能水平将他们分为高有氧适能组和低有氧适能组。采用 N-back 任务测试每个受试者的工作记忆功能。结果发现,高有氧适能组的工作记忆任务 2 - back 的行为学指标比低有氧适能组更高。高有氧适能组的 P3 波幅比低有氧适能组更大。在 P3 波幅和最大摄氧量之间有显著的相关性。研究者认为,在较大工作记忆负荷的条件下,运动的益处不明显。可能的解释是运动与增加血液供应和血管生成有关。定期的体育运动可以成为对抗随年龄增长而认知能力下降的一种手段(Winneke et al. ,2013)。

Hsieh 等研究了体操训练对儿童空间工作记忆行为和神经生理的影响。他们招募了 44 名 7～10 岁的儿童作为实验对象，分为实验组（24 人）和对照组（20 人）。对实验组受试者进行为期 8 周、每周 2 次、每次 90 分钟的体操训练。对照组未接受干预，仅被要求维持日常活动。干预结束后，对每个受试者进行延迟性匹配任务的工作记忆功能的测试。结果发现，实验组无论工作记忆任务的难度多大，其反应的正确率都得到了提高。实验组的顶叶电极的 P3 波幅更大，而无关工作记忆任务的难度。研究者认为，短期的体操训练对儿童的空间工作记忆功能和神经生理水平有提高作用。涉及认知-运动相互作用的运动项目在刺激儿童空间认知功能发展方面具有很强的作用（Hsieh et al.，2017）。

Tsai 等研究了开放式和封闭式运动对老年人执行功能的影响。他们招募了 64 名老年人作为实验对象，随机分为 3 组：封闭式运动组、开放式运动组和对照组。对两个运动组受试者进行运动干预。开放式运动组受试者完成共 24 周、每周 3 次、每次 40 分钟的乒乓球训练、乒乓球游戏等运动。封闭式运动组受试者完成 24 周、每周 3 次、每次 40 分钟心率达到 70%～75% 最大心率的自行车或跑步运动。采用 N-back 任务对每个受试者进行工作记忆功能的测试。两个运动组在运动干预后 1-back 的正确率均显著提高，但只有封闭式运动组的 2-back 正确率有提高。运动干预后，两个运动组在额叶-顶叶皮质区域的 P3 潜伏期延长。研究者认为，6 个月的开放式和封闭式运动干预对老年人额叶-顶叶皮质产生整体的神经电生理效应，但两种运动模式对工作记忆功能产生了不同程度的神经心理效应（Tsai et al.，2017）。

Chueh 等研究了开放式和封闭式运动对年轻人视觉空间注意力和记忆表现的影响。他们招募了 48 名年轻人作为实验对象，根据每个受试者的运动经历分为 3 个组：开放式运动组、封闭式运动组和非运动对照组。采用修改的非延迟性和延迟性匹配任务测试每个受试者视觉空间注意力和记忆能力。结果发现，两个运动组在视觉空间注意和记忆条件的反应时比非运动对照组更短，其 P3 波幅更大。研究者认为，更强的视觉空间注意力及记忆功能和更高效的记忆处理的神经资源分配有关（Chueh et al.，2017）。

Dodwell 等研究了有氧运动对视觉工作记忆（visual working memory，VWM）功能的时间动态的影响。他们选取了 18 名 20～30 岁的年轻人为实验对象。对所有受试者进行心率达到 65% 最大心率的跑步运动和自行车运动。

采用有氧运动中 VWM 的后置线索(retro-cue)任务测试受试者的视觉工作记忆功能。结果发现,有氧运动和站立姿势对视觉工作记忆功能有明显的作用,加快了后置线索任务的处理速度。这种影响主要发生在访问 VWM 表达和反应选择上。研究者认为,有氧运动不仅对 VWM 有影响,对建立在固定坐姿条件下的 VWM 模型也有影响(Dodwell et al.,2018)。

Hsieh 等研究了儿童的身体活动和工作记忆之间的关系。通过加速度计测量身体活动量,将 32 名儿童平均分为较高身体活动组和较低身体活动组。采用延迟性匹配任务测试每个受试者的工作记忆能力。结果发现,较高身体活动组比较低身体活动组有更高的反应正确率。较高身体活动组在延迟条件中比较低身体活动组的反应时更短。较高身体活动组有更小的 P3 波幅,延迟条件下的波幅比较低身体活动组非延迟条件下的波幅更小。较高身体活动组有更大的正慢波(positive slow wave,PSW)。身体活动水平与反应时呈负相关,与延迟条件下的 P3 波幅和 PSW 波幅呈正相关(Hsieh et al.,2018)。

Walsh 等研究了高强度间歇训练(high-intensity interval exercise,HIIE)如何影响大学生对奖赏反馈的奖赏正波。他们选取了 25 名年轻人为实验对象,采用单组随机平衡交叉设计。在运动干预前后进行新奇的博弈任务(novel gambling task)测试。对每个受试者进行共 11 分钟的高强度间歇训练。HIIE 由 4 个训练单元组成,每个训练单元有 4 个 20 秒的训练时间和 10 秒的休息时间。每个 20 秒的训练包括波比跳(burpees)、开合跳(jumping jacks)、登山(mountain climbing)和蹲跳(squat-jumps)。结果发现,HIIE 训练显著降低奖励正波波幅。研究者认为,强化学习机制在 HIIE 停止不久后效果就会减弱,这可能是由于 HIIE 训练后心率的升高导致了持续的、非最佳的刺激(Walsh et al.,2019)。

(三) 运动与执行功能的 ERP 研究

Hogan 等通过测量脑电图熵揭示了身体健康对执行功能的影响。研究表明,在额叶脑电图熵较低的情况下,注意力系统的功能越强,受试者的认知能力越高。该研究反复测量了刺激后 1 500 毫秒时间间隔内熵的变化。ERP 提供了认知过程和神经电生理变化之间的密切关系(Hogan et al.,2015)。在需要更强认知控制的侧抑制任务试验中,在低强度和中等强度的运动中却观察到了认知障碍。有趣的是,ERPs 显示,与休息相比,在这两种运动条件下,N2

和 P3 的振幅都有所增大。研究者提出，运动对行为表现测量的不同影响，伴随着有氧运动中认知控制的提高（Olson et al.，2015）。这项研究只评估了3 天锻炼对健康参与者的影响，而没有考虑长期影响。

Hillman 等研究了急性心肺锻炼对认知功能的影响。他们选取了 20 名大学生作为实验受试者。在实验前后进行侧抑制任务测试。采用 30 分钟心率达到 83.5% 最大心率的跑步运动干预。实验结果发现，在中线电极点，急性运动后的 P3 波幅与基线相比增大了。与不同条件相比，在基线侧抑制任务中观察到更短的 P3 潜伏期。研究者认为，急性心血管运动通过增加神经认知资源的分配以及改变认知加工和刺激分类速度来影响执行控制的神经电生理过程（Hillman et al.，2003）。

Themanson 等研究了急性有氧运动对认知功能的影响。他们将 28 名受试者按照最大摄氧量水平分为两组，在对每个受试者进行 30 分钟的心率达到 82.8% 最大心率的跑步干预后，对受试者进行侧抑制任务测试。结果发现，与较低有氧适能的受试者相比，较高有氧适能受试者的错误相关负波波幅减小，错误相关正波波幅增大。研究者认为，通过增加自上而下的注意控制，有氧适能较高可能有利于错误后监控的行为与电生理指标（Themanson et al.，2006）。

Pontifex 等研究了中等强度有氧运动对抑制功能的神经电生理和行为的影响。他们选取了 41 名年轻人为实验对象。对每个受试者进行心率达到 60% 最大心率的自行车运动，采用侧抑制 Flanker 任务测试每个受试者的抑制功能。结果发现，运动降低不一致试次的反应准确性。运动中顶叶电极 N1 和全局 N2 波幅减小，额叶和中央区电极 P2 波幅增大，额叶和侧面电极的 P3 波幅增大。相对于休息状态，运动过程中 N2 和 P3 潜伏期更长。研究者认为，这些结果说明在运动中，大脑需要将注意力资源分配给大范围的身体运动，导致神经资源分配效率低下，从而导致了干预控制能力的下降（Pontifex et al.，2007）。

Hillman 等研究了儿童的有氧适能水平和执行控制之间的关系。他们对38 名儿童进行有氧适能水平测试，根据结果分为两组，再让每个受试者参加侧抑制任务测试。结果发现，与较低有氧适能的儿童相比，较高有氧适能儿童在侧抑制任务下有更高的正确率。与较低有氧适能的儿童相比，较高有氧适能儿童在侧抑制任务中的 P3 波幅更大，表现出与错误相关的负波波幅的缩小和错误正波波幅的增大。研究者认为,执行控制任务中更好的认知表现与提升的认知控制能力有关,导致在刺激编码期间更多的注意力资源分配以及随后在响应选择期间冲突的减少。该发现与成人群体中观察到的结果不同,指出了有氧适应性和认知之间的一般而非选择性关系(Hillman et al.,2009)。

Chuang 等研究跳舞机锻炼对老年女性认知控制的作用。将 26 名受试者随机分为 3 组:跳舞机锻炼(dance dance revolution,DDR)组、快走(brisk walking,BW)组和对照组。对 DDR 组和 BW 组进行 3 个月、每周 3 次、每次 30 分钟的运动干预,对照组则保持久坐的生活习惯。在干预前后进行 ERP 的侧抑制任务测试。结果发现,DDR 组和 BW 组比对照组有更短的反应时、N2 潜伏期、P3 潜伏期。研究者认为,跳舞机锻炼干预与快走干预对改善老年人抑制控制一样有效,并认为跳舞机锻炼可以成为提高老年人认知功能和运动能力的方式之一(Chuang et al.,2015)。

Chu 等研究了急性运动对运动反应抑制的影响。他们选取了 21 名 19～24 岁的年轻人为实验对象。对每个受试者进行 30 分钟、心率达到 65%～75% 最大心率的跑步运动后,进行停止信号任务(stop-signal task)的测试。结果发现,急性运动可以缩短停止信号反应时间,但 go 信号的反应时间没有变化。急性运动增大 P3 波幅,延长了潜伏期。研究者认为,急性运动对认知功能具有选择性益处,特别是在执行功能的运动反应抑制方面,主要影响运动反应抑制过程中信息处理的后期阶段,可能导致注意力资源分配的增加,并赋予抑制反应的能力,使其成功实现运动反应抑制(Chu et al.,2015)。

Akatsuka 等研究了急性有氧运动对人体抑制功能的影响。他们选取 10 名受试者,干预组在实验干预前后进行 15 分钟 Go/No-go 任务测试,每个受试者采用 15 分钟的 50% 最大摄氧量进行跑步运动。结果发现,在适度运动期间,Fz 和 Cz 的 No-go-N140 的波幅显著增大。相反,对照组 Fz 和 Cz 没有显著变化。研究者认为,适度运动可以影响 No-go-N140 波幅,No-go-N140 波幅可以作为抑制功能的指标。人体抑制系统可能是体育锻炼在整个生命周期中维持和改善认知能力的基础(Akatsuka et al.,2015)。

Gajewski 等选了 40 名 65～87 岁的老年人作为研究对象,按照每个受试者体育活动情况分为运动组和不运动组。使用功率自行车对每个受试者进行心率达到 130 次/分的自行车运动。采用斯特鲁普任务对每个受试者进行抑制优势反应能力的测试。结果发现,运动组受试者的反应时更短,个体差异更小,反应的准确性更高。与不运动组相比,运动组受试者 P2 潜伏期更短,额叶-中央区有更多的负波,如 N2 和 N450 分布。干预数量与自我报告的体育活动呈负相关。研究者认为,长期体育活动可能提高前额叶皮质参与斯特鲁普任务的效率(Gajewski et al.,2015)。

Wang 等研究了急性运动对甲基苯丙胺(methamphetamine,MA)依赖的非药物干预的影响。实验采用受试者内平衡设计,以 24 名 18～40 岁 DSM-IV 型(根据《精神疾病的诊断和统计手册》)受试者为研究对象,评估他们运动前后的 MA 依赖水平和 Go/No-go 任务范式的得分。运动干预采用 30 分钟的 50 转/分的功率自行车锻炼,达到 65%～75%的最大心率。对照治疗为主动阅读。结果发现,与运动前相比,运动过程中、运动即刻后和运动后 50 分钟自我报告的 MA 依赖水平显著减弱,并且运动后这些时间点的依赖性低于阅读控制期。急性运动有助于 Go/No-go 任务中的抑制表现,在运动阶段和 No-go 条件下,与阅读控制期和 Go 条件相比,有更大的 N2 波幅。研究者认为这是第一个证实中等强度急性有氧运动有助于降低 MA 依赖者的 MA 依赖性,提高抑制控制能力的实证研究。这些结果表明,急性有氧运动在治疗这种特定类型的药物滥用方面具有潜在作用(Wang et al.,2015)。

Olson 等研究了不同强度的运动对年轻人的抑制功能的影响。他们招募了 27 名年轻人作为研究对象。对每个受试者进行 40%最大摄氧量的低强度和 60%最大摄氧量的中等强度自行车运动。采用侧抑制任务对每个受试者进行抑制功能的测试。结果发现,无论运动强度多大,侧抑制任务测试的准确性都下降了。而中等强度的运动反应时比其他组更短。两种运动条件下的 N2和 P3 波幅均比休息条件时增加。研究者认为,运动对行为学指标的不同影响伴随着有氧运动中认知控制的提高(Olson et al.,2016)。

Chu 等研究了年龄的调节作用和急性运动、执行功能之间的神经电生理机制来检查单次运动对青春期前儿童和青年人神经认知功能的影响。他们选取了 20 名青春期前儿童和 20 名青年人为研究对象。运动干预采用 30 分钟的 65%～75%最大心率的跑步运动,对照组为阅读教育文件。使用斯特鲁普任务测试受试者抑制优势反应的能力。结果发现,急性运动减少了斯特鲁普反应时,青年人与青春期前儿童相比有显著的效果。青春期前儿童和青年人在急性运动后 P3 波幅增大,但急性运动导致青春期前儿童的冲突持续电位(冲突 SP)波幅减小。研究者认为,年龄可以影响急性运动对一般认知表现的作用。此外,急性运动的 ERP 差异为区分急性运动对个体从青春期前到青年期的影响机制提供了潜在的线索(Chu et al.,2017)。

Chang 等研究了急性中等强度运动普遍或针对性改善认知功能的作用。他们选取了 30 名 18～30 岁成年人作为实验对象,先在功率自行车上进行 30 分钟心率达到 60%～70%最大心率的自行车运动。使用斯特鲁普任务测试受试者抑制功能。结果发现,急性运动有助于提高斯特鲁普任务中一致与不一致条件的反应时。在运动后,观察到更大的 P3 波幅和更小的 N450 波幅以及缩短的 N450 潜伏期。研究者认为,中等强度的急性运动导致认知的普遍性而非选择性的改善。改善可能与注意力或神经资源分配及冲突检测过程的增加有关,这些过程由较长的潜伏期内源性成分(P3,N450)反映出来(Chang et al.,2017)。

Dimitrova 等研究了急性身体活动对老年人执行功能的影响。他们选取了 29 名年轻人和 29 名老年人作为研究对象。所有受试者都进行了 20 分钟的自行车运动,心率达到 60%最大心率。采用斯特鲁普任务测试受试者的抑制优势反应能力。结果发现,年轻人和老年人在运动后,执行任务的表现提高,运动方式间并无明显差异。老年人受试者在运动前后,斯特鲁普任务的反应时比年轻人提高更多。两组受试者在运动前后的 Cz 电极上,从 320～700 毫秒的刺激后 EEG 波幅增大,老年人表现出更大的斯特鲁普效应。研究者认为,急性身体活动对年轻人和老年人的认知和神经功能的有益影响得到证实(Dimitrova et al.,2017)。

Kao 等研究了单次高强度间歇训练和连续有氧运动对抑制控制的影响。他们选取了 64 名 18～21 岁的受试者分为 3 组:高强度间歇训练组、连续有氧运动组和对照组。实验采用受试者内设计。连续有氧运动干预为 20 分钟的心率达到 60%～70%最大心率的跑步运动,高强度间歇训练干预为 1 分钟热身、1.5 分钟的心率达到 90%最大心率的跑步运动与 1 分钟步行。采用 Flanker 侧抑制任务测试每个受试者的抑制功能。结果发现,与对照组相比,高强度间歇训练组、连续有氧运动组受试者在运动后有更短的反应时。高强度间歇训练组在需要更大抑制控制的任务条件下的反应正确率比连续有氧运动组和对照组更高。连续有氧运动组的 P3 波幅比高强度间歇训练组和对照组更大。高强度间歇训练组的 P3 波幅和潜伏期相比对照组更小。研究者认为,与时间较短和运动量较小的运动相比,高强度间歇训练引起更小、更高效的 P3 成分,在抑制控制方面有额外的提高(Kao et al. ,2017)。

Bianco 等研究了专业运动训练对需要感知判断与快速反应的视觉运动任务中的准备—感知—动作阶段的影响。他们招募 39 名受试者作为研究对象,分为 3 组:13 名击剑组受试者,13 名拳击组受试者和 13 名对照组受试者。采用 Go/No-go 任务测试每个受试者的抑制功能。结果发现,击剑组和拳击组受试者反应时比对照组快,击剑组的正确率更高。击剑组和拳击组的运动前准备电位比对照组更高。仅在击剑组的前额叶负波增加,刺激后 ERP 如 N1、N2、P3 和 P2 增加。研究者认为,对抗运动需要快速的行动执行,每个项目要求不同大脑准备活动也不同。拳击运动可能要承受更多的错误,而击剑运动必须尽可能快速和准确。高水平运动训练的认知方面的益处可能转移到日常生活中(Bianco et al. ,2017)。

Alderman 等研究了心理训练和有氧运动对抑制功能的影响。他们选取了 52 名年轻人作为实验对象,根据其健康状态分为由严重抑郁症(major depressive disorder,MDD)患者组成的抑郁症组和健康组。对所有受试者进行为期 8 周、每周 2 次、每次 30 分钟注意力冥想和 30 分钟中等强度有氧锻炼。采用修改的侧抑制任务测试每个受试者的抑制功能。结果发现,在运动干预后,严重抑郁症患者的个体报告的抑郁症状和反思性思维减少。运动后,N2 波幅和 P3 波幅相对运动前增大,特别是在 MDD 组。研究者认为,运动提高了检测和解决冲突刺激过程中的神经反应。有氧运动与冥想结合可以增加认知控制过程和减少反思性思考模式(Alderman et al. ,2017)。

Malinowski 等研究了冥想训练对老年人执行控制和情绪调节的影响。以 56 名 55～75 岁的老年人作为实验对象。所有受试者进行为期 8 周、每周至少 5 天、每天至少 10 分钟的冥想训练。采用情绪计数斯特鲁普任务(emotionalcounting Stroop task)测试受试者的注意力、抑制及情绪调节能力。结果发现,冥想训练后,反应时减小,额叶-中央区 N2 波幅增大,且反应时更短的受试者额叶-中央区 N2 更大。研究者认为,N2 相关的效应与直角回和背侧注意网络的其他区域的变化有关。冥想训练改善目标导向的视觉空间注意的维持,对于减缓认知能力下降和脑老化是一个有效的方法(Malinowski et al. ,2017)。

Wang 等研究了运动对冲突过程及时间动态的影响。他们招募了 36 名大学生作为实验对象,其中 18 名为开放性运动羽毛球项目的受试者(实验组),

18 名为闭合性运动的受试者(对照组)。所有受试者以侧抑制任务法测试其抑制功能。结果发现,实验组在进行侧抑制任务时有更快和变化更少的反应。实验组和对照组都显示出类似的调节冲突的额中 N2 波和 θ 波,但试验中一致性的效应只在羽毛球运动组中显示。研究者认为,羽毛球运动组由冲突过程引起的反应时变化更小的原因是这些受试者的神经过程更加稳定。这些发现与有氧适能无关,所以这种差异很可能是由于训练引起的适应现象,与运动训练中包含的认知成分向一般领域特定转移的理论一致(Wang et al.,2017)。

Tsai 等研究了不同身体素质 ADHD 儿童的抑制功能的差异(Tsai et al.,2017)。他们选取了 80 名 8~12 岁的 ADHD 儿童作为实验对象,按照每个受试者的身体素质水平分为较高体适能组(Higher fitness,Hf)和较低体适能组(Lower fitness,Lf)。采用侧抑制任务法测试每个受试者的抑制功能。结果发现,与 Lf 组受试者相比,Hf 组受试者的反应时明显较短,P3 波幅更大。此外,与较高体适能受试者相比,低体适能受试者有更短的反应时和更短的 P3 潜伏期。研究者认为,ADHD 儿童的体适能,特别是肌肉耐力等的提高,有助于提高抑制功能。

Ligeza 等研究了急性运动对解决冲突的认知过程的影响。他们招募了 18 名年轻人为实验对象。每个受试者进行中等强度的连续运动(moderate-intensity exercise,MCE)、高强度间歇训练(high-intensity interval exercise,HIIE)和休息。MCE 为连续 24 分钟的 80% 第二通气阈值(PVT2)中等强度功率自行车运动。HIIE 为 3 分钟的超出 PVT2 的 25% 的运动与 3 分钟的 PVT1 主动恢复运动。对每个受试者采用侧抑制任务法测试其抑制功能。结果发现,MCE 组冲突效应更小,准确性更高。HIIE 组和休息组受试者,在冲突影响的反应时和准确率方面没有差异。研究者认为,MCE 可能直接有利于抑制功能(Ligeza et al.,2018)。

Tsai 等研究了急性有氧运动或抗阻运动对老年人执行功能的影响。他们招募了 66 名遗忘型轻度认知障碍(aMCI)患者作为研究对象,随机分为 3 组:有氧运动组、抗阻运动组与对照组。在干预前后进行了侧抑制任务测试。运动干预为:有氧运动组进行 30 分钟的中等强度、心率达到 65%~75% 最大心率的功率自行车运动,抗阻运动组进行 30 分钟的中等强度(75% 1RM)的抗阻运动。结果显示,急性有氧运动和抗阻运动不仅改善了 aMCI 老年患者的行为学反应时,而且提高了侧抑制任务的 P3 波幅。研究者认为,通过急性有氧运动和抗阻运动改善了老年 aMCI 患者的认知表现,并且两种运动模式引起改变的方式不同(Tsai et al.,2018)。

Finkenzeller 等研究了最大体力负荷对认知控制的影响及运动后随时间的变化过程。他们招募了 12 名年轻男性作为实验对象。对每个受试者进行逐渐增量、直到力竭的自行车运动。采用修改的侧抑制任务测试每个受试者的抑制功能。结果发现,运动引起侧抑制任务的中央区 N2 波幅的减小和 P3潜伏期的缩短。即使在 15 分钟的恢复期后,这种效应依然存在。研究者认为,最大力竭运动有助于提高受过良好训练的人群在认知控制任务中的信息处理速度。N2 波幅的减小和 P3 潜伏期反映的增加的刺激分类速度,可以解释最大负荷后干预控制的神经元机制(Finkenzeller et al.,2018)。

(四)运动与其他认知功能的 ERP 研究

Jin 等研究了羽毛球运动对视觉皮质可塑性的影响(Jin et al.,2010)。他们选取了 18 名职业羽毛球运动员和 18 名无羽毛球经验的大学生作为实验对象。让受试者通过观看羽毛球运动员训练视频来预测球的落点,并检查引发的 C1。结果发现,职业羽毛球运动员比无羽毛球运动经验的受试者准确率更高,虽然速度并不快。在两组受试者中,头皮枕叶电极中部都可以观察到刺激后约 65 毫秒的峰值的早期 ERP 成分,研究者将其解释为 C1 成分。在同样的延迟下,与无羽毛球运动经验的受试者相比,职业羽毛球运动员该成分的波幅显著增大,研究者认为,可以通过长期的体能训练对它进行调节。该研究为运动引起的主要视觉皮质的早期感觉处理提供了证据。

Jin 等研究了羽毛球运动对动作预测的影响,他们选取了 36 名 18～25 岁年轻人为实验对象,按参与羽毛球运动的水平分为专业羽毛球运动组和非专业羽毛球运动组。通过观看羽毛球运动员训练视频来预测球的落点。结果发现,专业羽毛球运动组受试者的准确率明显比非专业组受试者高,显示出更好的动作预期。他们有更大的顶叶皮质分布的 P300 波幅,和更大的枕叶分布的P2 波幅。研究者认为,P300 效应解释了专业羽毛球运动员在与游戏相关的记忆表达的初级访问或引导对相关记忆表达的关注,以方便他们判断相应的行为。P2 效应反应一般学习效应。研究确定了不同运动相关预测水平的神经反应(Jin et al.,2011)。

Vogt 等研究了运动对智力发育障碍儿童的决策、运动反应的影响。他们选取了 11 名智力发育障碍儿童作为研究对象。实验采用交叉设计,对每个受试者进行了 10 分钟的自定强度的自行车运动,采用修改的反应时任务(modified reaction time task)测试每个受试者的决策与运动反应。结果发现,运动后反应时降低,并同样反映出 N2 潜伏期缩短的现象。休息状态则没有明显变化。研究者认为,运动可以暂时增强智力发育障碍儿童的认知神经元活动(Vogt et al.,2013)。

Vogt 等研究了运动对虚拟环境中与决策相关的认知功能的影响。他们选取了 22 名中年人作为研究对象,让受试者在 3 种条件下(对照、前方、四周)进行 5 分钟的适度自行车运动和被动训练。采用决策任务(decision-making task)测试每个受试者与决策相关的认知功能。结果发现,随着存在感的增强,从额叶-中央区到枕叶电极 N200 和 P300 波幅增大,N200 潜伏期缩短。研究者认为,ERP 的结果提供了足够的证据表明补偿神经元资源能够平衡虚拟环境中要求的认知处理,以避免行为效率低下(Vogt et al.,2015)。

第二部分

运动对大脑及海马形态和功能的影响

第三章
运动对脑形态结构的影响

脑结构的局部退化是衰老的一个典型特征。最新的研究结果表明,运动会减缓脑老化进程。近年来,体育锻炼作为一种提高认知功能和改善大脑健康的潜在有效方法,受到了人们的广泛关注。经常参加体育运动,包括力量、平衡和有氧等类型的运动,会对身体健康产生积极影响。抗阻训练(力量练习)和有氧训练主要影响能量代谢过程,协调训练主要包括精细运动和粗大运动的身体协调训练,如平衡、手眼协调、腿臂协调、空间定位以及对运动物体或人的反应等(Voelcker-Rehage et al.,2011)。

一、运动与灰质体积

meta 分析(Colcombe and Kramer,2003;Smith et al.,2010)表明,运动对大脑的影响可能存在特异性,某些大脑区域,尤其是那些执行功能相关区域,可能比其他无关区域更易受到运动的影响。对老年人随机有氧运动干预的一项开创性 meta 分析显示,运动对认知功能的影响可能是普遍的,也可能是特定的(Colcombe and Kramer,2003)。在经过几个月的有氧运动后,许多不同的认知领域都得到了改善,从这个意义上说,这种影响似乎是普遍的,但从具体意义上说,是执行功能区域比其他认知领域得到了改善。这一推论与大脑在衰老时不是均匀萎缩的证据相吻合,并且某些区域(如前额叶皮质)可能比其他脑区更易受到衰老的影响。在这一领域使用 MRI 技术的最初几项研究并没有直接测试运动或体力活动对灰质体积的影响,而是检查了心肺功能和体积之间的横断面关系。为了检验较高的心肺功能水平是否关联着更大的执行功能相关灰质体积,Colcombe 等人研究了 55～79 岁未患痴呆的 55 名老年人（MMSE＞24）的心肺功能水平（相对 VO_2max）和高分辨率的解剖 MRI 脑图像（Colcombe et al.，2003）。按照心肺功能水平从低级（相对 $VO_2max=11.21\ ml/kg^3/min$）到高级（相对 $VO_2max=49.90\ ml/kg^3/min$），采用 VBM 的方法探讨与心肺功能水平相关的脑区体积。结果显示，与之前的研究一致，年龄越大，灰质减少的部位越广泛，但最主要的减少发生在前额叶、颞叶和顶叶皮质。健康水平越高，灰质中与年龄相关的减少就越小。

其他几项横断面研究发现，较高的心肺功能水平与灰质体积之间有相似的关系，但年龄的调节作用在这方面没有得到完全一致的结果。Weinstein 等人使用 VBM 对 139 名年龄在 59～80 岁之间的未患痴呆症的成人进行了灰质体积检查，报告称，即使在控制了包括年龄在内的几个潜在混杂变量后，更高的心肺功能水平也与前额叶、颞叶和顶叶皮质中更大的灰质容积体积相关（Weinstein et al.，2012）。类似的，Erickson、Gordon 等人使用 VBM 方法发现，较高的心肺功能水平与老年人额叶和颞叶灰质体积较大相关，但与年龄无关（Erickson et al.，2007；Gordon et al.，2008）。

虽然 meta 分析强调了锻炼对执行功能的增强作用，但流行病学证据表明，体育活动和锻炼可降低患 AD 的风险（Barnes and Yaffe，2011；Podewils et al.，2005；Sofi et al.，2011）。与此同时，数十年的啮齿动物研究已经明确表明，运动能影响海马的形态和功能（Small et al.，2011）。Erickson 等人对 165 名无痴呆表现的老年人进行了心肺功能水平的检测以及海马体积的测定（Erickson et al.，2009）。结果发现，心肺功能水平越高，海马体积越大；海马体积越大，在空间记忆任务上的表现就越好，而这与年龄和教育水平无关。

（一）前额区

在对老年人的研究中发现，较好的身体素质或心血管锻炼干预与额叶皮质更大的脑容量有关联（Bugg and Head，2011；Ruscheweyh et al.，2011；Weinstein et al.，2011）。Erickson 等使用全脑分析发现，基线状态下较高的身体活动水平与较大的额下回体积有关，额下回体积又与认知功能障碍风险降低有关（Erickson et al.，2010）。虽然由于缺少 MRI 的基线测量，无法得出身体活动（问卷测量）与灰质体积之间的因果关系，但本书揭示了一个身体活动的阈值，以防止灰质体积减小和认知障碍。每周必须走完 72 个街区才可以检测到灰质体积的增加，但是行走超过 72 个街区并没有显示出额外的灰质体积增加。Ruscheweyh 等使用全脑分析的方法在一项为期 6 个月的干预研究中发现了较大的额叶皮质体积(如背侧 ACC),部分地解释了身体活动水平增加与记忆成绩改善之间的关联[情景记忆,听觉词语学习测验(auditory verbal learning test,AVLT)](Ruscheweyh et al.,2011)。Weinstein 等人的横断面数据也是如此,其中健康水平较高的受试者表现出较大的额叶区域脑容量(ROI 分析),斯特鲁普任务的成绩也更好(Weinstein et al.,2011)。此外,他们发现健康水平较高的受试者,其背外侧前额叶皮质的脑容量更高,空间记忆的准确性更高。关于额叶脑容量的研究似乎补充了执行控制和记忆任务中代谢运动对额叶皮质功能性脑激活的发现,因为这两个研究领域都显示了较高的身体活动或健康水平与伴随较高的认知功能的额叶脑参数之间的正相关。心血管锻炼似乎能直接或间接地延迟或逆转与年龄有关的脑萎缩(Fjell and Walhovd,2010)。然而,在老年人中,将身体活动与脑容量、认知表现相关联的许多研究,在研究的认知领域结论常常不一致,因此到目前为止,还不能确切地知道脑区的体积对认知表现的意义,即它是否为认知功能的良好预测因子(Salthouse,2011)。

(二) 颞叶

除前额叶外,另一个与身体活动相关的、脑区容量较大的区域是颞叶,包括颞回、海马旁回和海马(Bugg and Head,2011;Gordon et al.,2008;Szabo et al.,2011)。Julie 通过横向对比研究了运动锻炼对全脑或局部范围与年龄相关脑萎缩的适度调节。在 52 名年龄在 55～79 岁的健康老年人的样本中,获得了他们过去 10 年的运动参与度评估值和基于 MRI 的全脑(灰质和白质)以及各脑区的体积。在前额叶、顶叶、颞叶、枕叶、新纹状体和内侧颞区获得体积估计值。较高水平的运动参与度与较大的前额叶体积相关。最关键的是,运动干预选择性地调节与年龄相关的内侧颞叶萎缩。具体而言,在从事低水平运动的老年人身上,观察到了显著的与年龄相关的萎缩,但在那些从事长期性高水平运动的老年人身上则没有。这一新的发现为运动的有效性提供了支持,使老年人保持内侧颞叶完整性成为可能(Julie et al.,2011)。Gordon 等通过全脑的评估方法进行了横断面研究,并没有得出较大的颞叶体积与身体活动、认知表现之间相关性的报告(Gordon et al.,2008)。然而,Erickson 等和 Szabo 等证明高健康水平老年人更大的海马体积(ROI 方法)与更好的空间记忆表现有关（Erickson et al.，2009；Szabo et al.，2011）。Erickson 等人推测，较高的健康水平和海马体积之间的联系可能是体育活动降低 AD 风险的一条途径。Erickson 等人的一项纵向研究表明，老年人进行 12 个月有氧训练后，海马体积增加约 2%，并伴随着空间记忆能力的改善；4 年后发现，更高水平的体育活动与更大的海马体积（使用全脑方法）有关，同时发生认知障碍的风险降低了（Erickson et al.，2007，2011）。此外，海马的体积增加与心血管健康的水平的提升相关。Bugg 等人报道，在 19 名 65～75 岁的肥胖老年人中，较高的心肺健康水平与更大的海马体积、更好的执行功能、更快的加工速度有关。这些结果表明，较高的心肺健康水平可能与老年人更大的海马体积有关，而更大的海马体积反过来可能有助于更好的记忆功能（Bugg et al.，2012）。与海马体积的正常减小相比，有氧运动似乎能够将与年龄相关的海马体积减小延缓，一般可延缓大约一年半的时间（Raz et al.，2004）。然而，这个干预结果的解释，却令人质疑。正如 Coen 等人所强调的那样，Erickson 等人报道的海马体积增大与认知能力改善之间的因果关系有些误导，因为海马体积减小的对照组表现出更好的认知能力（Coen et al.，2011）。因此，干预后组间的认知表现没有显著差异。

总之，颞叶研究的综述显示，老年人的体力活动与颞叶体积之间存在正相关关系。在附加进行的认知能力评估情况下，海马体积被认为是感兴趣区（ROI），并且与各研究中的记忆表现呈正相关。结构数据证实了研究的积极结果，这些研究表明了在身体活动较多或身体健康的人群中，海马功能活动水平的增强。

（三）顶叶

对于顶叶体积，针对老年人的研究（Gordon et al.，2008；Weinstein et al.，2011）和针对年轻人的研究（Peters et al.，2009），使用了不同的形态测量方法，从而证明了顶叶体积与身体健康和/或身体活动间的积极关联。然而，没有顶叶体积与认知表现关联的分析。身体活动对顶叶皮质体积的积极影响结果与在顶叶皮质中与运动相关的功能性激活变化的结果一致。然而，代谢运动引起的顶叶区域变化与认知能力的相关性仍不清楚，因为只有很少的使用功能成像的研究显示了顶叶激活与行为表现呈正相关的关系（Prakash et al.，2011）。

（四）其他区域

虽然很少有研究检测海马和前额皮质以外的区域,但 Verstynen 等人检测了心肺功能水平与包括尾状核在内的基底神经节大小之间的关系(Verstynen et al.,2012)。与海马和前额叶皮质一样,尾状核也表现出明显的年龄相关性萎缩。尾状核位于基底神经节区域,是运动功能、奖惩学习和执行功能的关键区域。对啮齿类动物的研究发现,运动可以改善基底神经节的多巴胺平衡和功能,这表明,在这个区域,心肺功能水平和体积之间的关系可能很明显。Verstynen 等人对 179 名 59～81 岁无痴呆的成年人进行了研究,发现心肺功能水平越高,尾状核和伏隔核体积越大;体积越大,在执行任务转换的方式时表现越好(Verstynen et al.,2012)。这些结果清楚地表明,较高的心肺功能水平和灰质体积之间的联系超出了对前额皮质和海马区的影响,还包括参与运动控制和执行功能的皮质下区域。

然而,并非所有的研究结果都与之前报道的结果完全一致,尤其是使用VBM 方法来确定灰质体积。Honea 等人在对健康老年人($n=56$)和早期 AD老年患者($n=61$)进行对比时,发现心肺功能水平和海马体积之间存在不同的关系(Honea et al.,2009)。尽管健康老年人的健康程度与海马体积没有关系,但较高的心肺功能水平与 AD 患者海马和海马旁回的较大体积相关,与AD 的遗传易感性无关(APoE 的等位基因 e4 状态)。这些结果表明,与健康人群相比,患有痴呆症的个体可能在心肺健康程度和海马体积之间表现出不同的或更强的关联(Burns et al.,2008a)。与没有痴呆早期症状的人相比,痴呆患者从身体健康中获得的益处可能更多。

二、运动对脑白质及其连接性的影响

（一）白质体积

与灰质体积相比,人们对身体活动和有髓神经构成的白质关系的研究较少。多数研究使用全脑方法分析白质体积,少数研究使用了 ROI 方法来寻找不同脑区白质的变化(Ho et al.,2011)。一些关于白质变化的研究表明,白质变化与身体活动呈正相关(Colcombe et al.,2003,2006;Ho et al.,2011)。Colcombe 等人通过全脑分析显示,心血管健康水平较高的老年人在经过 6 个月的心血管训练后，其额叶白质体积较大或增大（Colcombe et al.，2003，2006）。Ho 等于是将身体活动水平与颞叶内白质体积相关联（Ho et al.，2011）。以往的报道多认为额叶和颞叶，身体活动和灰质体积均呈正相关。然而，大多数研究没有发现白质体积与身体活动依赖性之间的关系（Erickson et al.，2010；Flöel et al.，2010；Ruscheweyh et al.，2011；Smith et al.，2011）。虽然白质体积很可能与信息处理速度呈正相关（Jacobs et al.，2011），但还没有确定它与认知表现的关系。一些研究提供了证据，证明与年龄相关的白质下降与认知能力下降有关（Antonenko et al.，2012；Johansen-Berg，2010）。

在认知衰退的研究文献中，脑容量和认知功能之间的关系被广泛讨论。如 Salthouse 所述，与本主题相关的积极影响值得怀疑，因为这类研究多基于横断面数据，并高估了报告的发现（Salthouse et al.，2011）。然而，体育活动干预研究首次证明了这种因果关系可能确实存在。

（二）白质完整性

大脑白质微观结构的完整性是皮质各脑区之间信息传递所必需的，而随着年龄的增长，大脑白质微观结构的完整性降低被认为与年龄相关的行为迟缓有关（Johansen-Berg，2010）。也就是说，随着年龄的增长，白质束的完整性降低，意味着信息传递系统效率降低。Head 等注意到随着年龄的增长，脑白质的完整性出现了从前到后的梯度，因此在前额区观察到了脑白质的最大结构缺陷（Head et al.，2004）。与身体活动相关的研究很少涉及与年龄相关的白质病变或白质高信号。还有研究利用弥散张量成像测量了白质完整性。一个重要的问题是大脑的白质区域与有氧健身关系非常密切。

1. 白质病变及白质高信号

Sen 等人发现心血管健康与男性白质病变的总体发生率呈负相关，但与女性白质病变的总体发生率无关（Sen et al.，2012）。但有些研究在老年男性和女性中没有发现身体活动与白质病变或白质高信号之间的关系（Rosano et al.，2010）。Podewils 等在 5 年中没有发现运动水平与白质病变进展之间的关系（Podewils et al.，2007）。类似的，Rosano 等人在完成为期 12 个月的运动干预后的 2 年内，未发现保持较高的身体活动水平与白质病变或白质高信号之间的相关性（Rosano et al.，2010）。因此，身体活动与白质病变之间没有相关性。

2. 分数各向异性(FA)

Voss 等、Johnson 等和 Marks 等人对老年人进行 DTI 分析,以评估常规体力活动与白质 FA 之间的关系,白质 FA 是整个组织微观结构完整性的指标(Voss et al. ,2012;Johnson et al. ,2012;Marks et al. ,2007,2011)。Marks 等人使用 DTI 测量了钩状束完整性(连接额叶和颞叶区域)和扣带(扣带回皮质下的一束白质纤维,解剖上位于胼胝体上方),它们是参与大脑大区域连接的重要白质束(Marks et al. ,2007)。研究者发现这些区域的白质完整性与身体活动呈正相关。然而,他们研究中的心血管适应性是通过自我报告来评估的,并且未解释所得结果。Marks 等和 Johnson 等采用了有氧健身的客观指标(VO$_2$ max)(Marks et al. ,2011;Johnson et al. ,2012)。Marks 等使用了一种 ROI 的方法来观察扣带,有氧适能与左中扣带部分的 FA 值中度相关(Marks et al. ,2011)。Johnson 等人的横断面全脑分析表明有氧健身与大部分胼胝体的 FA 呈正相关(Johnson et al. ,2012)。胼胝体能够跨越半脑进行感觉、运动和认知整合(Gazzaniga,1995)。然而,这些 DTI 研究的横截面性质得出有氧健身对白质完整性影响的因果结论的能力有限。最近,Voss 等人对老年人白质完整性进行了干预研究(Voss et al. ,2012)。他们比较了 12 个月有氧训练组和拉伸训练组对白质完整性和认知功能不同方面的影响,发现两种干预措施在训练后的认知和神经生理学领域均无差异。然而,VO$_2$ max 的增加与有氧训练时的前额和颞部 FA 显著增加有关,且增加的 VO$_2$ max 与更好的记忆成绩有关。但在拉伸训练组未发现这种变化。这些发现证实了功能性脑激活的结果,该结果也与 VO$_2$ max 的变化和认知能力呈正相关。前额叶和颞部 FA 的变化似乎不能解释训练诱导的记忆改善(Voss et al. ,2012)。研究结果表明,心血管训练可能对老年人的白质完整性产生积极影响,抵消老年受试者身上观察到的白质完整性前后梯度的现象。然而,这些变化导致认知功能变化的证据却不见了。

3. 扩散率和纤维追踪

到目前为止,只有少数研究使用附加的白质完整性参数,如扩散率测量和纤维追踪(结构连接),进一步描述心血管适应性与白质微观结构之间的关系。径向扩散率和轴向扩散率分别提供了轴突周围髓鞘的信息以及轴突肿胀和断裂相关的轴突损伤(Johnson et al. ,2012)。Johnson 等报道,样本中有氧适能与白质完整性呈正相关,其主要特征是有氧适能与径向扩散率呈负相关,而与轴向扩散率或平均扩散率无关(Johnson et al.,2012)。因此,较高的有氧健身可能有益于髓鞘的完整性。此外,他们使用纤维追踪(一种确定脑白质神经纤维的解剖学连接模式的方法)来证明与有氧适能相关的部分胼胝体主要涉及那些连接额叶区域的传导束,这些区域与高水平运动计划相关,也与非运动前额叶区域相关。

总的来说,关于白质完整性的研究表明,高有氧适能可能会降低因衰老而致的胼胝体(Johnson,2012)和扣带(Marks,2011)的部分轴突髓鞘减少的趋势。然而,就白质病变和高强度运动而言,身体活动似乎不会对年龄相关的变化产生积极影响(男性例外,见 Sen et al.,2012)。Johnson 等人的纤维追踪结果、Voss 等人的纵向数据以及 Marks 等人的发现支持了关于有氧健身与大脑特定前额叶区域显著相关的假设(Voss et al.,2012;Marks et al.,2011)。

第四章
运动对脑功能的影响

人们对与身体活动相关的大脑功能变化的研究使用了广泛的认知任务。因此,以下部分从执行功能、记忆(空间学习任务)和脑功能连接三个认知角度进行研究说明。

一、运动对老年人执行功能的影响

Colcombe 等首先进行了一项 MRI 研究,该研究表明,经过心血管运动训练后,老年人能更有效地使用认知资源,认知能力得到了提高。使用修改后的侧抑制任务测试,与不活跃的受试者相比,训练后的老年人在不同的额叶和顶叶区域表现出更高的大脑激活,同时在前扣带皮质(anterior cingulate cortex,ACC)显示出较低的脑活动水平。对于老年人参与 6 个月有氧运动干预(步行训练)相比拉伸控制组,结果也是相同的(Colcombe et al.,2004)。额叶结构的变化有助于一系列高级认知功能的改善,包括选择性注意(Casey et al.,2000)、工作记忆(Lie et al.,2006)、任务切换(Dove et al.,2000;Kim et al.,2012)和抑制控制(Casey et al.,2000)。

其他研究也证实了 Colcombe 等人的研究结果。Rosano 等人进行了为期 12 个月的体育活动干预(主要是有氧训练,辅以力量、灵活性和平衡练习),然后对老年人进行了为期 2 年的观察(Rosano et al.,2010)。他们发现,与对照组相比,在进行数字符号替换测试时,运动组背外侧前额叶的激活程度更高。Liu-Ambrose 等人表明,在不一致的侧抑制实验中,经过 12 个月每周两次的阻力训练(每周一次训练没有显示出效果)会导致左侧颞中回和左侧岛叶前部延伸到外侧眶额叶皮质的部分激活程度更高(Liu-Ambrose et al.,2012)。未发现脑激活的变化与 Flanker 侧抑制任务行为的变化之间存在相关性。Prakash 等人进行了一项横断面研究，通过 VO_2max 测试来比较高体能和低体能的参与者(Prakash et al.，2011)。他们发现，在高认知需求(颜色阅读干扰、单词内容冲突、单词颜色)的斯特鲁普任务中，心血管健康与前额叶和顶叶皮质区域的高募集存在正相关关系。同时，在低认知需求的斯特鲁普条件下，这些区域的激活与心血管健康呈负相关关系。简而言之，这些研究表明，较高的身体活动水平与较高的认知能力，以及额叶、颞叶和顶叶区域的脑活动有关。

有趣的是，Voelcker-Rehage 等人发现了与上述研究不同的激活模式(Voelcker-Rehage et al.，2010，2011)。他们发现，与健康状况不佳的老年人相比，健康水平高的老年受试者在不一致的侧抑制试验中，前额皮质的激活程度较低，但颞叶区域的激活程度较高(Voelcker-Rehage et al.，2010)。同样，认知训练研究发现，至少在一些训练前已被激活的区域，在训练后前额叶活动减少(Lustig et al.，2009)。在认知衰退的文献中，这些相互矛盾的发现可以从两个方面来解释：一方面，任务负荷的增加均与更多的皮质参与有关(直到出现减少的关键点)，训练可能有助于提高任务相关皮质区域的参与度。另一方面，这些脑区在参与的过程中提高了效率，可能导致脑区活跃性的降低。此外，与年轻人相比，老年人大脑额叶区域的活跃度更高，常被解释为年龄相关变化的补偿(Reuter-Lorenz and Lustig，2005)。因此，训练后的激活减少可能表明大脑更像年轻人或更有效率，从而更不需要补偿。相反，补偿性过度激活是有代价的。正如 CRUNCH 假说(与补偿相关的神经回路利用假说)所描述的那样，在较低的任务需求水平上，更多的神经回路参与老年人的任务需求，表明老年人会募集更多的"认知储备"(Scarmeas et al.，2003)，但这样也会导致执行任务时易达到可用资源的极限(DiGirolamo et al.，2001)。对于要求较低的挑战性任务，高有氧能力(Prakash et al.，2011)或经过训练(Liu-Ambrose et al.，2012)的老年人的过度脑活动可能会减少(Voelcker-Rehage et al.，2010，2011)。Lustig 等人指出，通常在任务熟练掌握之前的阶段研究中，会出现额外激活(反映代偿过程)与老年人的良好成绩之间的关联性(Lustig et al.，2009)。他们预测，这种激活模式在训练过程中会发生变化，使老年人的处理过程变得更像年轻人，从而不需要补偿。一个解释是，高体能和低体能受试者或训练干预后激活模式的差异可能源于认知负荷的任务差异、

Flanker 侧抑制任务执行过程中练习以及受试者的特征。

另一个解释是,高、低体能受试者的激活模式不同,即在完成认知任务时使用了不同的策略(低体能个体的非最优反应控制策略,高体能个体的主动策略,见 Voss 等,2011)。因此,激活模式的增加或减少,都反映了体育活动诱导的老年人执行控制的改善。

二、运动对老年人记忆的影响

目前对老年人记忆任务的研究,主要包括联想记忆、陈述记忆、语义记忆和空间学习等。Holzschneider 等以实验方式完成了对老年人的记忆干预研究(Holzschneider et al.,2012)。两组老人,一组参加了为期 6 个月的有氧训练,一组参加了为期 6 个月的拉伸训练,两组均参加了为期 6 周的空间训练或为期 6 周的知觉训练。接受空间训练而不是知觉训练的参与者,其心血管健康水平与执行空间学习任务期间相关脑区的较高激活正相关,如海马和其他颞区,额叶,枕叶和扣带区域。研究结果表明,心血管训练和额外的认知训练会导致大脑激活的高度特异性变化。此外,VO_2max 的纵向变化与额叶、枕叶皮质的激活呈正相关(Holzschneider et al.,2012)。

在老年人的横断面样本中,Smith 等人表明,在语义记忆任务期间,高体能水平与额叶、颞叶和顶叶区域的激活显著增加有关(Smith et al.,2011)。Nagamatsu 等人发现,在 26 周内每周进行两次抗阻训练,可提高联想记忆能力,并导致右侧语言、枕叶梭形回和额叶区域更活跃,这可能表明视觉处理策略发生了变化(Nagamatsu et al.,2012)。在空间记忆任务中,较高的身体活动水平与较高的大脑激活水平一致(Holzschneider et al.,2012;Smith et al.,2011)。在高体能参与者的空间学习或记忆任务中观察到海马和海马旁回的活动更明显。研究还发现,高体能参与者或抗阻训练干预后,额叶的活动更活跃。这两种情况下,额叶和海马尤其容易受到年龄相关功能变化的影响(Grady et al.,2006)。

有人认为,心血管健康或有氧训练可能特别影响大脑对老化敏感的区域,从而关联了相关脑区较好的功能。Pereira 等人提供了支持这一假设的更多证据。在对中年成人进行为期 3 个月的心血管训练后,发现海马齿状回(dentate gyrus,DG)的脑血容量(cerebral blood volume,CBV)得到了增强,并伴随着

VO_2max 的改善。CBV 与参与者更好的陈述性记忆成绩一致。除了对人类进行心血管训练干预外,他们还将啮齿动物暴露于类似的心血管训练方案中。动物的心血管训练诱导了齿状回中 CBV 的类似增强并带来了更好的行为学成绩(Pereira et al. ,2007)。

总的来说,执行功能和记忆以及空间学习任务表明,较高的身体活动与认知加工和大脑功能正相关。然而,潜在的神经机制尚不清楚。许多研究报告称大脑活动(Holzschneider et al. ,2012;Prakash et al. ,2011;Voelcker-Rehage et al. ,2011)或脑血容量的变化(Pereira et al. ,2007)与 VO_2max 的变化相关联,并提供了一些支持,即大脑活动的差异可能是由于氧气供应不同造成的。长期开展心血管运动和抗阻运动意味着代谢需求的增加,因为活跃的神经元对葡萄糖和氧气的需求增加了(Ding et al. ,2004)。由于脑功能活动与血液供应密切相关,毛细血管密度的增加意味着氧气从血管到神经元的扩散距离缩短,这促进了神经元的新陈代谢(Bullitt et al. ,2009)。因此,受心血管锻炼影响的脑区域中的血管生成似乎是增加了心血管锻炼的生物学结果(Churchill et al. ,2002;Hillman et al. ,2008)。在老年人的磁共振血管造影研究中也显示了与心血管锻炼相关的血管直径的差异(Bullitt et al. ,2009)。相应的,Voelcker-Rehage 等发现,经过 12 个月的拉伸和放松控制干预,与心血管训练组相比,和年龄相关的 VO_2max 下降,与额叶和颞叶区域的大脑激活增加和认知能力降低有关(Voelcker-Rehage et al. ,2011)。

三、运动对老年人脑功能连接的影响

功能连接数据的分析,即空间遥远的神经生理事件之间的相关性(Friston et al. ,1993),成为功能数据的一个有价值的补充。尤其是功能性静息状态测量中的连接性分析显示了一种新的方法,可以更深入地了解不同大脑区域协作的数量或质量(参见 Voss et al. ,2010a),因为它们有可能揭示与任务无关的结果。

Burdette 等人分析了海马与其他大脑区域的功能连通性(Burdette et al. ,2010)。干预 4 个月后,fMRI 测量静息脑血流量显示,与健康教育组相比,有氧训练组的海马脑血流量(cerebral blood flow,CBF)显著增加,该结果也得到了确认(Pereira et al. ,2007)。此外,研究结果表明,海马仅显示与运动组前扣带皮质的更高连通性。然而,该研究是使用每组 5~6 名参与者的非常小的样本进行的,并且缺少干预前扫描。因此,应谨慎处理研究结论。

对默认模式网络(DMN)的分析在功能连接研究领域中得到了普及。DMN 描述了一组显示静息活动和任务处理期间活动减少的大脑区域(Raichle et al.,2001)。它包括前额叶、顶叶、内侧颞部和视觉区域的部位,如后扣带皮质、额中回、外侧顶叶区和舌回。在两项与年轻受试者的比较研究中,研究者分析了有氧适能、DMN 中的功能连接性和认知表现之间的关联(Voss et al.,2010a,b)。第一项横断面研究(Voss et al.,2010a)显示了 DMN 区域内和区域之间功能连接的显著的年龄相关缺陷。良好的心血管健康与年龄敏感的额叶区域以及老年人的额叶、颞区之间的 DMN 的更高功能连接性相关。此外,在空间记忆和执行控制任务中,这些区域内的功能连接促成了更好的认知行为成绩。一项为期 12 个月的干预研究(Voss et al.,2010b)支持了横断面数据,并显示心血管训练改善了老化大脑在额叶、枕叶和颞叶区域的静息功能效率,与 6 个月训练后的非显著趋势相比,12 个月训练后,执行控制功能明显改善。

因此,研究结果表明,高体能老年人或有氧干预后更高的认知能力可能是基于休息时任务相关大脑区域内和区域之间的更高功能连接。Voss 等(2010b)认为这确实可以证明 DMN 的更高功能连接性与更好的执行控制功能有关。其他认知领域是否也会受益于运动引起的更高连接性目前尚不清楚。由于海马与其他几个大脑区域的功能连接(Burdette et al.,2010)也通过心血管活动得到增强,记忆功能也可能受到积极影响。

第五章

海马在认知衰退中的作用及
运动预防海马老化

衰老是一种自然的生物过程，与生理衰退有关，包括身体上的和认知上的，尤其是认知能力下降，它会损害一个人的生活质量，且在正常的衰老和病理状态下都会发生，比如神经退行性疾病。随着年龄的增长，认知衰退可以表现为某些领域的缺陷，比如情景性（或陈述性）记忆、空间学习、工作记忆和注意力等（Kausler，1994）。然而，由于脑可塑性和认知储备的变化，个体之间这种衰退在表现形式上有很大的差异。这是教育、智力和精神刺激等因素影响的结果，这些因素使大脑能够适应病理性损伤并维持认知功能。衰老还与神经退行性疾病有关，最常见的是阿尔茨海默病。医疗保健的进步使人口预期寿命增加，但因为缺乏针对性的有效治疗，神经退行性疾病的患病率正在增加。

海马体积是 AD 诊断中最有效、最容易获得并且广泛使用的生物标志物之一（Bosco et al.，2017）。海马位于大脑内侧颞叶深处，是边缘系统的一部分。它的主要作用包括巩固陈述性（情景性）记忆和情景依赖性空间学习，以及调节情绪行为（El-Falougy and Benuska，2006）。值得注意的是，一些沿着啮齿动物海马纵轴的功能定位研究已经证明，前海马的损伤会损害空间学习，而海马后部的损伤会损害恐惧的条件和反射焦虑相关的行为（Bannerman et al.，2002）。海马的结构和功能的完整性对于正常的学习和记忆巩固是至关重要的，而这种结构在衰老过程中尤其脆弱（Geinisman et al.，1995）。先前的研究还表明，海马的结构和功能变化与认知能力下降相关的神经退行性疾病的严重程度和发展有关。事实上，许多随着年龄增长而出现的认知缺陷都可以在双侧海马损伤的动物模型中得到反映（Geinisman et al.，1995），这进一步支持了海马在衰老和认知中的关键作用。

一、海马体积随年龄的变化

随着年龄的增长,海马在细胞水平上经历了一些结构上的巨大变化,这些变化与动物和人类的认知能力下降有关。为了支持这一观点,研究人员在雌性大鼠身上观察到与年龄相关的海马依赖性学习和记忆衰退、海马体积减小之间的相关性(Driscoll et al.,2006)。在该研究中,研究者分别对成年(3 月龄)、中年(12 月龄)和老年(24 月龄)的雌性大鼠进行海马依赖性记忆(水迷宫和周转式学习)和海马独立性记忆(视觉辨别)的测试。正如预期的那样,发现了空间记忆形成和海马依赖性记忆的年龄依赖性缺陷,并在对中、老年大鼠的特异性观察中发现了这些认知功能的缺陷。此外,在 24 月龄的老年大鼠中,海马体积总体下降,进一步支持了海马体积与海马依赖性认知功能之间的假定关系。然而,也有相互矛盾的发现。例如,一项纵向研究未能在 6～14 月龄的野生型小鼠中通过 MRI 检测到海马大小的显著变化(Maheswaran et al.,2009)。虽然这项研究的结果并未排除在 14 月龄以上的小鼠中仍能检测到海马体积变化的可能性,但是另一项不同的研究比较了 8 月龄和 21～26 月龄的雄性小鼠,仅观察到一小部分小鼠随着年龄的增长,海马体积明显减少,且随着年龄增长,海马轴会突变性增加(Halbach and Unsicker,2002)。尽管文献中报道的海马体积随年龄变化的原因仍未完全了解,但它们至少部分与物种(大鼠与小鼠)及其年龄差异,以及和样本之间海马体积的变异性、各个海马亚区与年龄相关变化的异质性有关(Driscoll et al.,2006)。

在人类研究中也发现了相互矛盾的结果。海马依赖性记忆和学习缺陷(通过海马依赖性任务评估,如水迷宫测试和周转式学习测试)已经在老年受试者与年轻受试者中进行了特异性检测,发现似乎与老年人的海马体积双侧减少相关(Driscoll et al.,2003)。与此一致的是,一项纵向研究表明,在 20 年的时间里,结构和功能 MRI 显示,随着年龄的增长,海马体积和脑激活下降,并与情景记忆任务的成绩下降相关(Persson et al.,2012)。然而,随着年龄的增长,海马活动的减少可能是老年人实际上较少地依赖空间策略(如海马)来解决这些任务,可能与更多地利用其他脑结构有关,如随着年龄的增长,尾状核的活动增加(Konishi et al.,2013)。

值得注意的是,虽然一些横断面研究进一步支持这种年龄相关性海马萎缩(Mu et al.,1999；Walhovd et al.,2005),但部分研究发现海马体积随年龄变化不明显(Du et al.,2006),其中一项研究只观察到男性的海马体积显著减小(Pruessner et al.,2001),其他报告也未能证明随着年龄的增长,海马结构和功能的变化与记忆的下降之间存在明显的联系(Persson et al.,2012)。由于横断面研究与早期海马体积异质性等多个混杂变量相关,纵向研究可以获得更高的可靠性和一致性。在一项为期五年的纵向研究中,对年龄为26～82岁的受试者进行 MRI 检查,发现 50 岁以下的个体,其海马体积适度减小,而50 岁以上的个体,其每年海马的体积萎缩率约为 1.2%(Raz et al.,2004b)。另一项纵向研究发现,年龄超过49岁的受试者在 30 个月的时间内,海马各亚区包括海马角(CA)1－4、下托和齿状回(DG)出现非线性加速收缩(Raz et al.,2010)。

有趣的是,海马中最易受年龄影响的部分是前区还是后区也存在一些争议。尽管 Driscoll 表明,海马前区体积明显大于后区,推测海马前区对衰老的影响更显著。在最近的一项研究中发现,与海马的后区相比,前区(即海马的头部和海马主体)体积的年龄相关性减小更大(Gordon et al.,2013)。研究者提出,其所观察到的年龄相关的海马前区萎缩,可能是由于海马前区与皮质下丘脑、下丘脑核之间具有更多的连通性,从而受到应激激素和下丘脑-垂体轴改变的影响(Gordon et al.,2013)。

二、海马结构随年龄的变化

海马体积随年龄增长而减小的原因之一可能是在衰老过程中此脑结构中的神经元凋亡。与年龄增长导致海马萎缩的观点一致,与 7 月龄的小鼠相比,25 月龄的雌性小鼠海马中的 NeuN 阳性的神经元和非神经元细胞数量均显著减少(Fu et al.,2015)。同样,人类海马的神经元代谢产物 N－乙酰天冬氨酸盐(NAA)水平随着年龄的增长而降低(Driscoll et al.,2003),提示老年人海马神经元缺失。

另一个可能与年龄相关的海马体积减小的替代或补充过程,是随着年龄的增长,神经元产生或神经再生的潜力下降。事实上,海马齿状回的亚颗粒区(subgranular zone,SGZ)是成人大脑中在整个成年阶段有生成新神经元能力

的两个区域之一(Lie et al. ,2004)。这些新生神经元在 SGZ 中生成,迁移至
DG 颗粒细胞层,在 DG 颗粒细胞层进行树突的树突化(arborization),并融入
现有的神经元环路,从而促进海马的功能(Bruel-Jungerman et al. ,2007)。近
来的一项研究调查了暴露于大气中放射性碳 14 同位素(C_{14})水平升高的个
体,为人类海马神经元的高度转型提供了进一步的证据。这项研究的结果表
明,成年人海马每天能产生大约 700 个新神经元,与之前在啮齿动物身上的发
现相比,数量明显较少,以往报道啮齿动物的大脑可能每天产生近 9 000 个新神
经元(Cameron and Mckay,2001)。然而,要在人类及其他哺乳动物的衰老和成
年海马的神经发生之间建立一个明确的关系非常困难,特别是在评估整个人类
受试者的这一过程相关方法存在局限性的情况下。

已有研究表明,海马神经发生障碍可对海马依赖的认知过程产生影响,包
括记忆巩固和空间学习(Deng et al. ,2010)以及情绪行为的调节(Samuels and
Hen,2011)。海马神经发生减少可能在衰老过程中发挥作用的假说,通过比
较啮齿动物一生中海马干细胞增殖和分化的速度得到了证实。年龄与人的内
源性海马神经活动呈负相关(Gil-Mohapel et al. ,2013)。Lazic 的详细分析表
明,大多数情况下与年龄相关的海马神经发生的减少最适合于负指数模型,即
在动物的一生中,新生成的细胞相对较少,而这些细胞中只有一部分成为功能
性神经元。此外,神经发生率的下降似乎与物种的寿命有关,但与它们的体重
或基础代谢率无关(Lazic,2012)。

伴随正常老化过程的海马神经发生的减少可能是由于神经炎症的增加
[如高浓度的促炎细胞因子,白介素- 1β(IL - 1β)、肿瘤坏死因子- α(TNF - α)
和白介素- 6(IL - 6)],和/或海马星形胶质细胞释放生长因子,如成纤维细胞
生长因子- 2(FGF - 2)、胰岛素生长因子- 1(IGF - 1)和血管内皮生长因子
(VEGF)的减少(Bodles and Barger,2004；Shetty et al. ,2005)。值得注意的
是,随着年龄的增长,海马神经源性能力的降低似乎也与人类海马依赖性学习
和记忆的年龄相关缺陷有关(Driscoll et al. ,2006,2003)。事实上,许多研究
表明,海马神经发生与学习能力呈正相关(Lemaire et al. ,2000；Leuner et
al. ,2004),而神经源性功能的降低会损害记忆的形成(Jessberger et al. ,
2009)。此外,研究证明,在成年早期出现的海马神经指数性下降反映在水迷
宫学习期间大鼠使用精确空间搜索的策略显著减少,并且随着年龄的增长,动
物开始采用不精确的空间策略来弥补这些缺陷(Gil-Mohapel et al. ,2013)。

除了成人的海马 DG 中神经发生减少外,衰老过程还伴随着 CA1 和 CA3 亚区的结构改变。各种研究都表明,伴随着衰老,在这些海马亚区的树突分支将减少(Markham et al.,2005),树突形态改变,以及树突棘和突触数量减少(Adams et al.,2008)。更为重要的是,这些结构改变可能产生功能的影响。在衰老的海马中观察到的一些突触缺陷,至少部分可以通过改变几种在突触发生和突触稳定中起关键作用的蛋白质的表达来解释,如突触后密度蛋白 95(PSD-95)、突触蛋白 I、突触囊泡蛋白以及氨基羟甲基异唑丙酸(AMPA)和 N-甲基-D-天冬氨酸(N-methyl-D-aspartic acid,NMDA)受体亚单位(Vanguilder et al.,2010)。

三、衰老海马的血管和炎症性改变

随着年龄的增长,海马中神经元的损失增加,神经源性功能下降,这可能是因为随着年龄的增长,大脑结构中神经血管和炎症发生了变化。Zhang 报告了与 6 月龄的大鼠相比,35 月龄的大鼠海马血管变性增加并伴随认知能力下降(Zhang et al.,2012)。此外,在恒河猴中检测到海马血流量的年龄依赖性下降和相关的神经元功能下降,这可以通过即早基因(immediate early genes,IEGs)的表达水平来测定(Small et al.,2004)。还有报道指出,衰老小鼠的神经血管结构恶化,包括基底膜减少和外膜细胞的丢失,可能会损伤血脑屏障(blood-brain barrier,BBB),导致血管渗漏(Soto et al.,2015)。值得注意的是,在人类 CA1 和 DG 海马亚区也观察到这种与年龄相关的 BBB 的破坏,这一现象似乎与年龄相关的海马依赖性认知衰退有关(Montagne et al.,2015)。血脑屏障的破坏以及随之而来的血管渗漏使得神经毒性蛋白进入中枢神经系统,进而导致神经炎症、氧化应激和细胞凋亡,所有这些都与早期神经退行性病变和认知能力下降有关(Enciu et al.,2013)。虽然其他大脑结构在正常老化或轻度认知障碍中相对不受影响,但海马似乎受到了特别的影响,它是第一个在衰老过程中遭受 BBB 破坏的大脑结构(Montagne et al.,2015)。这种优先影响海马的一个解释是海马可能更易受到导致内皮功能障碍的病理事件的影响,例如糖皮质激素浓度的增加(Ekstrand et al.,2008)或 β-淀粉样蛋白(Aβ)的积聚(Iadecola,2015)。

随着年龄的增长,海马中促炎基因出现了上调(Cribbs et al.,2012)。一种可能解释这种炎症指标上调的机制是小胶质细胞激活和功能障碍的增加，正如在衰老大鼠和人的海马中所见（Griffin et al.，2006）。海马中存在高浓度的小胶质细胞，尽管它们在先天免疫系统中发挥着关键作用，但它们也可能导致过度或慢性神经炎症以及随之而来的神经元损伤（Von Bernhardi et al.，2010）。因此，随着年龄的增长，海马内的小胶质细胞功能障碍以及促炎介质（如 TNF－α、IL－6 和 IL－1β）的增加可能导致年龄依赖性认知功能下降。

四、海马的功能随着年龄的增长而变化

突触可塑性可定义为对已有突触的突触传递效率和传递强度的功能依赖性的改变（Citri and Malenka，2008）。长时程突触可塑性可以持续几分钟到几天甚至几年（Staubli and Scafidi，1997），被认为是与长期记忆相关的神经生物学因素（Dong et al.，2012；Ge et al.，2010）。长时程增强（LTP）和长时程抑制（long-term depression，LTD）是长期突触可塑性的两种主要形式，被认为在海马功能中发挥作用。LTP 的定义是指突触持续加强几分钟至终生（Bliss and Lomo，1973），而 LTD 则是指突触的减弱或去电位，以防止神经元网络饱和，也可以持续几分钟甚至一生（Dudek and Bear，1993）。在啮齿类动物中，衰老与海马 LTP 受损有关，而海马 LTP 受损似乎与巩固长期记忆的能力下降有关（Lister and Barnes，2009）。在大鼠中，海马 LTP 的这种年龄依赖性快速衰减与海马依赖性空间记忆任务的成绩较差相关，归因于大鼠遗忘空间信息的可能性增加（Barnes and McNaughton，1980）。老龄大鼠的海马长时程增强能力更强，LTD 诱导阈值更低（Norris et al.，1996）。总的来说，随着年龄的增长，LTD 诱导阈值的降低以及 LTP 诱导阈值的增加，预示着老年啮齿动物对新记忆的编码和巩固更加困难，并且更容易清除老年啮齿动物的过去记忆（Barnes et al.，2000）。

海马突触数量的减少，树突和树突棘的形态改变，会导致树突萎缩和功能障碍，以及各种突触蛋白如突触囊泡蛋白表达的减少（Wang et al.，2007），也可能随着衰老，导致海马突触传递的减少，进一步导致与年龄相关的认知缺陷（Gureviciene et al.，2009）。更重要的是，类似的突触可塑性变化包括突触连接数量的减少（Geinisman et al.，1995），树突棘数量的减少，树突的功能障碍，以及受体和神经递质释放过程的变化（Hatanpaa et al.，1999）都可在衰老的人

类海马中发现。

值得注意的是，不同的海马亚区在突触可塑性方面受衰老的影响是不同的。例如，在老龄大鼠中，海马 DG 齿状颗粒细胞上的穿通路及其突触受到的影响尤为明显，表现为 NMDA 受体介导的反应降低，突触接触点减少，诱导 LTP 的去极化阈值增大(Barnes et al.，2000)。在人体内的成像研究也表明，随着年龄增长，海马穿通路突触退化，这种退化的程度似乎与海马依赖性记忆缺陷有关(Yassa et al.，2010)。

虽然这些突触可塑性缺陷和衰老的相关机制仍存在争议，但有一种假说涉及谷氨酸神经递质的过量和失调以及兴奋性毒性。考虑到谷氨酸对 LTP 和 LTD 过程的关键作用，谷氨酸神经递质的失调可能是海马突触传递随年龄变化的基础(Michaelis，1998)。此外，通常在衰老的大脑中观察到的炎症的增加也可能导致神经可塑性的改变。例如，小胶质细胞的激活和包括 IL-1β 在内的促炎细胞因子的生成可能会损害神经营养因子如脑源性神经营养因子(brain-derived neurotrophic factor，BDNF)的产生和功能变化，众所周知，BDNF 可以调节海马突触的可塑性(Patterson，2015)。其他一些与衰老相关的变化，包括某些代谢激素水平的变化，如胰岛素和瘦素信号的降低，也与增强和维持兴奋性突触能力的降低有关，从而导致衰老海马内突触可塑性的变化(McGregor et al.，2015)。

五、海马功能的影响因素

(一)应激和抑郁

海马通过抑制下丘脑-垂体-肾上腺轴(hypothalamic-pituitary-adrenal axis，HPA)活性参与应激反应的调节。然而，海马存在高浓度糖皮质激素受体，特别容易受到糖皮质激素水平过高的影响(de Kloet et al.，2005)。事实上，糖皮质激素水平升高与衰老大鼠、老年人的海马萎缩及功能障碍有关(Sapolsky，2000)。

应激对海马的危害(可能伴随着糖皮质激素水平的升高)与兴奋性毒性及神经炎症引起的神经元死亡有关，并与海马 DG 的 SGZ 中神经营养支持的减少和神经发生的抑制有关(Duman and Monteggia，2006)。此外，胶质细胞和细胞外液的减少，以及细胞皱缩和树突回缩也与应激相关的海马萎缩有关。

应激是导致严重抑郁症的主要危险因素,这是一种精神疾病,其特征是神经可塑性的降低和脑结构的萎缩,尤其是海马(Pittenger and Duman,2007)。在这种情况下,已知抗压药物通过逆转应激诱导的神经营养因子下调,恢复海马可塑性(Schmidt et al.,2008)和神经发生(Manev et al.,2001)。实际上,由于它们的共同发病率相似,与重度抑郁症相关的慢性应激被认为是一种加速衰老的状态(Wolkowitz et al.,2011)。与衰老相似,严重抑郁症的患者,有较高的代谢综合征,2型糖尿病、认知能力下降和痴呆症的发病率更高(Modrego and Ferrández,2004)。因此,考虑到应激和抑郁对海马的有害影响,压力管理策略或抗抑郁生活方式的干预可能有助于减小大脑结构老化的影响,并预防痴呆症的发作。

(二)遗传因素

与年龄相关的海马功能障碍和认知能力下降也可能受到健康个体特定遗传多态性的影响(Greenwood and Parasuraman,2003)。例如,一项全基因组关联研究发现了几种常见的基因变异,这些变异在大规模老年人群中与海马体积变化、认知能力下降加速有关。这些基因编码与各种不同机制的蛋白质相关,包括凋亡(hrk)、氧化应激(msr3b)、泛素化(fbxw8)和神经元迁移(astn2)(Bis et al.,2012)。此外,有BDNF基因(Val66Met)多态性的老年人表现出神经营养因子分泌的改变,这似乎与健康人海马萎缩和功能恶化的加速有关(Miyajima et al.,2008;Sanchez et al.,2011)。同样,出现载脂蛋白E(APOE)ε4遗传变异(晚发性AD的危险因素)的老年人,与海马体积提前减小和认知能力的提前降低有关(Honea et al.,2009;Taylor et al.,2014)。然而,对一对老年男性双生子的大脑形态分析表明,环境因素的影响可能对衰老的海马产生更大的影响。这项研究表明,与其他大脑结构相比,海马受遗传变异的影响要小得多,其体积变异的40%可归因于遗传因素(Sullivan et al.,2001)。

(三)体育锻炼和丰富的环境延缓海马功能衰退

除了饮食方法,体育锻炼有可能防止海马老化(Hillman et al.,2008;van Praag,2009)。对长期在跑台上训练的老龄大鼠的研究表明,这些大鼠的海马体积和功能均有增加,氧化应激损伤减少(Erickson et al.,2011)。体育锻炼对人的认知能力也有好处。与久坐的老年人相比,从事体力活动的老年人认知能力较好(Kramer et al.,2006,1999),抑郁症状较少(Lindwall et al.,

2007）。此外，老年人锻炼关联着海马体积增加（Erickson et al.，2009）、痴呆风险降低（Ahlskog et al.，2011），以及 AD 患者预后的改善（Intlekofer and Cotman，2013）。

一些生物学机制被认为是体育锻炼对海马有益的基础（Lista and Sorrentino，2010）。已证实体育锻炼可以诱导衰老海马发生一些表观遗传学改变，包括增加 Sirt1 及其相关通路的激活，进而调节多种细胞活动和基因表达，这些活动对于运动对大脑结构的保护作用至关重要（Bayod et al.，2014；Cosín-Tomás et al.，2014；Ferrara et al.，2008）。此外，体育锻炼导致脂联素水平升高，而脂联素又被证明通过激活 AMP 活化蛋白激酶（AMPK）信号通路刺激成年海马神经发生，从而促进这种非侵入性干预的有益作用（Yau et al.，2015，2014）。运动还可以通过增加 BDNF 的表达来调节海马中的神经可塑性事件，进而刺激树突分支、神经发生和突触的可塑性（Oliff et al.，1998；Redila and Christie，2006）。值得注意的是，除了 BDNF 外，海马中身体活动的神经保护机制也被认为涉及其他生长因子包括胰岛素样生长因子-1（IGF-1）（Trejo et al.，2001）、血管内皮生长因子（VEGF）（Fabel et al.，2003）、神经生长因子（NGF）（Neeper et al.，1996）和成纤维细胞生长因子-2（FGF-2）（Gomez-Pinilla et al.，1997）的调节。

认知刺激作为另一种策略，也可以减轻海马老化的有害影响。众所周知，暴露在有助于感官、认知和运动刺激的环境中的啮齿动物具有更高水平的 BDNF 和海马的神经发生（由于神经干细胞存活率的增加），以及改善的突触可塑性和神经传递（Rossi et al.，2006）。值得注意的是，环境富集的这些作用改善了海马依赖性空间记忆（Duffy et al.，2001）并减少了焦虑和抑郁样行为（Schloesser et al.，2010）。

环境富集似乎也以类似的方式影响着人类。据报道，一直接受认知刺激（如通过高等教育获得的认知）的个体，患痴呆的风险较低（Snowdon et al.，1999）。对于认知刺激对衰老大脑的保护作用，一个有趣的解释认为其与认知储备的概念有关。认知储备的概念认为，不同的生活经历可以影响大脑结构，增强神经可塑性。因此，处于可以刺激大脑可塑性的多种生活经历中（通过增加神经元和突触的数量、减少细胞凋亡和提高神经营养支持），可能对各种神经病理变化具有保护作用（Stern 2012，2009）。

身体锻炼和认知训练这两种策略显著影响了神经发生过程的不同阶段，

对成年海马神经发生产生了互补作用,因此进一步强调了在老年人中实施既涉及身体活动又涉及认知刺激的日常活动的重要性。事实上,体育锻炼可以积极地影响脑血管系统(通过增加大脑的血流、血管生成和/或血脑屏障的通透性)和海马细胞的增殖,而暴露在丰富的环境中可以促进 DG 细胞的存活(Fabel and Kempermann 2008;Olson et al.,2006)。因此,这两种非侵入性干预均可对海马的可塑性产生累积效应,尤其对成年海马的神经发生产生累积效应。在成年海马神经发生中,体育锻炼可以刺激细胞增殖(增加未分化细胞的数量),而环境富集(如认知刺激)可以促进海马的发育、新生神经元的存活(Kempermann et al.,2010)。

六、海马功能下降,额叶功能增强的脑机制

Persson 等人发现了与海马萎缩、记忆衰退关联的前额叶活动,表现出功能增强(Persson et al.,2006)。前额区的过度激活与老年人记忆力的改善有关。在一项对年轻人和老年人的图像编码后续记忆效应的研究中,发现与老年人相比,正确记住图片时年轻人的海马旁回激活增强。相比之下,老年人对于被记住的图片表现出更强的额中回区域的激活。从而说明,老年人额叶激活增加是唯一与记忆有关的(Gutchess et al.,2005)。此外,对于老年人,高度的额下回区域激活与较低的旁海马激活水平相关,这表明较高的额叶活动可能对于减少的颞叶激活有补偿作用。Morcom 等也发现了老年人与年轻人相比,在编码随后记忆单词时,双侧额叶活动增强(Morcom et al.,2003)。在后来的一项研究中,Cabeza 等证实了老年人额叶双侧性增加和海马激活减少的模式,这种模式在注意力、工作记忆和长期记忆中都存在,证明了这种模式的通用性(Cabeza et al.,2004)。

支持随年龄增长的额叶双侧性活动进行代偿的证据还来自 Persson 等人的一项纵向研究。他们证明,在 10 年内表现出海马体积萎缩最多的老年人记忆力较差,但显示出右前额叶皮质的最显著的激活(Persson et al.,2006)。因此,神经损伤最严重和记忆衰退最显著的个体都表现出最大的前额叶活动。

从使用不同方法的一系列研究中收集到的证据表明,与年龄相关的神经激活,特别是在前额叶区域,似乎是具有功能性的,能提高任务成绩。许多研究人员和模型将这些激活增加描述为"补偿性的",并暗示了适应性大脑的功

能重组和对神经老化的反应。仅从行为数据来看，老化的观点不太可能仅来自行为数据。目前认为，补偿的是大脑中发生的结构变化，包括体积减小和白质完整性降低。事实上，Persson 等人证明了与海马萎缩、记忆衰退相关的前额叶功能激活的增加（Persson et al.，2006）。然而，除了结构变化和与年龄相关的神经损伤外，还有其他可能导致功能补偿的因素。Park & Gutchis 回顾了与长期记忆相关的功能性激活，并指出老年人海马/旁海马激活降低的频率与额叶激活增加的频率相同（Park et al.，2005）。他们认为，前额叶活动增强是由于颞中区的活动减少，这一论点得到了 Gutchisse 等人的证实。Gutchisse 等在一项研究中，对老年人和年轻人记住的图片与遗忘的图片进行了对比（Gutchisse et al.，2005）。Persson 等的研究结果也符合这一解释，大量证据表明，海马结构（Driscoll et al.，2003）和功能（Johnson et al.，2004；Park et al.，2003）随增龄出现缺陷（Persson et al.，2006）。Buckner 提出了对海马功能和作用的不同看法。他提出，年龄相关的前额叶萎缩以及额叶激活的增加是正常衰老的典型特征，而海马/内嗅皮质体积和激活的下降与病理性衰老相关，是亚临床痴呆的标志（Buckner et al.，2004）。如果考虑到额叶双侧激活性和海马功能下降都可能是人体衰老过程中的表现，Buckner 的观点和海马缺陷的额叶补偿理论也许都是正确的。也许在健康老年人的身上，可以看到这两种结构之间的代偿关系，但是随着病理学研究的增加，萎缩和功能障碍可能达到一个临界点，在这一临界点之上，结构间的代偿不再存在。

正常的衰老过程与认知能力下降有关，特别是在学习和记忆能力方面，这与海马的几个多因素变化有关。总的来说，衰老似乎会导致海马萎缩，这种萎缩是由大脑结构中与年龄相关的神经元丢失造成的，如海马神经元数量减少和海马 DG 的 SGZ 内神经发生的减少。此外，衰老还会影响海马突触可塑性，导致 LTP 缺失，增加对 LTD 的易感性，从而降低突触功能。

体育锻炼加上环境富集，会产生许多益处，例如，可以减少衰老对海马的影响。体育锻炼和/或认知刺激，以及减少压力暴露，与成年海马神经发生增加和海马突触可塑性的提高有关。体育锻炼和认知刺激似乎都能使老年人的认知能力得到类似的提高，并且，将这两种方法联系起来的策略已经被证明可以产生叠加效应（Anderson-Hanley et al.，2012；Fabre et al.，2002）。因此，人们改变生活方式，并结合这些非侵入性的方法，可以大大降低与年龄相关的神经病变和神经退行性疾病的风险，特别是那些涉及海马的疾病。

第三部分

太极拳锻炼对认知衰退的影响

第六章

太极拳的发展和健身特点

一、太极拳的起源与发展

太极拳(Tai Chi Chuan,TCC)是中国传统武术的一种,早期曾被称作"长拳""棉拳""软手""十三势"等。对太极拳的起源目前尚无定论,有唐代的许宣平、宋代的张三峰、明朝的张三丰、明末清初的陈王廷和清朝的王宗岳等几种不同的说法。抗日战争爆发前,全国各地的太极拳爱好者都尊崇张三丰为祖师。究其原因是张三丰创办了武当派,开创了内家拳。太极拳作为内家拳之首,尊称张三丰为先祖是一种自然的归属。张三丰创立的太极拳、五行拳、混元拳、玄武棍等,都是从道教经书中汲取精华,引申而来。但据中国武术史学家唐豪等人的考证:太极拳最早传习于河南省温县陈家沟陈姓家族中,创编人是武术家陈王廷。直至清朝乾隆年间,山西武术家王宗岳著《太极拳论》,才正式确定了太极拳的名称。随着历史的发展与进步,武术尤其是太极拳逐渐从防身转向健身,并演变出五大派系,分别是陈式、杨式、吴式、武式、孙式(吕艳琼,2015)。

明末清初,陈家沟陈王廷初创"陈氏太极拳",陈氏拳法共包括两路:第一路拳现有83式,主要特点如下:① 缠丝劲明显,留心源动腰脊,用意贯劲于四梢,动作呈弧形螺旋,一动内外俱动;② 刚柔相济,柔中寓刚,可以打出一种沉重而又灵活的内劲;③ 动作和呼吸运气相结合,不仅"气沉丹田",还在练动作的同时"丹田内转";④ 快慢相间,一般行拳时慢,动作转换处快;⑤ 拳路架子分高中低3种,高、中架子适合年老体弱的人群,低架子适合青壮年人群。第二路拳原名炮捶,现有71式,主要特点如下:① 震脚发劲的动作较多;② 动作比第一路拳更快更刚,爆发力更强;③ "蹿蹦跳跃,闪展腾挪"的动作较多,气势雄壮;④ 适合青壮年人群练习。

河北永年人杨露禅从学于陈家沟陈长兴，并与其子孙后代在陈式太极拳的基础上，逐渐删改原有发劲、纵跳、震足和难度较高的动作而改编了一套"杨式太极拳"，其特点是：① 立身中正安舒、拳架开展大方、动作松柔缓慢、行动速度均匀、招式虚实分明、周身圆活连贯、腰身使劲四肢、换位逢转必沉、体用效果突出、刚柔相济，能自然地表现出气派大，形象美的独特风格；② 其架势也有高、中、低之分，学拳者可根据年龄、性别、体力等适当调整运动量，适用范围较广。1957年国家体育运动委员会运动司根据杨式太极拳的拳法整理出版《太极拳运动》一书，1963年又出版了《杨式太极拳》一书，将杨式太极拳发扬光大。目前国家体委正式公布的48式、24式太极拳基本都是杨式太极拳。

吴式太极拳是由宗师吴天佑和其子吴健泉在杨式小架拳式基础上逐步修订而改编的，又被称为"吴式小架子"，共有84式，其特点是：动作舒松自然，连续不断，拳式小巧灵活，拳架由开展而紧凑，紧凑中自具舒展，推手动作端正严密，细腻熨帖，守静而不妄动，亦以柔化见长。1958年出版的《吴式太极拳》（徐致一编著）一书确定了吴式太极拳的理论和地位。

武式太极拳由河北省邯郸市永年人武禹襄在杨式太极拳小架拳式基础上发展创编，至今大约有130年的历史，武式太极的特点是：① 拳姿势紧凑，动作舒缓，法分虚实，腹部进退皆旋转，身体中正，用内动的虚实来支配外形，左右手各管半边，不相逾越，出手不过足尖；② 重视无极桩、太极桩、前进步、后退步、踩步和独立步等六项基本功的练习；③ 武禹襄提出"身法八要"：提顶、吊裆、涵胸、拔背、松肩、沉肘、裹裆、护肫；后来郝月如又增加了腾挪、闪战、尾闾正中、气沉丹田、分清虚实，成为"十三要"。因武氏是官绅之家，不以拳术为业，极少授徒，而重自娱自研，因而流传不广。

孙禄堂创作的孙式太极拳，是现代五大太极流派中的最新一代。从文化建设的层面上，孙禄堂将形意八卦、太极拳等多种拳法进行了重构和融合，其特点是：进步必跟、退步必随、动作敏捷、圆活紧凑，犹如行云流水，连绵不断，每左右转身以开合相接，把形体运动与意念活动相结合，以意念导引形体运动，引导气血运动，达到身心、精神、体能训练的目的。1915—1932年间，孙禄堂撰写了《太极拳学》等著作，实际上是对当时中国武术各流派成就的全面总结（吕艳琼，2015）。

总之，太极拳作为中华武术的瑰宝已受到世界各地人们的推崇。目前国内外传播的主要有陈式、杨式、孙式、吴式和武式太极拳，其中尤以杨式太极拳和陈式太极拳最为普遍。20 世纪 80 年代以来,政府及广大民众对太极拳这一古老文化体系的保护意识日益增强,各地相继制订保护措施,并先后举办了多届国际性太极拳交流大会。传承人、民间传承组织也加大了推广的力度。2006 年 5 月,太极拳被中国政府公布为第一批国家级非物质文化遗产。太极拳发展至 20 世纪 50 年代时被逐渐简化,成为一项普遍的运动项目,旨在推广一种健康的生活方式,让更多的人从中受益,其中 24 式杨式太极拳因其简单易操作而深受大众的欢迎。

二、太极拳的健身途径

(一)心血管健康

太极拳练习能改善人的心血管功能。长期的太极拳练习能加强心肌收缩力,提高心脏的工作能力。并且练拳时,周身放松,可使微循环功能加强,促进身体组织对氧的利用率。

心血管健康水平与大脑结构有关。Colcombe 等使用 MRI 技术进行的一项开创性研究发现,与同龄人相比,健康水平较高的老年人的前额叶、顶叶和颞叶皮质体积以及白质体积都更大(Colcombe et al.,2004)。心血管健康与这些脑区之间也存在类似的正相关关系。心血管健康对与阿尔茨海默病相关的大脑内侧颞叶和顶叶皮质也有积极作用,表明身体锻炼对认知的有益影响可以扩展到成年痴呆症患者。即使在控制了混杂因素(如吸烟、饮酒、慢性病)后,也能观察到心血管健康和认知之间的这些积极关系,表明心血管健康在促进认知方面发挥着独立的作用。

(二)调节呼吸

调息就是对呼吸的方式、节奏以及速度、强弱等进行调整。做太极拳运动时,要求呼吸慢细匀长,通过吸与呼的调节,强化练习者呼吸运动。太极拳运动中,在胸式呼吸基础上增加了腹式呼吸,腹式呼吸能够增强膈肌舒张和收缩力度,从而加大横膈上升下降幅度,使腹压和胸压不断变化,确保呼吸器官获得充足的血液供应,最终改善肺的通气功能。

刘静报道,太极拳运动需要精神高度集中,这样可以刺激神经中枢活动,加强身体调节,协调动作和呼吸,达到气沉丹田(腹式呼吸)的效果,是一种膈肌和其他呼吸肌的有效运动。增强呼吸肌肌力对老年人的呼吸功能有重要的改善作用(刘静,2003)。实验表明,腹式呼吸对膈肌有很大的锻炼作用,膈肌降低1厘米,肺活量约增加30毫升。经过长期的太极拳锻炼,膈肌上下运动范围可增加6~10厘米(梁永文,2001)。卢昌亚等的研究表明,太极拳可以改善肺通气能力,增大呼吸差和肺活量(卢昌亚等,2006)。受试者可以依靠呼吸肌力量来增加呼吸深度和减少呼吸频率,确保氧气供应。因此,太极拳练习者良好的肺通气功能与其特殊的呼吸形式有关。练习太极拳时,深呼吸可以增加脑动脉血流量和供氧量,改善和调节自主神经活动,进而改善呼吸功能。太极拳运动可以通过呼吸肌和神经系统的协调来改善呼吸功能(刘静,2003)。

（三）运动健身

太极拳练习对于肌肉、骨骼、关节都有益处,可以改善机体的运动能力。太极拳的特点是动作缓慢、优美、灵活。要正确地练习太极拳,需要强健的肌肉来保持和调整姿势。因此,除了促进心血管健康外,太极拳还被认为可以提升运动健身水平、力量、肌肉耐力,保持身体灵活性和平衡等。太极拳还可以增强神经退行性疾病患者的运动能力。与通过阻力训练提高腿部肌肉力量和减少跌倒的发生率相似,太极拳训练已被证明对帕金森病患者的肌肉控制、腿部灵活性和功能测试性能都有积极的作用。

值得注意的是,高运动健身水平最近被认为与更好的认知能力和更高效的大脑网络有关。Voelker-rehage等人指出,心血管健康水平可能与执行功能有关,而运动健身与执行功能、感知速度任务均呈正相关(Voelker-rehage et al. ,2010)。此外,功能磁共振成像数据显示了明显的大脑差异,即心血管健康程度高的个体额中回、颞上回和额下回活跃,而运动健身水平更高的个体的额上回和顶叶较活跃。总的来说,虽然心血管和运动健身对认知和大脑的影响还只是初步研究,但太极拳可以影响这两种锻炼类型的受试者,并可能进一步影响到认知。

（四）运动协调

练习太极拳对协调性、有意识的控制、低强度等方面有一定的要求。事实上,在太极拳练习中,特别是需要来回移动的动作,对协调性的要求是很高的,需要大量的下肢(如及髋关节、膝关节和踝关节)姿势控制。在对儿童和青少年的研究中出现的新证据表明,运动协调、更好的认知和大脑活动之间存在关系(Budde,2008)。与基线相比,在持续 8 周的干预后,两个不同运动强度的协调运动组在认知表现上都表现出更快的反应时间和更高的反应准确性,这表明轻度运动虽不足以增强体能,但仍可以改善认知(Chang et al. ,2013)。

（五）社交互动

太极拳被认为是一种具有巨大潜力的以社区为基础的社会支持干预手段。在快乐、积极情绪状态下的人们能够通过动用更广泛的身心储备更好地调节认知,从而表现出更广泛的注意力、更大的认知灵活性和更高的创造力(Isen et al. ,1985,1991)。Mortimer 等人最近报告的一项研究已经确定了太极拳和社会交往之间的联系,这种积极的联系和大脑认知功能相关(Mortimer et al. ,2012)。该研究将受试者分为四组,太极拳组、步行组、社会互动组和无干预组,超过 40 周的干预显示,与无干预组相比,太极拳组和社交互动组的参与者在干预期间的脑容量显著增加,一些神经心理指标也有所改善,如太极拳组显著改善了临床痴呆评定量表、划线测试、听觉言语学习测试以及语言流畅性的成绩。

社会互动也可带来脑容量的增加和一些认知测试的改善。观察性队列研究表明,更多的社交参与与更低的痴呆症风险相关,尽管这可能在一定程度上反映了一种反向因果关系,在这种因果关系中,社交参与的减少是即将发生老年痴呆症的早期征兆。此外,通过社会互动产生的智力刺激与脑容量的增加以及一些认知能力的提高有关。

（六）运动冥想

在太极拳训练中,练习者会进行一项基本的练习——站桩。站桩的主要目的不在于提高身体素质(如肌肉力量),而是通过体验宁静、觉知、放松、天人合一来培养敏锐的知觉。因此,从理论上说,太极拳可通过冥想促进大脑活动,从而增强认知能力。

魏高峡的研究报道,长期的太极拳练习可以引起大脑局部结构变化,太极拳可能与冥想、有氧运动具有相似的神经相关模式(Wei,2013)。大量研究表明,冥想训练能有效地提高受试者的认知能力,即使是短期的冥想训练也能改善受试者的认知功能。杏仁核位于端脑核中心,与人的情感、学习、记忆、注意、知觉等认知功能密切相关(Baxter,2002)。Taren、Creswell 和 Gianaros 推测,更高的正念水平与杏仁核中的灰质体积减小密切相关(Taren et al.，2013)。Desbordes 等为一群健康人进行了三个多月的冥想训练(Desbordes et al.，2012),结果表明,正念训练能促进海马的神经可塑性。Fletcher 指出冥想训练可以改善大脑的注意力和认知过程。一些研究者还发现冥想训练可以提高受试者对内外信号的注意力,从而调节注意力系统(Fletcher et al.，2010)。

总的来说,太极拳可以通过多种途径产生有益的认知效果,包括心血管健康、运动健身、呼吸调节、运动协调、社会互动和运动冥想。值得注意的是,这些健身途径的有效性大多可以从最近的神经影像学研究中得到证明,这进一步强调了太极拳与大脑结构、功能之间的关系。

第七章
太极拳锻炼对基本认知功能
的可塑性

第一节　太极拳锻炼对老年人
注意力的影响

如何有效延缓老年人的衰老,保护老年人的认知功能已成为老年心理学研究的热点问题之一。近年来,我国老龄化趋势显著,预计到2050年,中国将成为世界上人口老龄化程度最高的国家之一。由人口老化带来的老年相关疾病将对家庭和社会产生巨大的压力,脑老化导致的认知功能下降将严重影响老年人的日常生活。越来越多的研究表明,通过训练,老年人的认知功能可以得到一定程度的改善甚至逆转,而训练也会引起脑容量、脑功能激活等方面的变化,这种现象被称为认知可塑性(cognitive plasticity)和神经可塑性(neutral plasticity)(杜新、陈天勇,2010)。其中,体育活动作为一种训练方式,越来越受到研究者的重视。

目前,注意力训练主要包括行为训练、正念训练、感统训练、执行功能训练、身心训练(Fabiano et al.,2009;Shapiro et al.,2008)。从注意力训练的起源来看,一种是传统的东方式训练,如正念、身心训练;另一种是欧美开发的西式训练方法,如行为训练、执行功能训练。后者通过反复训练认知过程和认知任务来发展和改善特定的注意力网络。它代表执行功能的内容,通常包括与冲突相关的任务、由工作记忆设计的任务和其他执行机制,它需要直接的注意和有意识的努力。前者强调身心平衡,如正念和身心训练,这可以建立在威廉·詹姆斯的注意力恢复理论(attention restoration theory,ART)的基础上。

注意力恢复理论认为，在高水平的非自主注意之下，注意的水平会降低，而自主注意能有效地恢复注意水平，避免过度使用神经中枢。通过这种身心训练，我们可以培养个体察觉当前想法、情绪和行为的能力，节约注意资源，将个体的意识从过去或其他时间点拉到现在。这些活动包括一些训练执行功能的因素，以及对情绪和压力的自我管理。

Burgener 的研究表明，相较于单一的运动，多模式活动，如身心运动能更好地缓解神经生物学机制上认知能力的下降（Burgener，2008）。身心运动是体育锻炼和智力体验的结合，是体育锻炼的一个子类。与其他锻炼形式相比，身心锻炼的独特特征包括四个可识别的元素，关注心灵、运动、呼吸和深度放松的状态。老年人在学习太极拳的过程中，需要运用视觉空间，处理速度和情景记忆。因此太极拳是一项包括了持续关注焦点（持续性注意力）和多任务处理（分配性注意力）的训练，也是一种多模式的身心运动。Ainsworth 等将太极拳划分为中等强度的有氧运动，认为它将生理、认知、社交和冥想成分结合在了一起（Ainsworth et al.，2000）。研究表明，受试者报告练习太极拳确实有类似于西式训练的物理功能方面改善（Hartman et al.，2000；Lan et al.，1998，2000；Wolf et al.，1996；Wong et al.，2001）。此外，一些研究者称太极拳运动对老年人的效果可能比西式训练更好（Galante，1981；Lan et al.，2002）。

太极拳练习，会使个人注意他们的身体在做什么以及感觉如何，通过缓慢的动作有意识地控制每个身体部位的运动，目的是让整个身体在练习太极拳时保持放松，整合精神和呼吸控制（Galante，1981），因此太极拳通常被称为"运动中的冥想"。冥想已被证明通过提高大脑分配注意力资源的能力来影响注意力和执行功能。因为太极拳可能通过多种潜在的协同机制影响认知功能，所以相对于单一途径的干预（如有氧训练或单独减压），太极拳的干预效果更好。

对于太极拳改善注意力（认知方面）的研究在近 20 年才被研究者涉猎。在此之前大多关于老年人太极拳的研究都集中在平衡、灵活性、姿势控制、肌肉力量等身体机能方面（Hartman et al.，2000；Lan et al.，1998，2000；Wolf et al.，1996；Wong et al.，2001）。以下几个模块将从行为学、脑电和核磁共振方面来展现太极拳对老年人注意力的积极影响。

一、太极拳对老年人注意力影响与改善的行为学依据

常见的注意力测试包括连线测验 A 和 B(trail making test A and B)、符号-数字模型测验(symbol digit modalities,SDMT)、同步听觉系列加法测验(paced auditary seria addition test,PASAT)和划消测验(cancellatior test)。其中数字-符号替换测验与符号-数字模型测验虽形式相反,但目的都是测试注意功能的。前者呈现符号,要求受试者将其转换为数字;后者呈现数字,要求受试者将其转换为符号。研究者应用这些注意力测试来研究太极拳运动对老年人注意功能的影响。例如,刘志宏采用 PASAT 和划消测验对老年太极拳练习者的注意力和记忆进行了测试(刘志宏,1990)。结果表明,4 种不同呈现速度对照组的 PASAT 评分均低于太极拳组,差异有显著性。这说明,太极拳组的表现优于对照组。太极拳练习对延缓老年人的注意力和记忆衰退,改善信息加工速度和快速运动有很好的效果。划消测验表明,随着太极拳练习时间的增加,错划次数逐渐减少,已练太极拳 14 年以上组与练太极拳 2~7 年组之间有显著差异。由此可见,坚持 10 年以上长时间练习太极拳对延缓老年人的注意力和记忆的衰退,提高其大脑信息加工速度有明显的效果。

在横断面研究中,Man 等人比较了 60 岁以上太极拳运动老年组、其他运动老年组和无运动经验老年组的注意功能。彩色连线测试结果表明,老年人太极拳运动组的成绩优于其他两组,反映了太极拳锻炼者注意保持和分配的优势(Man,2010)。

在干预研究中,Martime 等人比较了持续 40 周,每周 3 次,每次 50 分钟的太极拳运动组、步行运动组、社交活动干预组和无干预组的注意功能。结果发现,太极拳运动组在连线测验的表现上有明显改善(Martime et al.,2012)。在纵向研究中,Reid-Arnat 等人报告称,有癌症病史的老年人参加太极拳运动后,连接测验的分数显著提高(Reid-Arnat et al.,2012)。Matthews 等人发现持续参与 10 周、每周 3 次、每次 50 分钟的太极拳练习后,老年人连线测验得分明显提高(Matthews et al.,2008)。Nguyen 等将老年人随机分为实验组和对照组,实验组进行太极拳运动 6 个月,每周 2 次,每次 60 分钟。对照组维持日常活动,不参加任何新的运动。结果表明,实验组在连线测试中的成绩有了

明显的改善(Nguyen et al.,2012)。

另外的综合类测验,如张楠楠等观察53名长期太极拳锻炼的中老年人受试者的认知能力与48名无体育锻炼习惯的中老年人是否有区别(张楠楠等,2006)。受试者认知功能测试包括反应时间、手脚交叉运动、记忆能力、手臂稳定性、注意集中时间、注意分散次数、表象旋转等项目。结果发现,锻炼组的各项认知能力均优于对照组($p<0.05$),且两组的认知能力都是随年龄增长而下降的,但太极拳组下降较缓慢,锻炼年限越长认知下降越慢。所以长期进行太极拳锻炼有利于中老年人认知能力的维持和提升。

自评量表测验。李国平等选取某市156名50岁以上中老年人,将参加规律太极拳运动半年以上的79名分为太极拳组,没有进行规律运动的77名分为对照组,采用健康调查量表(SF-36)对其进行问卷调查。发现经过6个月的太极拳训练后,中老年人的情绪稳定性水平有了显著提高,且自我报告精神力/注意力也得到了改善(李国平等,2010)。Tousignant等通过实验研究,对130名太极拳练习者进行了实验前、中、后的调查研究,探索了130名加拿大公民在练习太极拳前、后的各项心理学指标的变化(Tousignant et al.,2012)。研究结果表明,太极拳练习者的注意力、情绪、睡眠情况都有所改善和提高。Yin等用心理状态检查量表(MMSE)和阿尔茨海默病量表(ADAS-cog)去评估受试者的认知功能水平(Yin et al.,2013)。结果显示,太极拳练习对受试者的认知功能和记忆功能有积极影响,特别是对工作记忆的影响显著。因此太极拳可能是改善老年人认知功能的理想身心运动。

从一些身体指标也能看出太极拳对注意的影响。如Tsang等进行的一项创造性横断面研究探讨了年龄较大的经验丰富的太极拳女性练习者是如何收缩她们的小腿肌肉的(Tsang et al.,2011)。他们对这些老年女性的肌肉收缩模式与没有太极拳练习经验的老年人和年轻人进行了比较。参与者在有和没有分心的情况下重复实验。与太极拳练习者相比,没有太极拳经验的老年女性在下楼时效率低得多,而太极拳练习者的肌肉激活与年轻的练习者无显著差异。更重要的是,当被其他精神任务分散注意力时,太极拳练习者的腿部收缩没有像其他组一样受到影响。研究者得出结论,太极拳可能有助于提高老年人在精神和身体任务之间转移注意力的能力。

二、太极拳对老年人注意力影响与改善的脑电证据

作为人类思维和行为的中心，在没有任务的情况下，大脑中神经元的放电频率接近 30 赫兹，在执行任务时可以达到 1 000 赫兹。大脑的信息传递、存储和输出速度比神经行为指标快得多。因此，以事件相关电位（ERPs）较高的灵敏度和毫秒的瞬时分辨率来监测脑电活动，已成为神经生理学领域最广泛使用的技术手段和研究人类认知功能在时间维度上变化的最佳手段（Celesia and Brigell，1992）。ERPs 能够为注意力提供比行为反应更敏感、更清晰的度量（Duncan et al.，2009）。

P3 振幅与衰老有关（Friedman et al.，1997；Walhovd and Fjell，2003），常用来反映主动注意力。Hillman 的实验发现久坐不动的年轻人，与老年人相比，他们的反应时更短，有更大的 P3 振幅和更短的 P3 潜伏期（Hillman et al.，2004）。该结果表明执行功能的抑制与年龄下降相关。对于老年人的执行功能的工作记忆方面，也报道了与体力活动相关的 P3 振幅的类似模式（Chang et al.，2013）。Fong 的实验将 64 名参与者分配到以下四组：进行耐力运动的老年组（OEE），练习太极拳的老年组（OTC），久坐不动的老年组（OSL），以及年轻成人组（YA）（Fong et al.，2014）。研究参与者在同类和异构条件下完成任务切换情况，同时记录了 ERP。结果显示，与老年组相比，YA 具有最短的反应时，而 OSL 反应时最长。YA 还表现出比 OSL 更短的 P3 延迟。更重要的是，实验发现在 YA 与 OTC 之间没有显著的 P3 振幅的差异，但与 OSL 相比，YA 与 OTC 都具有更大的 P3 振幅。这一结果表明，练习太极拳的老年人的神经电位水平与年轻成人相似。P3 幅度反映了分配给特定任务的注意力资源的数量（Polich，1987；Polich and Heine，1996），并且 P3 潜伏期被认为与刺激评估和分类的持续时间相关（Donchin，1981），所以练习太极拳对任务转换的有益影响与改进的注意力资源分配有关。

又使用位于 14 个头皮部位（即 Fz，F3，F4，Cz，C3，C4，Pz，P3，P4，T3，T4，Oz，O1 和 O2）的 Ag/AgCl 电极连续记录正在进行的 EEG 活动。结果发现，YA 在 Pz 处具有最大的 P3 振幅，但 OSL 在 Pz、Cz 或 Fz 处没有显示出差异。这证实了"补偿假设"，表明与年轻人相比，老年人在任务表现期间的大脑皮质，尤其是额叶头皮区域的大脑皮质过度激活，这与 Voelcker-Rehage 等的研究结果一致，即

太极拳老年组在心血管训练后表现出与年轻成人相似的认知表现和大脑激活模式,他们的激活模式与未经训练的老年人的激活模式有显著不同(Voelcker-Rehage et al.,2011)。未经训练的老年人表现出较低的认知表现,伴随着较大脑区的激活;而太极拳老年组表现出较少的激活,且认知表现水平与年轻成人相当。

消极情绪也会抑制注意力。潘玉英研究的ERP数据显示,情绪稳定组和情绪不稳定组受试者均在背景任务中诱发N1波和P2波(潘玉英,2015)。情绪稳定组受试者对刺激的认知加工相对较快,在大脑中调动相应的注意资源,对线索的注意更快;情绪不稳定组受试者多敏感多变,内心矛盾冲突多,不能长时间专注于一件事,对事件的注意力有限,需要更长的时间来对线索刺激做出反应。长期情绪障碍(情绪不稳定)的正常中老年人的流动智力水平和认知加工速率下降,导致寻找目标的注意搜索能力下降,目标线索检测速度减慢,提示情绪与注意力会相互影响。

我们知道冥想在太极拳中是很基础很重要的,它与注意力密切相关。Lazar等的脑电实验表明,冥想能显著激活海马、海马旁回、纹状体和其他与注意和工作记忆相关的脑区(Lazar et al.,2000)。Jang等的研究表明,冥想者在DMN的内侧前额叶皮质(medial prefrontal cortex,mPFC)有很强的功能连接,这表明长期的冥想练习可能与内部注意有关的大脑区域的功能变化有关。即使长期冥想练习者不冥想时,mPFC的强大功能连接也是稳定存在的(Jang et al.,2011),而且,与对照组比较,有经验的冥想者在背内侧前额叶和右顶下小叶(right inferior parietal lobule,RIPL)之间的功能连接性显著增强(Taylor et al.,2012)。Hasenkamp等发现当冥想者分心时,默认模式网络的活动增强(Hasenkamp et al.,2012)。当冥想者意识到注意力分散时,大脑活动区域会转移到前脑岛(anterior insula)和前扣带回皮质(anterior cingulate cortex),我们称之为"凸显网络"(salience network)。这个网络可以调节我们的主观感受,这些感受会在任务中分散我们的注意力。当受试者开始再次集中注意力时,DLPFC和外侧顶下小叶(lateral inferior parietal lobe)被激活,它们可以让冥想者重新集中注意力。当注意力真正集中时,前额后面的DLPFC的活动就会增强。

三、太极拳对老年人注意力影响与改善的功能磁共振研究

Voss等发现老年人进行有氧运动训练后功能连接发生了变化(Voss et

al.，2010)。他们观察到 12 个月的锻炼可以增强支持默认模式网络和正面执行网络的区域连接的连通性，这表明有氧运动对大规模脑电路具有恢复作用。这些大规模脑网络的变化在衰老神经科学中受到越来越多的关注，因为它们表明大脑系统发生了巨大变化。

Colcombe 等进行功能性脑成像研究发现，有氧训练后增强的心血管功能能扩大在注意力控制任务中大脑任务相关活动的区域大小(Colcombe et al.，2006)。

Colcombe 等发现了太极拳练习对大脑皮质激活产生的促进作用(Colcombe et al.，2004)。Wei 使用磁共振(MRI)和注意网络测试(ANT)进一步研究了太极拳对大脑皮质的影响(Wei,2013)。实验发现，与对照组相比，太极拳锻炼组某些特征脑区的皮质厚度发生了显著改变。具体表现为，太极拳锻炼组在右脑背外侧前额叶、运动前区、脑岛沟以及左脑的题上沟和舌回处，大脑皮质表现出显著增厚。此外，左侧内侧枕颞沟和右侧舌回皮质厚度与太极拳练习强度呈显著正相关。这些研究结果表明，长期太极拳锻炼可能使大脑区域结构发生变化，这与冥想和有氧运动有相似的神经相关模式。这些脑区的厚度变化会使老年人的执行控制、运动功能、情绪加工和空间注意功能得到加强。Fong 使用磁共振成像技术，通过将练习太极拳或参加长期耐力运动训练的老年人与健康水平较低的同龄人对比发现，灰质和白质较多的区域通常容易老化(Fong et al.，2014)，并且这些个体在涉及注意力控制的大脑区域(如额叶和顶叶皮质)中具有更多的皮质激活(Colcombe et al.，2006;Gordon et al.，2008)。

Mortimer 等的研究将来自上海的 120 名老年人随机分为四组(太极拳组、步行组、社会交往组、不干预组)，干预 40 周后获得了干预前后的磁共振数据(Mortimer et al.，2012)。结果发现，与无干预组相比，太极拳组和社会交往组脑容量显著增加($p < 0.05$)。太极拳组的几项神经心理学测量指标也有改善，包括 Mattis 痴呆评定量表评分、连线测验、听觉语言学习测验的结果($p < 0.01$)，这说明太极拳能改善老年人的注意力和记忆力。

尹述飞等考察了多模态干预对老年人的大脑自发神经活动的影响。他们选取 60 岁以上的老人 34 名，分为太极拳干预组和控制组，6 周后发现与控制组老年人相比，干预组老年人记忆力、认知功能和社会支持水平显著提高。从静息态 fMRI 扫描结果看，以治疗前后静息状态下脑区的低频振幅(ALFF)作为脑自发神经活动的指标，发现干预组老年人在额中回、额上回和小脑前叶（与注意力相关）的 ALFF 显著提升；相反，控制组老年人在这些区域的 ALFF 显著下降。干预诱发的 ALFF 变化与在认知功能和主观幸福感测验上行为成绩的变化相关，而且能诱发其大脑发生功能性改变（尹述飞等，2014）。研究结果说明，老年人大脑前额叶和内侧颞叶虽然受到老化的严重影响，但同时也具有最为显著的功能可塑性，这种可塑性是老年人可通过积极的认知活动、体育锻炼和社会活动来抵抗年龄相关的脑功能衰退、维护大脑健康的一个重要手段。

Tao 等探讨了练习 12 周太极拳是否可以改善记忆和调节海马（HPC）静息状态功能连接（rs-FC）的问题。在实验的开始和结束时应用了记忆功能测量和静息状态功能磁共振成像（rs-fMRI）。结果表明，与对照组相比，太极拳练习组的 Wechsler 记忆量表测量成绩显著提高；双侧海马和 mPFC 之间的 rs-FC 显著增加，且这种增加与受试者记忆功能改善显著相关（Tao et al.，2016）。隔年，他们又研究了不同频段的低频波动（fALFF）的分数幅度与记忆的关系，得到了类似的结果，即太极拳训练 12 周后在低频段的背外侧前额叶皮质（DLPFC）中的 fALFF 显著增加，且与太极拳组的上低频带的记忆功能改善呈正相关。这两个实验说明太极拳的练习效果可能通过不同的大脑机制起作用，以防止因衰老导致的工作记忆力下降，而工作记忆又与注意力密切相关，太极拳通过提高工作记忆间接提高了注意力。

第二节　太极拳锻炼对老年人记忆能力的影响

随着年龄的增长和机体的衰老，老年人身体各方面的生理机能发生了显著的变化，大脑出现了明显的衰退现象，不再适合剧烈运动，而太极拳的缓慢柔和、刚柔并济，恰好符合老年人机体生理保健的各种要求，既促进了人体生理的新陈代谢，又对人的心情进行了调节，在神经和心境上做到了平静、自然、舒畅，有益于老年人的身体健康。太极拳与其他运动相比，其最大的特征就是身体放松、心情平静，身心完全沉浸其中，从而消除大脑中紧张、疲惫和忧愁的状态，进而改善大脑的记忆功能，使人心情愉悦。有研究显示，老年人一周打三次太极拳，有助于改善记忆力和思考能力，大脑的体积也会增加。怎样通过适当的锻炼以延缓大脑记忆能力的衰退,提高和改善老年人的脑认知功能,在现代社会受到了广泛的关注,而太极拳凭借其优势和实践效果,在"老年人最受欢迎的运动"中脱颖而出。本节主要介绍太极拳运动与大脑记忆的关系。

记忆是大脑对已经发生过的事情的识记、保持和再现的过程,包括对有关信息进行编码、储存、提取三个环节。记忆是大脑进行思考、想象等高级心理活动的基础,它是在头脑中积累和保存个人体验的心理过程。记忆是从人反复感知一定的客观事物,通过巩固练习形成识记,再经过保持过程进一步巩固已形成的联系。识记和保持的内容在一定条件下可以恢复,这就是再认或回忆。

记忆有多种分类,最基本、也是最为人广泛接受的是根据保持时间的长短,分成的瞬时记忆、工作记忆(短期记忆)和长期记忆(Gazzaniga et al.,2011)。工作记忆主要是指在认知任务执行过程中,用来暂时储存和加工信息的有限的资源。工作记忆是当前认知神经科学和认知心理学研究中最活跃的研究领域之一,很多学者将其形容为人类的认知加工中枢。

与工作记忆相关的任务,一类强调信息的存储或保持,另一类包括对存储内容的额外加工(Prak et al.,2002)。例如,字母、单词和数字的广度等任务强调机械保持,因此被认为是测量短时记忆容量的。在这些任务中,先以听觉或视觉的方式呈现一串项目,然后让受试者口头报告或者在纸上写下刚才所呈现的项目。这种记忆的容量长期以来被认为是"7±2"个单元(Miler,1956),代表在一段短暂时间间隔之后还能被精确保持的项目数。延时匹配样本任务也被称作项目再认任务,是另一类强调存储的任务(Jacobsen,1931;Sternberg,1996)。这些任务最多呈现7个项目(记忆列表),然后紧跟着一段长度在20秒以下的延时。接着呈现一个探测刺激,受试者判断这个刺激是否是刚才他们记忆列表里的项目。使用这样类似的程序,可以测量个体对空间位置、面孔、非言语声音甚至情绪的记忆(Smith et al.,1995;Mikels,2003)。加工任务,那些外显地需要对储存信息进行操作和记录的任务,可以和保持任务区分开,如阅读广度任务以及操作广度任务,都包含了任务管理、定势转移和执行注意这些执行加工。

一、太极拳锻炼对老年人记忆功能的影响的行为学依据

如今运用较广的评定记忆的量表为韦氏记忆量表和临床记忆量表。韦氏

记忆量表是一个供临床使用的较为简单的记忆测验量表，由 7 个部分组成，即常识、定向力、精神控制能力、逻辑记忆、数字广度、视觉记忆和成对词联想学习。韦氏记忆量表给临床提供了一个很有用的客观检查方法，可以评定瞬时记忆、短时记忆和长时记忆，且与智力相关程度较高，有助于鉴别功能性记忆障碍。临床记忆量表是成套及建议测量工具，包括 5 个部分，分别为指向记忆、联想学习、图像自由回忆、无意义图形再认和人像特点联系学习。测评内容多为近期记忆，测量结果可换算成量表分和记忆商（MQ），在临床应用和老年学研究中具有一定的价值。

张楠楠等发现长期进行太极拳运动的老年人短时记忆力明显好于对照组，积极参加太极拳运动的老年人工作记忆容量明显高于对照组（张楠楠等，2006）。Reid Arndt 等人研究发现，经过参与杨式太极拳练习 10 周、每周 2 次、每次 60 分钟后，有癌症史的老年人 Rey 听觉词汇测验、wechsler 记忆量表–逻辑记忆测验的成绩显著提高（Reid-Arndt et al.，2012）。Lam 等比较了不同程度太极拳运动、拉伸运动、有氧运动和无运动经验老年人的记忆功能，结果表明，5 年以上有氧运动或太极拳运动的老年人视觉广度测验和延迟回忆测验成绩明显高于其他组，其中 65～75 岁年龄组差异最明显（Lam et al.，2009）。

在连线测验中，王乾贝等对 108 名年龄在 65～85 岁的北京市某个社区患有轻度认知障碍的老年人的记忆力和执行能力进行研究，将这些老年人随机分成对照组（54 人）和实验组（54 人），均向两组研究对象进行相关知识讲解和健康手册发放，其中，对照组进行健康教育和维持日常运动，实验组每周接受 4 次以上的太极拳训练，每次至少 40 分钟，持续 3 个月（王乾贝等，2016）。采用听觉词汇学习测验（AVLT）和划线测验 A（TMT－A）对实验前后受试者记忆和执行能力的变化进行了评估。结果表明，实验组的 AVLT 长延时回忆和 TMT－A 评分明显高于对照组（$p<0.01$）。因此，研究者认为太极拳训练可以提高轻度认知障碍老年人的记忆力和执行功能。

Rivermead 行为记忆测试。Man 等通过横断面设计，对太极拳锻炼组、有规律锻炼组和健康对照组三组受试者进行 Rivermead 行为记忆和香港版列表学习测试，发现太极拳锻炼组在 Rivermead 行为记忆和香港版列表学习测试中的得分显著高于其他两组，进而说明，太极拳运动对老年人的工作记忆能力有很大的改善（Man et al.，2010）。

在干预实验中，Mortimer 等对太极拳运动组、步行组、社会活动组分别干预 40 周,每周 3 次,每次 50 分钟,与对照组比较,发现太极拳运动组听觉词汇学习测验成绩明显高于对照组(Mortimer et al.,2012)。在纵向研究中,对老年癌症患者进行有规律的太极拳运动后,受试者听觉词汇学习测试获得的分数显著提高,记忆功能得到改善(William et al.,2012)。

可见,太极拳锻炼对中老年人记忆功能方面的功效是显著的,而且太极拳是一种具有独特风格的拳种,其健身效应有自身的特点。中老年人经常练习的太极拳套路多达十几种,技术方法多样,理念深邃,没有各器官与中枢神经系统的高度协调,就不可能完成太极技术或某种技法(孙皎等,2012)。太极拳的各类动作,要做到手、眼、身、法、步和识、胆、气、劲、神的内外结合,均需要在动作的方向、幅度、速度、劲力和时间把握上做到恰到好处,以达到心、意、气、力、形的协调统一。在这样一个长期的学习和锻炼中,中老年人促进了记忆、协调和表象能力的提高。太极拳练习,通过模仿和次数的积累,动作表象逐渐清晰,记忆范围也随之扩大;通过记忆动作路径,加深了对运动劲道、节奏、精神、风格的理解和体验,从而促进和改善了大脑的认知功能(Nguyen,2012)。

与慢跑等有氧运动相比,太极拳不仅是一种简单的重复运动,也是一种记忆训练的认知干预过程。它要求学习和记忆每一个动作的要点,准确把握每一个动作前后的顺序,不断转换、改变动作,让整合前后的动作达到融会贯通(Taylor-Piliae et al.,2010;白蓉,2011)。

二、太极拳锻炼对老年人记忆功能影响的影像学依据

太极拳通过调节与记忆过程相关的大脑功能和结构,可以显著增强记忆功能。Tao 等报道发现太极拳的锻炼可以显著增加双侧海马和 mPFC 之间的静息态功能连接,并且这种增加与记忆功能的改善相关(Tao et al.,2016)。此外,太极拳练习显著降低了 DLPFC 和 ACC 之间的静息态功能连接。研究表明,在认知调节过程中有两个必要的组成部分:一个是 DLPFC 在实施控制中发挥重要作用,另一个是 ACC 在需要调整控制时监测行为和信号(MacDonald et al.,2000)。同样,神经影像学研究表明,ACC 和 DLPFC 可能对人类记忆过程施加不同的认知控制(Woodcock et al.,2015;Harding et al.,2015)。DLPFC 的作用涉及心理过程中的执行控制,记忆的积极维护和联想记忆,而 ACC 则控制记忆相关的注意力、冲突监测,以及信息过滤和提取。

一系列涉及 6 周太极拳锻炼、认知训练和团队咨询的复合干预研究表明，与对照组相比，额上回、额中回和小脑前叶的 ALFF 增强，记忆任务成绩更好。小脑前叶也与工作记忆相关；干预前后，mPFC - MTL 的功能连接，尤其是 mPFC 和旁海马回之间的功能连接 mPFC - PHG 有显著改变（Li et al. ,2014；Yin et al. ,2014）。体育锻炼会增加前额皮质（Colcombe et al. ,2006）和海马的体积（Erickson et al. ,2011），并能增加健康老年人海马脑血流量（Burdette et al. ,2010）。当老年人执行记忆任务时，额叶皮质（Kirchhoff et al. ,2012）和海马区（Belleville et al. ,2011）的功能活动发生改变，这种功能可塑性背后的机制尚不清楚，尽管一些证据表明它可能与训练后大脑中的细胞增殖或树突生长有关（Redila and Christie,2006；Erickson et al. ,2011）。

第三节　太极拳锻炼对老年人执行功能的影响

一、运动对执行功能的影响

（一）运动方式对执行功能的影响

执行功能与我们生活的方方面面息息相关，如概念的形成、抽象逻辑思维的过程、决策、对事件的排序以及动作的协调性等，同时运动的过程也与这些方面有一定的联系，大量的研究发现运动对执行功能是有促进作用的。虽然研究者们采用了不同运动形式的干预，但是得出的结论是较为一致的，即运动有助于促进执行功能的发展。

在探讨运动对执行功能的影响这一课题时，大量的研究者采用功率自行车作为运动干预。1947 年，芬兰风雪交加的天气使人们无法外出骑自行车，生产自行车的唐特力公司的工程师根据自行车的原型，更改设计了全球第一台家用健身车，也就是我们所称的功率自行车，功率自行车属于典型的模拟户外运动的有氧健身器材（相对于无氧健身器材），亦被称为心肺（cardioviscular）训练器材，能改善人体的体质，促进脂肪的氧化代谢，而长时间的消耗脂肪就会出现减重减肥的效果。从健身车的阻力调节方式看，当前市场上的健身车有普及型的磁控健身车（根据飞轮的构造不同还分为内磁控和外磁控），较高阶的电磁控健身车,更加智能环保的自发电健身车。由于功率自行车可以在室内模拟完成室外的骑自行车活动,可以较为容易地控制受试者的运动时长以及运动强度,并且这项运动对运动场地要求较为宽松,因此得到了研究者们的大量使用。刘俊一在探究有氧体育锻炼对大学生执行功能的积极性影响时,对56名身体健康、无异常心理症状的大学生进行功率自行车干预,实验组进行8周、每周5天、每天1小时的功率自行车蹬骑的有氧体育锻炼干预,对照组相同时间不进行干预(刘俊一,2014)。得出结论,8周有规律的有氧体育锻炼对于提高大学生的执行功能具有统计学上的显著性意义,有氧体育锻炼对大学生执行功能的改善主要通过提高执行加工相关脑区的激活强度和范围来实现。其余以功率自行车作为运动干预的研究者也得出了一致的结论。

　　除了功率自行车,我们在日常生活中的运动对于执行功能也有促进作用。一些研究者从我们通常进行的体育运动入手,对执行功能进行研究。以中小学生作为受试者的研究中,以篮球作为运动干预的实验所占比重较大。篮球运动是1891年由美国人詹姆斯·奈史密斯发明的。随着时代的发展,篮球运动进一步发展和完善,也逐渐被推广,成为一种全民运动,并在各个国家和民族之间盛行起来。篮球运动具有对抗性、集体性、观赏性、趣味性和健身性等特点。它不仅要求运动员具备技术和战术能力,还要在比赛中表现出智慧、勇气、意志、活力和创造力。运动员还必须具有顽强的斗志和团结协作的精神。篮球既简单又有趣,通过参加篮球运动,人们不但可以增强身体素质,而且可以发展自己的个性、自信心、审美情趣、意志力、进取精神和自制力。同时,还有利于培养团结协作、尊重对手、公平竞争的道德品质。正是因为篮球具有以上的特点,所以对于执行功能的促进作用不言而喻。潘家礼等人通过篮球干预研究学习困难和正常儿童干预前后的执行功能的差异。实验选取实验组(篮球干预组)48人,对照组45人,运动干预10周,每周3次,每次30分钟,中等运动强度,结果发现运动干预对学习困难和正常儿童均有积极的作用,而且对于学习困难的儿童改善效果优于正常儿童(潘家礼等,2016)。除此之外,其他研究者在运用篮球运动进行干预时也发现类似的结果,篮球运动干预对于执行功能同样具有良好的影响。

　　为了更加贴近我国学龄期儿童的体育运动的特点,研究者们将运动干预的形式进一步扩展,武术、跳绳、八字跑、花样跑步等运动项目也作为干预手段进入实验研究当中。殷恒婵等人探讨了"武术＋跳绳＋八字跑"和"花样跑步"

两种运动干预方案对小学生执行功能各个维度的效果及其随时间变化的特征（殷恒婵等，2014）。结果表明，"武术＋跳绳＋八字跑"和"花样跑步"两种运动均对小学生执行功能具有促进作用，且随干预时间增加，效果的显著性也随之增加，两种方案在改善小学生执行功能的效果上各有所长。

我们知道执行功能的另一个受到关注的研究群体是老年人，上述运动由于其特性等原因在一定程度上并不适用于老年人，因此另一项运动——太极拳逐渐走入研究者们的视野。太极拳是国家级非物质文化遗产。它以中国传统儒、道家哲学中太极、阴阳辩证概念为基础，集修身、健身、技击对抗等多种功能于一体。它结合了易学的阴阳五行变化、中医经络学的变化，以及古代的导引和吐纳术，形成了一种内外兼修、柔、慢、灵、刚的中国传统拳术。1949 年以后，经国家体委统一改编，作为体操、表演和体育健身竞赛项目发展开来。改革开放以后，部分又恢复了原貌，可以进一步分为比武用的太极拳、体操运动用的太极操和太极推手。

近几年，以太极拳作为干预手段探讨老年人执行功能的研究越来越多。王乾贝等探讨太极拳运动对社区轻度认知障碍老年人认知功能的影响时发现，每次至少 40 分钟，每周至少 4 次，共 3 个月的太极拳训练可以改善 MCI 老年人的认知功能，特别是对老年人记忆力和执行功能有影响（王乾贝等，2016）。当然，除上述研究者以外，很多研究者通过太极拳干预研究老年人的执行功能的研究中也同样得出了这样的结论。

（二）运动强度对执行功能的影响

随着运动对执行功能影响等方面研究的开展，运动的不同形式都对执行功能具有促进作用已经被研究者们所证实。但是，运动的强度和运动的时间对执行功能的影响是否有明显的差异，这一问题逐渐走入研究者们的视野。

在现有的研究中，大多数的研究主要集中于某一项运动在某一种强度上对执行功能的影响，也就是将强度当成一种变量去控制，研究在某一个强度下的运动对执行功能的作用。杨阳在研究短时中等强度有氧运动影响女大学生执行功能的实验中，选取上海某大学普通专业学生 6 名，体育专业学生 10 名作为实验受试者，实验前受试者需要接受 30 分钟的功率自行车运动作为短时中等有氧运动的干预，紧接着进行斯特鲁普任务和 Go/No-go 任务测试（杨阳，2018）。研究表明，一次 30 分钟的短时中等强度有氧运动能改善和提高大学生的执行功能,但各种范式所提高的指标不同,测试的最佳时间点也有所不同。王巍等人研究急性高强度运动对训练者个体认知功能的影响,实验中,高强度运动被定义为 80%最大输出功率(Wmax)的运动或者受试者自感疲劳程度到达最大等级,以此作为标准进行控制(王巍等,2018)。实验采用 130 名受试者,经过自行车或者跑步等运动干预达到高强度,在运动完 10 分钟后进行实验任务测试,结果表明,高强度运动后,身体素质较高个体的简单认知功能并未受明显影响,但复杂认知受到较为明确的影响。

除了将强度作为一种变量加以控制外,一些研究者也将强度作为自变量去探讨不同运动强度对于执行功能的影响,即探讨同一种运动不同强度下的影响。王加鹏等人选取 60 名四年级的小学生作为研究对象,将其分为三个组别,即小强度组(20 人)、中强度组(20 人)、大强度组(20 人),并且对各个强度进行操作性定义:小强度有氧运动负荷设定为个体的 50%～59%最大心率,中等强度有氧负荷设定为个体的 60%～69%最大心率,大强度有氧运动负荷设定为个体的 70%～79%最大心率,其中最大心率＝220－年龄(王加鹏等,2018)。研究发现小强度运动干预降低了受试者的工作记忆的反应时,但不具有显著差异;中等强度运动干预显著降低了受试者的工作记忆的反应时;大强度运动干预显著降低了受试者的工作记忆的反应时。也就是说,中等强度运动开始就对儿童的工作记忆有明显的改善作用。周轶枫探讨了不同强度的短时篮球运球训练对小学生执行功能的影响。研究对象为 120 名三年级小学生,分为低强度组、中强度组和高强度组(周轶枫,2017)。结果表明,不同强度的短时篮球运球训练对学生的执行功能有不同的影响,不同强度的运动能提高学生的执行功能,中等强度的有氧运动效果最好。研究人员还研究了不同运动强度对大学生执行功能的影响。研究表明,运动强度对大学生工作记忆负荷有促进作用。运动强度和工作记忆倾向于"U"形。低强度和中等强度有氧运动对大学生工作记忆负荷有促进作用。中等强度有氧运动效果最好,而大强度有氧运动抑制了大学生工作记忆的发展。

如前所述,我们可以发现在不同强度的运动对执行功能的影响的这类研究中,较多选择小学生、中学生、大学生等年龄群体,由于老年人的身体机能等方面的限制,导致这类研究无法在老年受试者群体中进行,因此目前我们无法准确判断出老年受试者的执行功能在不同强度的运动中的变化。

（三）运动持续时间对执行功能的影响

我们已经了解到运动对我们的执行功能具有促进作用。前面我们也进行了探讨,运动的不同方式以及运动的不同强度对执行功能具有不同的影响,但是我们依然可以发现,在探索运动对执行功能的影响时,除了运动的种类和运动的强度以外,运动的时间也成为影响因素之一。本节将探讨不同的运动时间对执行功能的影响。

在现有的研究中,研究者们按照运动的持续时间将其分为两大类:一类为短时运动,另一类是长时运动。短时运动一般指实验过程中,研究者要求受试者参与一种运动干预,持续时间为10~60分钟,然后进行实验任务,得出运动对执行功能的影响。长时运动一般是指,研究者要求受试者参与的运动干预时间持续较长,通常为几周,几个月,甚至更长时间,然后要求受试者进行实验任务,得出运动对执行功能的影响的相关结论。我们可以看到,当前的研究中,有一部分的研究者研究急性运动对执行功能的影响,通过阅读文献可以注意到这里的急性运动也就是我们所谓的短时运动,两者在本质上并无区别,只是名字不同。

颜军等抽取了244名小学四年级学生,研究不同类型的短期中等强度运动对学生执行功能的影响,分为了有氧运动组、抗阻运动组和灵敏运动组(颜军等,2014)。干预方式为一次30分钟中等强度运动。研究发现,短期中等强度的运动可以改善学生的执行功能。它对学生的执行功能的影响有选择性和积极作用。体育运动类型是影响学生执行功能的积极因素之一。不同类型的短时中等强度运动对执行功能及其子功能的影响不同。有氧运动较灵敏运动和抗阻运动,更有利于提高学生的执行功能。李琳等人研究了短时和中等强度功率自行车运动对大学生执行功能的影响(李琳等,2014)。87名女大学生被要求在功率自行车上训练30分钟,进行有氧运动干预。使用N-back、Go/No-go、任务转换范式测试受试者的记忆刷新、抑制优势反应和注意转换功能。实验结果表明,一次30分钟的中等强度自行车运动对执行功能的抑制、刷新和转换有积极的影响。短时的功率自行车运动是提高和改善大学生执行功能的有效手段。可以看到短时运动时间虽短,但对小学生的执行功能有积极作用,对于成年人也具有积极的影响。

相比于短时运动,长时运动的实验周期会更长一些。王叶琼等人研究健美操锻炼对小学生执行功能的影响时采用了长时运动干预的方法,实验选取了 52 名四年级学生,将其分为健美操干预组、手工干预组和对照组,实验干预为 12 周,每周 2 次,每次 90 分钟中等强度健美操锻炼对小学生执行功能的影响。结果表明,这种中等强度健美操锻炼对执行功能的三个子功能,抑制、转换和刷新功能具有积极的促进作用。

如今的研究中,将长时运动当作额外变量给予控制的研究较多,但是还是有一些研究是将长时运动的时间当作自变量分析。傅建等人在研究不同时间中等强度体育锻炼对初中生执行功能和学业成绩影响的实验中,将 250 名学生分为 5 组,实验研究的运动干预频率为 3 次/周,每次 45 分钟,持续进行 8 周。实验 1 组:中等强度体育锻炼累积时间占体育课总时间 30%;实验 2 组:中等强度体育锻炼累积时间占体育课总时间 40%;实验 3 组:中等强度体育锻炼累积时间占体育课总时间 50%;实验 4 组:中等强度体育锻炼累积时间占体育课总时间 60%;实验 5 组:对照组,即进行常规课体育教学(傅建等,2016)。对学生的执行功能以及学业成绩进行分析,结果发现,从实验前后各组的变化幅度来看,累积时间达到 27±1.35 分钟中等强度体育锻炼的初中生在实验后,无论是执行功能的三个子功能水平,还是学业成绩均呈现上升的趋势。也就是说并不是干预时间越长越好,时间过长可能会适得其反。

通过上述研究,我们可以看到,不论是短时运动还是长时运动都对我们的执行功能有良好的影响,但是并不是时间越长效果越好。而且我们可以看到运动的方式以及运动的类型也是影响执行功能的重要因素,因此在执行功能方面的实验中我们需要注意运动类型、时间,以及强度的选择,在不给受试者的身体造成较重负荷的情况下进行实验,选择适合受试者的运动以及实验任务是十分关键的。

二、太极拳促进老年人的执行功能的影响

(一)太极拳促进老年人执行功能的假说

如上所述,毫无疑问,运动可以促进认知功能的改善,但运动如何促进认知功能的改善呢? 在这个问题上,研究人员还没有定论,我们尚不清楚影响机制,这仍然是需要探索的问题。然而,在现有的研究中已经有人提出了一些观点,并尝试对可能的机制进行阐述。目前主要有六种假说,即细胞和分子机制、心血管功能假说、脑可塑性假说、社会认知理论、中介变量假说、认知储备

观点。前三个假设主要基于生理学,后三个假设主要基于心理学。不同的假设来自不同的方面。

运动的细胞和分子机制,可能是通过运动来调节与认知功能相关的神经元活动、神经递质释放和生长因子分泌、与学习记忆相关的基因表达以及脑组织的抗氧化能力来促进认知功能的。心血管功能假说,主要通过检测心血管功能的变化,如饱和度、血管生成和脑血流等,解释每周一次以上运动所引起的积极变化,从而提高了认知功能。脑可塑性假设认为中枢神经系统,特别是大脑的活动是认知活动的基础。正是因为大脑的可塑性,我们才会发生认知变化。因此,运动对认知功能的改善是运动对大脑可塑性影响的结果。可以看出,尽管它们都是从生理学的角度出发的,但每个假设的重点是不同的。细胞和分子机制的着眼点主要集中在细胞上。心血管功能假说主要通过血氧饱和度和脑血流量来测量。脑可塑性假说主要是针对大脑神经来解释执行功能。社会认知理论认为,体育运动可以改善运动员在运动过程中的自尊、自我效能等积极情绪,在运动过程中能够体验到一种技能控制感,这也是积极作用之一。同时,它可以帮助运动员减少消极情绪如习得性无助等负面情绪。事实上,运动的过程也是改善认知功能的过程。中介变量假说认为,体育运动不仅对认知功能有直接影响,还对一些中介因素有影响。在运动过程中,我们的身体得到锻炼,心理健康得到了更好的发展,同时运动过程可以帮助我们增强体质,提高免疫力,有效抵抗细菌等。这些方面都是一些中介因素,这些中介因素对我们的认知功能也有一些间接的影响。认知储备观点,即认知神经科学研究发现,一些个体具有较高的认知储备特征,其认知网络连接比认知储备低的个体更紧密、更有效。因为它们的大脑网络联系更紧密,当一个大脑区域的功能下降时,其他大脑区域可以更有效地补偿,从而减少认知功能的下降。运动有利于重复利用各种认知过程,改善神经元之间的关系,使其具有较高的认知储备水平,为减缓认知衰退提供依据。

上述假设是运动对认知功能的影响。太极拳作为一种体育运动,可以用上述假设来解释。然而,随着对太极拳研究的不断深入,越来越多的研究者开始探索太极拳对执行功能的影响,并提出假设。太极拳对认知功能的影响只有两种假说,一种是选择性改善假设,另一种是运动认知中介模型。

研究人员提出了一个假设,即通过有氧运动的促进机制,选择性地改善老年人的认知功能(selectivity improvement hypothesis)。已有脑成像研究证明,有氧运动选择性地促进了大脑前额叶、颞叶和顶叶等结构及其功能的改变,但并没有对每一个脑区都产生激活,并带来结构上的影响。太极拳作为一种体育锻炼,尤其作为一种有氧运动,可以促进老年人包括记忆功能、注意功能在内的认知功能,更多的是集中于执行功能的改善,因此可以借鉴推测选择性提高是太极拳运动改善老年人执行功能的原因。在一些脑神经技术的支持下,可以推测这个假说的合理性。

运动认知中介模型是指心理因素、身体健康状况、疾病状况等中介变量对老年人认知功能的间接影响。它被广泛用于解释体育锻炼促进老年人认知功能的机制。可以看到这一观点与上述中介变量假说在本质上是一样的,老年人在练习太极拳的过程中不仅可以修身,而且可以养性,对身体素质、心理健康等都有促进作用,这些因素进一步促进了老年人的执行功能的改善。因此,可以推断,以运动认知中介模型来解释太极拳锻炼对老年人认知功能的促进机制具有合理性。

选择性改善假设是从生理的方面探讨机制,而运动认知中介模型是从心理的方面进行探讨。在接下来的研究中,研究者们可以通过体育锻炼对执行功能的影响的假说来合理地推测并验证太极拳对老年人执行功能的影响,并进一步提出更多样的假说来支持接下来的研究。

(二)太极拳对执行功能脑机制的影响

目前有氧运动对脑机制,尤其是对大脑皮质方面的影响,大部分研究者采用事件相关电位(ERP)技术进行研究。

事件相关电位是一种特殊的脑诱发电位,通过有意地赋予刺激以特殊的心理意义,利用多个或多样的刺激引起的脑的电位。经典 ERP 的主要组成部分包括 P1、N1、P2、N2、P3,其中前三个称为外源性成分,后两个称为内源性成分。这些成分的主要特征是:首先,它们不仅反映大脑简单的生理活动,还反映心理活动的某些方面;其次,它们必须由特殊的刺激安排诱导,并且是两个以上的刺激或刺激变化。其中,P3 是 ERP 中最为关注的内源性成分之一,与认知过程密切相关。内源性事件相关电位与外源性刺激相关电位存在明显差异。ERP 在注意的基础上,与识别、比较、判断、记忆、决断等心理活动有关。它们反映了认知过程的不同方面,是理解大脑认知功能的"窗口"。现在 ERP 的概念有扩大趋势,广义上讲其还包括 N4(N400)、失匹配负波(mismatch negativity，MMN)和伴随性负电位变化(contigent negative variation，CNV)。在与事件相关的电位检测过程中，通常要求参与者保持积极态度，因为参与者的精神状态和注意力集中程度会影响结果。此外，由于受试者只有通过对目标刺激的识别并作出反应才能诱发 ERP，任务难度也会影响测试结果。当难度增加时，振幅减小，潜伏期延长。不同年龄组 P3 的波幅和潜伏期不同。潜伏期与年龄呈正相关，随年龄增长而延长。ERP 的振幅与年龄呈负相关，儿童和青少年 ERP 的振幅较高。ERP 各成分有不同的头皮分布。

P3(P300)作为内源性成分与我们的认知功能有密切的关系，因此李焕玲等的研究以 P300 作为依据进行实验验证，选取了 35 名符合实验条件的女大学生，将她们随机分成三组，分别为北欧健步走组($n=12$)、太极拳组($n=11$)和对照组($n=12$)(李焕玲等，2016)。紧接着测试训练前的事件相关电位 P50 和 P300 及最大吸氧量，然后经过 5 周、7 周及恢复 1 周后，测试其事件相关电位 P50 和 P300 及最大吸氧量。结果表明，太极拳及北欧健步走训练对事件相关电位 P300 成分的影响是相同的，均表现为波幅增加、潜伏期缩短、反应时缩短。张小敬研究了有氧运动与太极拳组合锻炼对大学生事件相关电位特征的影响，选取 28 名非体育学院的女大学生，采用抽签的形式，将其随机分成两组，"1 600 米＋1 600 米"的跑步组和"1 600 米＋太极拳"的太极拳组(张小敬，2015)。每周运动 3 次，每次运动大约 40 分钟，这其中包括中间休息 10 分钟。实验共训练 6 周，每周 3 次(太极拳组，周一、周二、周三进行训练;跑步组，周二、周四、周六进行训练)，比较 6 周训练前后，结果显示，P300 潜伏期出现区别，太极拳组中有显著差异的电极点数明显高于跑步组。除此之外，研究者们还发现，这些点在 P300 上的表现不同，有的点 P300 潜伏期延长，有的点 P300 潜伏期缩短。Oz 点在两组中虽然都有显著性改变，但在跑步组和太极拳组中的表现截然相反，在跑步组中显著延长，但在太极拳组中则显著缩短。两组中 P300 潜伏期改变多发生在一致性刺激(S1、S2)情况下。也就是说，太极拳运动对执行功能的影响可以体现在 P300 上，在其潜伏期、波幅等特征上均有表现。

除此之外，太极拳运动对执行功能的影响不仅仅可以运用 ERP 技术，脑电以及近红外光谱法也是研究者们经常运用的方法。黄燕萍研究不同状态下太极拳练习者的脑电图变化时，将实验对象分为专业组与对照组，其中 6 名为专业太极拳运动员，剩余 6 名为对照组业余太极拳练习者，实验过程首先要求受试者戴好电极帽并待脑电信号稳定之后,连续记录他们安静闭目放松状态及睁闭眼试验下的脑电波情况(黄燕萍,2011)。紧接着让受试者站立,待脑电信号稳定之后开始计时,连续记录练习静态动作时的脑电波。然后要求受试者进行指定动作,待脑电信号稳定之后开始计时,连续记录练习指定动作时的脑电波。最后要求受试者坐下,并默念指定动作,待脑电信号稳定之后开始计时,连续记录默念时的脑电波。结果显示,不同动作练习过程中,各脑区脑电波的变化特点如下:顶区、中央区、枕区以 α3 波为主要脑波成分,额区、颞区主要以慢波为脑波成分。长期进行太极拳练习的专业运动员,大脑的脑电活动在练习不同动作过程中的变化具有一致性。并且可以看出,太极拳运动能够挖掘人类大脑的智能,特别是开发右额区潜在功能。谢晖运用近红外光谱法研究太极拳训练对脑功能的影响,结果表明,与经验不足的太极拳运动组相比,经验丰富的太极拳运动组受试者的前额叶、顶叶和枕叶不管在全局性连接还是功能性连接上都存在显著差异(谢晖,2010)。

上述研究给我们提供了一个这样的结论,我们很早就知道运动对我们脑区中的前额叶具有积极的激活作用,但是通过研究我们发现,太极拳不仅仅对前额叶,对顶叶、枕叶也是有激活作用的,这也就说明通过长时间的太极拳运动可以实现更多脑区的功能连接,改变更多脑区的结构以及皮质厚度,这对于预防老年人的一些疾病,例如老年痴呆具有建设性的意义。

当前研究者通过研究发现,不论是太极拳还是其他有氧运动都会对人的认知功能,尤其是执行功能产生一定的影响,这对于我们预防老年人认知衰退来说具有重大的意义。我们可以看到,近几年相关研究在不断地增多,也日趋完善,在未来的研究中,随着科学技术的提高,关于运动如何影响脑机制各个方面,会越来越丰富和深入,也会有越来越多的问题等着我们。

第八章
太极拳锻炼对脑结构和
脑功能的影响

第一节 太极拳锻炼引起脑白质
网络的显著变化

一、问题的提出

衰老与神经认知的衰退有关。与年龄相关的认知能力下降最早可以从 20 到 30 岁开始,在老年人中更为明显(Salthouse,2009)。当与年龄相关的认知能力下降变得足够严重时,它与患痴呆症(如阿尔茨海默病)的风险增加相关(Meyer et al. ,1999)。由于认知依赖于大脑的正常功能,因此人们很自然地认为,与年龄相关的认知变化也可能伴随着与年龄相关的大脑变化(Luo et al. ,2019)。事实上,有确凿的证据表明,衰老会导致大脑功能连接和灰质以及白质的显著变化。在这种情况下,最近的一项研究表明,额叶-纹状体投射通路中的白质体积有明显的老化相关的萎缩(Taubert et al. ,2020)。白质在认知过程中起着关键作用,因为它连接着整个人脑的不同灰质区域(Filley and Fields,2016)。有证据表明,白质损伤与衰老导致的认知衰退有关,白质完整性的降低与认知表现(如执行功能、信息加工速度)的恶化有关(Gunning-Dixon et al. ,2009)。这种差异被认为是由有认知缺陷的老年人的大脑网络造成的,他们倾向于使用与年轻人相似的大脑网络,但使用效果不佳,因此有认知缺陷的老年人会通过重组他们的大脑网络来补偿认知衰退(Cabeza et al. ,2002)。因此,研究衰老是否会影响脑白质网络是非常重要的,这样我们就可以通过生活方式的改变来确定减缓衰老过程的方法,比如体育锻炼(Filley and Fields,2016)。

太极拳是我国一项传统的有氧运动,以其柔和、缓慢的运动方式吸引了越来越多的老年人。目前太极拳已经传播到 160 多个国家与地区(Lee et al.,2002)。作为一种典型的身体锻炼方式,太极拳已经被证实可以有效改善老年人总体的认知功能(Wright et al.,1995),并可以优化老年人内在性脑结构的区域功能同质性(Zalesky et al.,2010)。太极拳是一种集认知、运动和心理干预为一体的干预方式(Chang et al.,2014)。来自功能成像的证据表明,太极拳锻炼能够使中央前回、颞叶、前额叶、语言区等多个脑区的活跃性增加、容积增大(Wei,2013)。身心干预已被证明可以增加静息状态的低频振荡的波幅,太极拳训练可能有助于改变大脑区域的静息神经活动,进而有助于改善老年人的认知功能和幸福感(Yin et al.,2014)。6 周的杨式太极拳研究发现,由太极拳锻炼、认知训练和团体咨询组成的心理-身体干预改变了几个大脑区域的神经活动(Li et al.,2014)。更有研究表明,经过 12 周的太极拳锻炼后大脑区域功能性增强与个体认知能力的改善有关(Tao et al.,2017)。太极拳训练改变了默认模式网络和双侧前额顶网络的低频波动(fALFF)的静息状态分数幅度(Wei et al.,2017)。长期太极拳训练的人在默认模式网络中的静息状态 fALFF 显示低且与认知功能的表现相关(Wei et al.,2017)。现有的研究表明,太极拳是延缓老年人认知衰退的安全有效的锻炼方式。

脑是人体结构和功能最为复杂的器官,被认为是一个复杂系统。分割与整合是人脑复杂功能的两大组织原则,功能分离主要强调不同脑区内的功能特化,而功能整合是指不同脑区之间的信息交流,描述了脑区之间的因果模式,更深刻体现了大脑的功能机制(Friston et al.,2009)。近年来,功能整合受到国际脑科学界的广泛关注,成为一个研究热点。复杂网络是近年来出现的一门新兴学科。它将真实的系统抽象为一些节点和连线,节点表示我们研究的个体,而连线则表示这些个体之间的联系。随着计算机技术的日益强大和对复杂网络的深入研究,越来越多的证据表明复杂庞大的大脑网络是大脑信息处理和认知表达的生理基础。对脑网络的研究可以揭示大脑结构和功能的一般原理,从而更好地了解大脑分化和信息整合的机制。现在越来越多的研究者开始关注它。其中,以小世界属性和无标度特性为代表的复杂网络越来越受到人们的关注,并被广泛应用于各个学科。Felleman 等人总结并构建出一个被人们广泛认同的视觉神经网络腹侧通路和背侧通路（Felleman et al.，1991）。Young 等人运用规则网络模型对猫脑解剖后发现猫的皮质网络拓扑结构不是规则网络（Young et al.，1995）。Hilgetag 等人采用较大尺度的方法进一步证实了哺乳动物皮质解剖网络具有显著的小世界属性（Hilgetag et al.，2000）。He 等人通过对 54 个大脑皮质区皮质厚度相关性的研究，成功构建了第一个人脑结构网络，发现该网络具有小世界的特征（He et al.，2014）。Chen 等人的研究表明皮质厚度的关联变化主要位于不同的功能模块内（Chen et al.，2008），小世界网络在信息传递与处理的过程中具有较高的局部效率与全局效率，随着年龄的增长，大脑出现萎缩，这种自然老化并不一定和病理有关。小世界网络构建蕴含的高聚集性促进了功能分离，较低的最短路径长度保证了整个网络的功能整合。

图论是复杂网络分析领域最重要的数学工具之一。它为通过点和线来描述事物之间的关系提供了一种简单而有效的新方法。最近的图论研究表明，与正常衰老、多发性硬化、阿尔茨海默病、精神分裂症和癫痫有关的结构网络排列发生了改变。结构磁共振成像（sMRI）已广泛应用于研究正常脑发育、衰老和疾病过程中局部脑区的形态学变化（梁夏等，2010）。

太极拳锻炼如何影响人的大规模的脑网络目前尚不清楚。虽然太极拳研究工作已经取得很多重要的成果，但是到目前为止人们对太极拳锻炼对大脑神经机制影响的研究了解甚少，还不清楚是由哪些神经系统调控的。本节结合图论的复杂网络分析方法，利用脑结构、形态学数据，通过统计计算来刻画脑区之间的相关性，通过结构磁共振构建脑灰质体积网络，比较太极拳锻炼组与步行组的结构网络属性，通过宏观脑结构网络的参数指标进一步了解两组人大脑内部的工作机制，进一步解释练习太极拳对延缓老年人衰老的机制问题。

二、对象与方法

（一）受试者

通过问卷调查和访谈法，本书招募了 46 位老年女性参与本次实验。基本筛选标准为：听力正常，无严重躯体疾病，无家族精神疾病史。排除精神障碍者，药物、酒精依赖者，患有严重的脑神经系统疾病、肌肉骨骼系统疾病或运动引起的其他禁忌证损伤者。其中 1 人因有严重幽闭恐惧症、3 人因头动过大而排除。最终有 42 位参与者符合本次实验标准。其中，纳入杨式太极拳组 20人，平均年龄(62.9±2.4)岁，受教育年限为(9.05±1.8)年。太极拳组受试者每周杨式太极拳的锻炼时间为(9.91±3.04)小时，坚持锻炼 6 年以上。健康对照组共 22 人，平均年龄(63.27±3.6)岁，受教育年限(8.86±2.74)年，以步行为主要锻炼方式，符合 Chan 等人提出的快走的标准，即参与者以略快于正常步行速度(5～6 千米/小时)的速度步行(Chan et al.,2018)，每周步行锻炼时间为(10.87±2.06)小时。

实验开始前，告知受试者本次试验的目的、实验内容以及实验过程中的注意事项，所有受试者都是自愿参加，并签署了知情同意书。实验通过了苏州大学伦理委员会批准(No. ECSU-2019000209)。

（二）磁共振数据采集

磁共振图像采集于苏州大学第二附属医院 MRI 磁共振室飞利浦 3.0T 磁共振扫描仪，使用标准头线圈进行。在整个扫描过程中，使用靠垫减少受试者的头动，戴耳塞以减少扫描产生的噪声，采集所有受试者的 DTI 数据与 T1 加权数据。弥散张量成像。利用平面回波成像(echo planar imaging,EPI)技术采集 DTI 数据。视野(FOV)：(220×220)mm²；矩阵：112×109；TR：6 000 ms；TE：95 ms；b 值：(0,1 000 s/mm²)；方向：32；层数：50；层厚：3 mm。使用矢状面 3D T1 加权三维高分辨率快速梯度回波(magnetization-prepared rapid gradient echo,MPRAGE)序列行全脑扫描。层数：155；体素大小：(0.625×0.625×1)mm³；TR：7.1 ms；TE：3.5 ms；翻转角：8°；层厚：1.0 mm，无间隔连续扫描；视野：(220×220)mm²；矩阵：352×352。

（三）统计分析

1. 影像预处理

使用基于 FSL5.0.9(https://fsl.fmrib.ox.ac.uk/fsl/fslwiki/)的数据处理软件 PANDA(http://www.Nitrc.org/projects/panda)进行预处理与网络构建(Cui et al.,2013)。首先，将 DTI 数据经由 DICOM 格式转换为 NIFIT格式；然后，进行涡流校正和头动校正以排除梯度线圈的影响。去除头皮等非脑组织结构，对每个体素进行弥散张量模型的估计和各向异性分数(FA)等指标的计算。使用 FACT(fiber assignment by continuus tracking)算法重构脑网络的白质纤维束走向。FA 值越高代表着微观组织的连接越紧密,而 FA 值越低通常代表白质损伤的程度越严重。所有的追踪通过基于每个体素种子点计算得到,追踪的流线在纤维折角大于 45°或者 FA 值小于 0.2 时代表纤维连接终止。

2. 确定性纤维追踪网络构建

节点与边是脑网路的两个基本要素(Tzourio-Mazoyer et al.,2002)。在本书中采用自动化解剖标记模板(automated anatomical labeling,AAL)将全脑分割为 90 个感兴趣区,作为 90 个节点,其中左右半球各分为 45 个节点。针对两个节点脑区间的边连接,若一个脑区到另一个脑区有纤维连接且终止于另一个脑区,则定义为有纤维连接。在原空间中利用仿射变换将 FA 图像与对应的 T1 加权图像进行配准,之后通过非线性变化将结构像配到标准模板中。通过以上两个步骤可以将从标准空间的 AAL 图谱通过逆变换映射回每个受试者的个体空间。对于每个受试者,记录每两个脑区对之间纤维连接的数量,将这些值保存到一个矩阵中进而构建出 90×90 矩阵(见图 8-1,附图 1)。

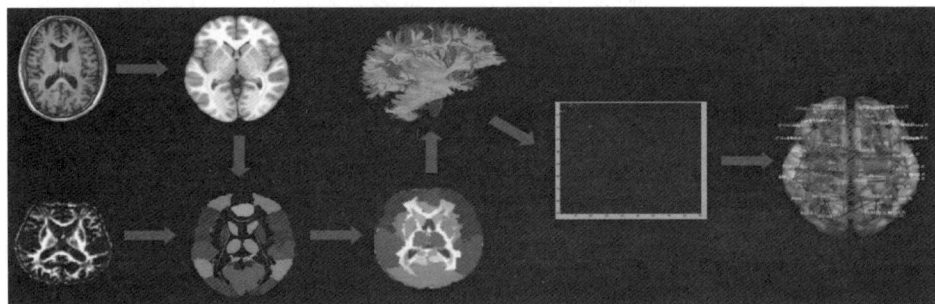

图 8-1 结构网络的构建过程

注:个体的 FA 像配准到个体的结构像,然后个体的结构像非线性配准到 ICBM152 标准空间,得到一个变换矩阵,再借助上面两步的逆变换矩阵将 AAL 解剖标记图谱配准到个体空间。重建整个大脑白质纤维。通过计算连接每对大脑区域的纤维数量,创建每个受试者的加权网络。通过组水平构建两组人的脑网络矩阵,进而计算脑网络属性。

3. 基于图论的复杂脑网络拓扑属性特征分析

我们使用 GRETNA(graph theory network analysis)2.0 工具箱,以最小阈值为 10 的纤维条数计算脑功能网络拓扑属性,以减少虚假连边对网络属性的影响。在复杂网络的研究过程中,经常使用规则网络和随机网络来描述和模拟复杂的实际系统。最短路径长度和全局效率反映了网络的全局信息传输能力的大小。最短路径越短,则网络的全局效率越高,网络内节点间互相传递信息的效率越高。

4. 统计方法

统计分析采用了 SPSS(SPSS Inc.,Chicago,IL,USA)软件。我们采用了双尾双样本 t 检验(如果数据是正态分布)和非参数检验法(如果数据不是正态分布)来比较基线人口统计学特征(见表 8-1)。为了探讨脑白质网络参数与认知功能的关系,我们采用 Pearson 相关系数进行了分析。相关系数评定如下。0~0.19:无相关;0.2~0.39:低相关;0.40~0.59:中等相关;0.60~0.79:较高相关;≥0.80:高相关。所有统计检验的统计显著性水平均设为 $\alpha=0.05$。

三、研究结果

(一)人口学资料

两组受试者在年龄、文化程度、惯用手、MoCA(蒙特利尔认知评估量表)、MMSE 评估与测试得分上无显著差异。详细信息见表 8-1。

表 8-1 人口学资料

	太极拳组 $n=20$	对照组 $n=22$	t	p
年龄(年)	62.9±2.4	63.27±3.6	−0.393	0.193[a]
受教育时间(年)	9.05±1.8	8.86±2.74	0.188	0.074[b]
利手(左/右)	0/20	0/22	—	—
锻炼年限(年)	16.58±7.33	14.95±5.94	0.823	0.42[a]
运动量(小时/周)	9.91±3.04	10.87±2.06	−1.26	0.20[b]
MMSE	28.5±1.1	28.14±1.0	1.1	0.636[b]
MoCA	28.4±1.5	27.5±1.5	1.94	0.83[b]

注:a 采用双尾双样本 t 检验;b 采用非参数检验法。

(二)fMRI 结果

在太极拳组和对照组两组受试者中,λ(网络标准化特征路径长度)接近1,

且 γ（网络标准化集聚系数）大于 1，导致小世界参数大于 1（两组的白质结构网络遵循小世界属性）。两组的白质结构网络间的特征路径长度无显著性差异（$p=0.235$），但太极拳组网络标准化集聚系数明显高于对照组（$p<0.05$）。结果发现，太极拳组脑白质结构网络的小世界参数大于对照组，差异有显著性（$p=0.000$）。脑网络参数的变化如图 8－2 和表 8－2 所示。

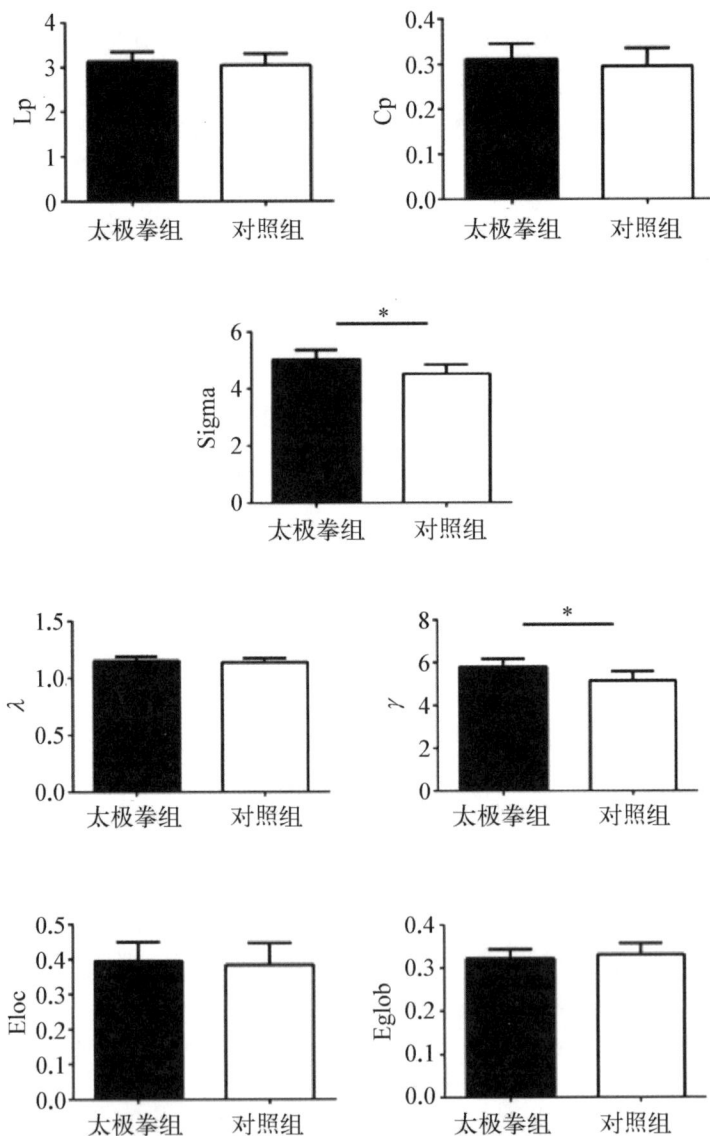

图 8－2　太极拳组和对照组的脑网络比较（* $p<0.05$）

表 8-2　太极拳组和对照组脑网络属性的比较

	太极拳组		对照组		t	p	Cohen's d
	M	SD	M	SD			
Lp	3.131	0.215	3.051	0.255	1.071	0.291	0.339
Cp	0.31	0.035	0.295	0.04	1.236	0.224	0.399
Sigma	5.021	0.345	4.503	0.33	4.835	0.000*	1.534
λ	1.151	0.036	1.137	0.037	1.207	0.235	0.384
γ	5.774	0.373	5.125	0.448	4.951	0.000*	1.574
Eloc	0.395	0.054	0.384	0.062	0.609	0.546	0.189
Eglob	0.321	0.021	0.33	0.026	−1.233	0.225	−0.38

注：Lp,最短路径；Cp,聚集系数；Sigma,小世界属性；λ,网络标准化特征路径长度；γ,网络标准化集聚系数；Eloc,局部效率；Eglob,全局效率；M,均值；SD,标准差。

四、讨论

先前的实验研究表明,太极拳可以改善老年人多种形式的心理健康,并影响大脑的功能结构(Wei et al.,2014；Wang et al.,2010)。然而,到目前为止,只有少数研究检测了太极拳对人脑的影响,现有的研究集中在标准化认知测试期间大脑功能激活的变化或长期太极拳训练后大脑结构的变化上(Wu et al.,2018；Mortimer et al.,2012)。据我们所知,本书是最早的一项比较长期太极拳锻炼与步行锻炼对脑白质结构网络影响的横断面研究。目前的研究结果表明,与对照组相比,长期太极拳锻炼能改善小世界属性(太极拳组：5.02±0.35 vs. 对照组：4.50±0.33,$p<0.05$,Cohen's d＝1.534),组间的差异非常显著。与对照组相比,太极拳组的聚集系数和局部效率属性更高,但差异无统计学意义($p>0.05$)。

本书的主要焦点是太极拳锻炼和步行锻炼的脑白质特性的差异。Watts和 Strogatz 在他们的工作中创造性地、定量地描述了小世界的特征,用短平均短路径和高聚类系数来定义这种网络,类似于小世界网络中相应的随机网络,可以用两个比例来表示,即 γ＝Creal/Crandom,λ＝Lreal/Lrandom(Watts and Strogatz,1998)。拥有小世界特征的网络具有很高的局部效率和全局效率,能够有效地在局部和全局传递信息。结果表明,太极拳在小世界参数中影响了 Sigma。

Wei 等评估了太极拳对老年人大脑固有结构的影响(Wei et al.,2014)。将按人口学匹配的老年人分为太极拳组和对照组,比较他们在脑皮质局部功能一致性中的差别。与对照组相比,太极拳组更多依赖于经验的右中央后回的 ReHo 值显著增加,左前扣带回皮质(ACC)和右背外侧前额叶皮质 ReHo 值降低。中央后回 ReHo 的增加与太极拳的经验相关。有趣的是,在左侧 ACC 中 ReHo 的降低和右侧中央后回的 ReHo 增加都预测了注意网络行为测试的成绩。这些发现为大脑内在结构的功能可塑性提供了证据。

太极拳的身-心成分,冥想与慢动作、深呼吸和放松的结合已被证明以多种方式影响大脑的不同区域(Wang et al.,2010)。例如,太极拳被认为通过产生许多振荡波的组合来影响静息态脑活动的低频振荡,结果可以观察到不同脑区脑活动的变化并可进行量化。因此,我们推测,太极拳组和对照组之间的差异可能是由于不同的身体运动诱发特征所致。如前所述,太极拳涉及一种不同于行走的镇定身心成分,从而产生作用于人脑及其相关网络的不同机制。

目前的研究表明,太极拳可能会延缓人脑的神经网络变化,从而影响老年人群与年龄相关的认知能力。高聚类系数和短路径长度的神经网络是长期太极拳锻炼的优点,从而使得信息在全局和局部网络间的传输更加有效。从公共卫生的角度来看,我们的研究结果表明,太极拳对白质脑网络的积极影响可能非常有意义,因为有证据表明脑白质的变化发生在衰老和神经疾病(如阿尔茨海默病、多发性硬化症)中(Reijmer et al.,2013;Wayne et al.,2014)。例如,阿尔茨海默病患者和轻微认知障碍患者的脑白质测试表明,在痴呆发生之前,脑白质就发生了变化(Charlton et al.,2006)。因此,考虑到我们的发现,长期的太极拳训练对脑白质网络和认知功能有积极的影响。我们有理由推测,利用太极拳训练进行身体干预可能是预防痴呆症的一个有效的策略。这一观点得到了长期太极拳训练显著改善老年 MCI 患者执行功能表现的研究结果的支持(Wayne et al.,2014)。关于多发性硬化症(multiple sclerosis,MS),文献中的证据表明脑白质改变与 MS 的认知功能改变相关(Sbardella et al.,2013;Meijer et al.,2016);MS 的太极拳干预改善了运动认知能力(如平衡)和生活质量(Azimzadeh et al.,2015)。长期太极拳训练后认知功能和运动能力的改善是否是由脑白质网络的改变和其他因素(如神经营养因子的上调、灰质的改变)引起的,是一个值得进一步研究的领域。

目前研究的一个局限性是受试者均为老年女性,同质样本阻碍了我们研究结果的推广。同样,考虑到样本量较小,在使用较大样本量重复数据之前,应谨慎解释结果。未来的研究应考虑太极拳对老年男性的影响,以确定长期太极拳锻炼对脑网络活动变化影响中的性别因素。然而,我们研究的一个优点是利用 rsfMRI 对功能性脑活动进行了综合评估,确定了长期太极拳训练对脑网络活动的影响。

五、结论与展望

综上所述,我们的研究结果表明,长期的太极拳训练更有利于优化老年女性的大脑结构,促进其有效的脑功能网络。长期的太极拳训练使白质小世界属性发生了显著变化。这样的变化可能表明了脑网络之间神经传输数据的效率的改善。研究表明,这种长期的太极拳训练适用于大多数认知能力下降的老年人群。但是,在聚集系数、全局效率和局部效率方面,太极拳组和对照组相比,没有显著变化。总的来说,这些属性常被用来衡量人脑中网络之间神经传递的效率。此外,研究结果表明 DTI 可能可以作为一个合适的工具来测量太极拳对人脑白质特性的影响。衰老和神经疾病,如多发性硬化、轻度认知障碍,阿尔茨海默病和痴呆等,通常会伴有认知能力下降和白质脑网络的改变。因此,这项研究的结果支持进一步的研究,以测试长期的太极拳训练是否为用来防止认知能力下降和白质脑网络改变的有效方法。

第二节 太极拳锻炼对老年人脑功能网络的影响

一、问题的提出

认知障碍是老年人最大的健康威胁之一,它会导致老年人丧失日常活动能力以及生活质量下降(MacNeill,1997)。大多数成年人随着年龄的增长会出现认知能力下降(Park et al.,2002;Buckner et al.,2004),但认知能力下降超过正常的同龄人可能与痴呆或阿尔茨海默病等神经疾病有关（Albert，1997；Aggarwal，2015）。有趣的是，文献中有确凿的证据表明，在 AD 等神经疾病中，fMRI 的静息态功能连接发生了相当大的变化（Greicius et al.，2004；Badhwar et al.，2017）。这些静息态功能连接的变化很重要，因为它们与认知能力的变化有关。静息态功能连接的这种变化似乎也与日常生活任务（例如行动能力）有关，因为在 MCI 的个体中，观察到 DMN、感觉运动网络连接的变化与生活空间行动能力的变化相关（Hsu et al.，2020）。

为了预防 MCI、AD 等神经系统疾病，建议人们改变生活方式，提高习惯性体育活动水平（Kivipelto et al.，2018）。习惯性体育活动水平的提高通常是通过体育锻炼产生的。一般来说，体育锻炼可促进身体素质的提高并对认知有积极影响（Hillman et al.，2008）。关于静息态下的功能连接，先前的研究表明，较高水平的心肺功能与 DMN 的增加有关。DMN 中功能连接性的增加介导了心肺功能水平与认知能力之间的关系（Voss et al.，2010）。此外，研究者还观察到 12 周的步行训练增加了 MCI 患者的功能连接（Chirles et al.，2017）。上述证据表明，体育锻炼（如散步等有氧运动）通常能促进更高水平的健康（如心肺健康），有利于改善功能连接，进而有助于预防或延缓老年痴呆症。有趣的是，文献中也有证据表明，身-心锻炼（如太极拳）比单纯的有氧运动（如步行）能在更大程度上改善认知功能；然而，迄今为止，有关身-心锻炼（如太极拳）的长期训练对脑功能参数（如静息状态功能连接）的影响的研究相对较少（Ji et al.，2017）。

太极拳是一种结合有氧运动、持续注意力、深呼吸和放松的多成分运动的形式，其特点是动作柔和、连续不断、身心统一。因此，太极拳在实践方面吸引了很多的老年人。如今，太极拳已被世界各国广泛认可。根据美国国立卫生研究院的统计，2001 年，有 230 万美国成年人在进行太极拳治疗（Park et al.，2002）。步行是一种安全、方便、实用的运动，吸引着全世界很多爱运动的人。适度的步行对身体有许多好处，例如增加动脉的弹性，改善外周循环，消除组织中的血流淤积，保持成年人的良好心情（Bhammar et al.，2017）。脑成像研究表明，身体运动或社交活动有利于提高老年人的认知能力，优化大脑结构和功能（Hanson et al.，2015）。然而，太极拳和步行运动对人脑及其功能影响的确切机制尚不清楚。

独立成分分析（ICA）是一种数据驱动的分析方法（Kjaer et al.，2002；Cavanna et al.，2006），该方法经过数据产生、数据降维、成组数据独立成分估计与数据反重构四个步骤得到每个受试者相对应的独立成分与时间序列。这种方法不需要提前对模型进行假设,根据数据的独立性就能够将 BOLD 信号、心跳等生理性变化、机器扫描噪声等独立分开,进而提取到相关的脑网络信息,在静息态分析中应用广泛(Margulies et al.,2009)。已经有研究表明,在静息状态下人的大脑可以分成若干个脑功能网络(RSNs)(Forbes et al.,2010)。Chen 等在 16 天内对 14 名健康志愿者进行了 5 次静息态 fMRI 扫描,采用 ICA 进行分析,发现 5 组所得 RSNs 数据之间具有高度一致性(Chen et al.,2008)。Damoiseaux 等评价了独立成分分析获得脑静息态网络的一致性默认网络等 10 个具有功能关联性的网络成分,证实了基线脑活动在个体间的一致性(Damoiseaux et al.,2006)。越来越多研究证实,应用 ICA 处理静息态 fMRI 数据具有较高的可靠性和稳定性。Rajab 等通过 20 分钟中等强度有氧运动前后的分析发现,三个感觉运动相关区域(中枢前回和/或中枢后回、次级躯体感觉区和丘脑)的亚区域存在功能连接,其特征是运动后协同激活增加(Rajab et al.,2014)。Boraxbekk 等通过 ICA 研究长达 10 年的身体锻炼和大脑健康水平之间的关系(Boraxbekk et al.,2016)。对 7 个静息状态网络分析发现,DMN 内 PCC 皮质连接增强,PCC 灰质体积增大。这些发现为长期的有规律锻炼对大脑健康老化的作用机制提供了深入的见解。

我们之所以关注 DMN,是因为它对健康认知衰退的干扰已得到证实(Andrewshanna et al.,2007;Damoiseaux et al.,2006)。目前的研究探讨了高水平有氧健身者的 DMN 功能连接性的增强原因。本节运用独立成分分析方法对太极拳组与对照组的相关脑网络进行研究,通过采集太极拳组与对照组脑影像数据,提取相关的脑区数据进行比较,分解出两组受试者的静息态脑网络成分,然后进行比较分析。这可能有助于我们了解长期进行不同类型的体育锻炼对大脑功能的影响,并解释太极拳对认知功能的有益作用。

二、对象与方法

(一)受试者

与本章第一节的受试者相同,此处不再赘述。

（二）磁共振数据采集

磁共振图像采集于苏州大学第二附属医院 MRI 磁共振室的飞利浦 3.0T 磁共振扫描仪，放射科配备有八通道相控阵头颅的磁共振成像采集系统。

功能像扫描。所有受试者的功能像采用平面回波成像（EPI）技术获得，扫描参数，TR：2 000 ms；TE：30 ms；视野（FOV）＝（220×220）mm²，翻转角：90°；矩阵：64×64；层数＝36；层厚：4 mm；扫描时间：400 s。

采集期间，受试者平躺于扫描仪内，头部调整至舒适位置后给予适当固定，并且佩戴耳塞，受试者要保持头部与身体不动，尽量减少磁共振仪器的噪声干扰以及身体活动对头部扫面质量的影响，所有扫描操作由熟练磁共振操作的放射科医生完成。

（三）rest-fMRI 数据预处理

应用北京师范大学认知神经科学与学习国家重点实验室开发数据处理软件（Data Processing Assistant for Resting-State fMRI，DPARSF2.0）在 Matlab13b 平台上对数据进行分析处理。步骤如下。

（1）数据格式转换。

（2）删除前 10 个时间点的图像数据。

（3）时间层校正（slice timing）。

（4）头动校正（realign）：依据头动校正曲线，排除掉头动在 X、Y、Z 轴平移大于 3 mm 与旋转大于 3°的受试者。

（5）空间标准化（normaize）：通过空间标准化，将时间校正后的数据配准到蒙特利尔神经病学研究所（Montreal Neurological Institute，MNI）神经空间坐标上，重采样体素大小为 3 mm×3 mm×3 mm。

（6）平滑（smooth）：采用半高全宽（FWHM）为 8 mm×8 mm×8 mm 的高斯平滑核进行平滑降噪处理，进而减少在配准过程中的误差，同时增加数据的正态性以便于统计。

（四）基于 ICA 的脑网络分解

采用 GIFT（group ICA of fMRI toolbox）（Calhoun et al.，2002）软件包对预处理后的数据进行独立成分分解。首先采用贝叶斯信息准则估计独立成分数量,GIFT 能够对预处理后的数据进行独立成分分解,它还包含了附加的处理步骤,反向重建(back reconstruction)。该方法将每个受试者对应的混合矩阵求逆,再和受试者的数据进行矩阵相乘,得到每个 ICA 时间序列对应的 ICA 图。根据所有受试者独立成分的均值图像,与 Smith 等人得到的 ICA 独立成分模板(Smith et al. ,2009),进行空间多重回归。根据每个独立成分的回归值,选出与模板最匹配的默认网络(DMN)、感觉运动网络(sensorimotor network,SMN)和视觉网络(visual network,VN)的脑网络。最终得到与太极拳组、对照组相关的静息态功能网络(见图 8-3、图 8-4、图 8-5)。

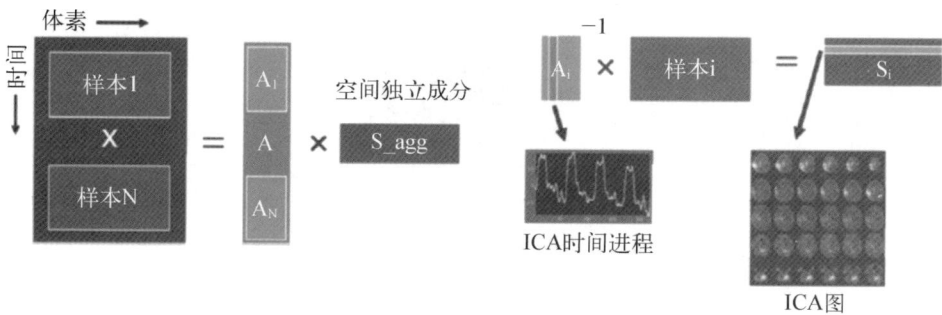

图 8-3　空间 ICA 示意

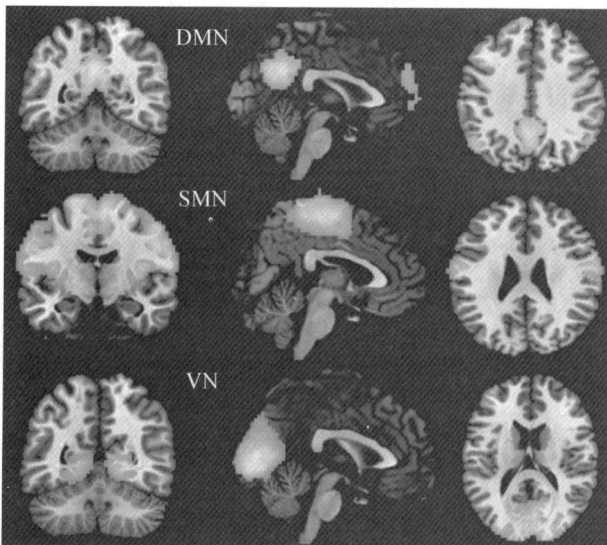

图 8-4　ICA 提取的静息功能网络在大脑中的空间位置

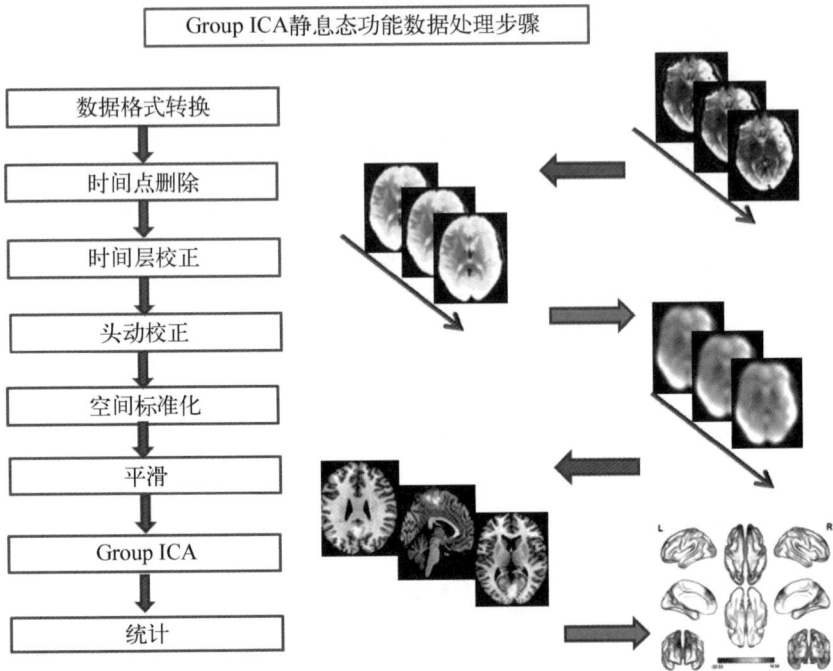

图 8-5　Group ICA 数据处理总流程

（五）统计方法

采用 SPSS 19.0 统计软件（ibmspsinc.，IL，USA）对太极拳组和对照组的年龄和受教育年限进行独立样本 t 检验。所有 $p < 0.05$ 均被认为具有统计学意义，所有测量值均表示为平均值±标准差。对于图像预处理，使用统计参数图（statistical parametric mapping，SPM）软件，对组内进行单样本 t 检验，对组间进行独立样本 t 检验分析。组内采用 FWE（family wise error）校正，$p < 0.05$，voxel$>$20，两组单样本 t 检验结果的并集作为对两组人脑功能图比较的范围。组间采用 FWE 校正，$p < 0.05$，voxel$>$20 的脑区定义为有统计学差异的区域。运用 Xjview、BrainNet Viewer 软件进行结果呈现。

三、结果

（一）人口学资料

与本章第一节人口学资料相同，此处不再赘述。

（二）太极拳组与对照组 ICA 分析结果

表 8-3 太极拳组与对照组 DMN 的组间比较结果

脑区（AAL）	团簇大小	最大差异点 MNI 坐标			Peak 点 t 值
		X	Y	Z	
楔前叶	1 678	−6	−66	60	14.539 2
枕中回	144	−36	−75	18	8.956 6
颞中回	103	45	3	−45	−7.381 9
内侧前额叶	1 957	6	51	39	−20.533 6
角回	268	−57	−60	45	−9.221 1

注：双样本 t 检验结果，$p < 0.05$，FWE 矫正，voxel>20。Peak 点 t 值为该脑区差异最显著点；MNI 坐标值基于蒙特利尔研究所标准模板空间得出，坐标零点位于大脑中部，X 指左右，Y 指前后，Z 指上下。

对太极拳组与对照组 DMN 组间比较后发现，与对照组相比，长期的太极拳锻炼能够增强楔前叶、枕中回的脑区的功能连接强度（见图 8-6A）。对照组长期的健步走锻炼能够增强颞中回、内侧前额叶、角回功能连接强度（见图 8-6B），通过对 DMN 的研究发现，两种锻炼方式的 DMN 存在差异（见图 8-6C）。

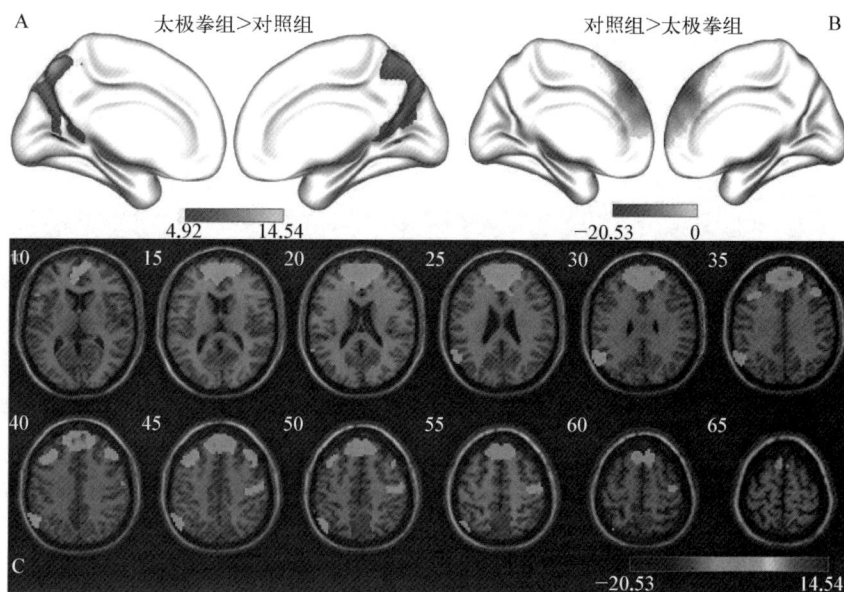

图 8-6 太极拳组与对照组 DMN 组间比较结果脑图

注：A，太极拳激活脑区大于对照组。B，对照组激活脑区大于太极拳组。C，太极拳组与对照组有差异脑区图。

本节通过错误发现率(false discovery rate,FDR)校正方法,统计水平 $p <$ 0.05,voxel>20,发现两种不同的锻炼方法在感觉运动网络存在差异(见图8-4),太极拳组左侧辅助运动区、右侧枕下回的脑激活大于对照组(见图8-7A),对照组右侧中央后回、右侧顶上回的脑激活大于太极拳组(见图8-7B),图8-7C展示了两组受试者结果脑图存在的差异。

表8-4 太极拳组与对照组感觉运动网络的组间比较结果

脑区(AAL)	团簇大小	最大差异点 MNI 坐标			Peak 点 t 值
		X	Y	Z	
右侧枕下回	28	42	−78	−12	4.904 6
右侧辅助运动区	210	9	−15	36	6.667 9
左侧中央后回	177	−48	−27	66	−6.864
右侧顶上回	73	21	−51	66	−4.999

注:双样本 t 检验结果,$p < 0.05$,FDR 矫正,voxel>20。Peak 点 t 值为该脑区差异最显著点;MNI 坐标值基于蒙特利尔研究所标准模板空间得出,坐标零点位于大脑中部,X 指左右,Y 指前后,Z 指上下。

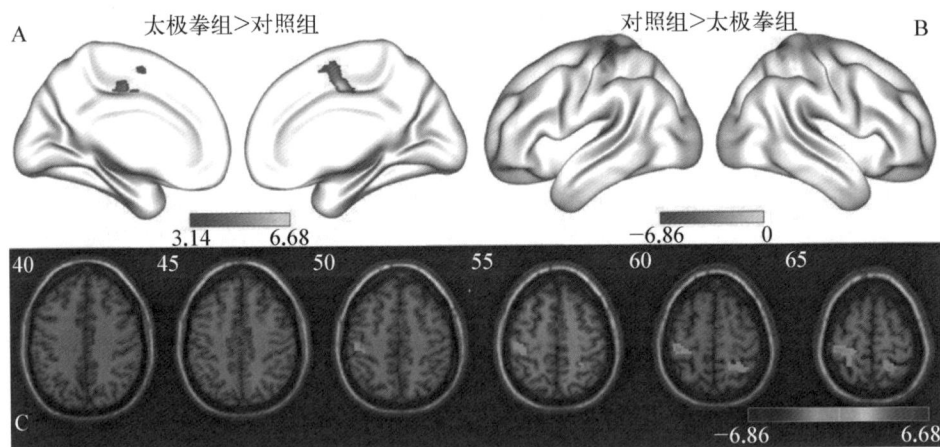

图8-7 太极拳组与对照组感觉运动网络组间比较结果脑图

注:A,太极拳激活脑区大于对照组。B,对照组激活脑区大于太极拳组。C,太极拳组与对照组有差异脑区图。

对太极拳组与对照组的视觉网络对比发现,太极拳组的左、右侧枕中回激活程度大于对照组,两组受试者在视觉网络上存在明显的差异(见表8-5、图8-8)。

表 8 - 5　太极拳组与对照组视觉网络的组间比较结果

脑区（AAL）	团簇大小	最大差异点 MNI 坐标			Peak 点 t 值
		X	Y	Z	
左侧枕中回	1 099	−24	−78	−15	11.412 1
右侧枕中回	1 288	18	−90	−9	12.097 8
距状裂周围皮质	443	−6	−51	3	−9.496 6

注：双样本 t 检验结果，$p < 0.05$，FWE 矫正，voxel>20。Peak 点 t 值为该脑区差异最显著点；MNI 坐标值基于蒙特利尔研究所标准模板空间得出，坐标零点位于大脑中部，X 指左右，Y 指前后，Z 指上下。

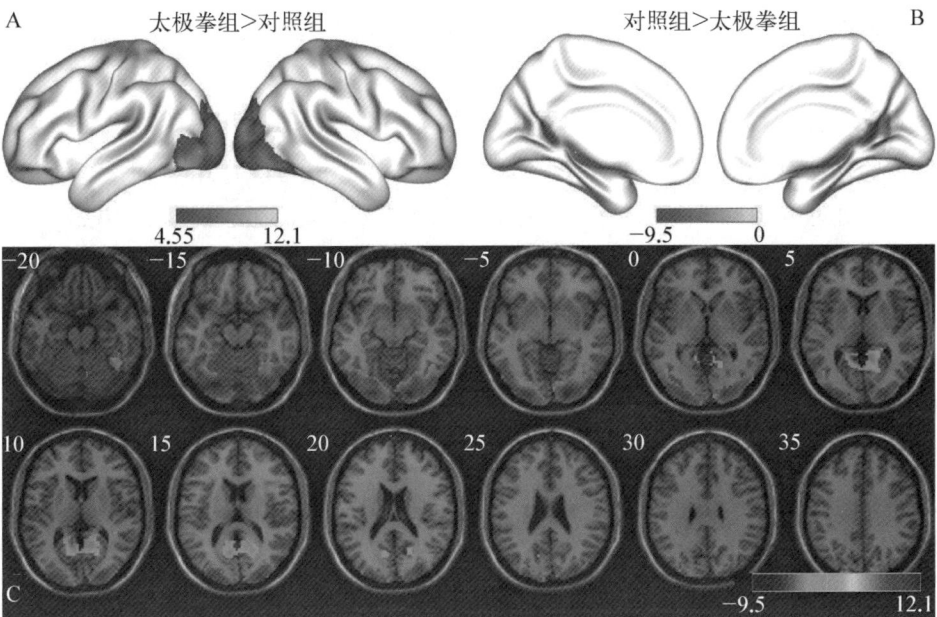

图 8 - 8　太极拳组与对照组视觉网络组间比较结果脑图

注：A，太极拳激活脑区大于对照组。B，对照组激活脑区大于太极拳组。C，太极拳组与对照组有差异脑区图。

四、讨论

本节采用独立成分分析方法，对太极拳组和对照组的 DMN、感觉运动网络和视觉网络进行了静息状态 fMRI 研究，发现太极拳组与对照组在静息态功能磁共振成像的默认模式网络、感觉运动网络和视觉网络上存在显著差异。

DMN 可以选择性地提取和分类情景记忆（Greicius et al.，2004）。它与自我意识、自我认知密切相关，一些脑区在空间知觉和社会认知中也起着重要作用。楔前叶/后扣带回是默认网络的关键脑区，在视觉空间想象、自我参照加工和自传记忆中起着重要作用（Buckner et al.，2008）。6个月的有氧运动可以促进 DMN 和额顶叶网络之间的功能连接。12个月有氧运动后，前额叶与颞叶皮质、PCC 与颞中回、颞中回与海马旁回之间的功能连接改变，反映了大脑的可塑性。功能连接的变化与行为有关。功能连通性的增强与执行功能的增强有关，进而提高老年人静息态默认网络的功能效率（Voss et al.，2010）。6个月的有氧运动还能够增加前额叶的皮质体积，选择性影响 DMN 前额叶、颞中回的功能连接，延缓认知衰退（Mcfadden et al.，2013）。作为前额皮质的一个亚区，内侧前额叶在情绪处理、工作记忆及行为筹划等大脑的高级功能中起着关键作用，对照组的激活水平大于太极拳组。而作为默认网络重要组成部分的楔前叶通过复杂的加工过程在 DMN 中发挥着重要作用，楔前叶的功能连接在静息状态下增高，楔前叶在视觉空间表象、情景记忆的提取、自我意识的加工、自我相关的信息处理（Kjaer et al.，2002）以及定位周围环境等行为活动中起到关键作用（Cavanna et al.，2006），太极拳组激活程度大于对照组，提示长期的太极拳锻炼对楔前叶影响较大。额叶参与记忆、情绪等多种高级认知功能，在大脑中尤为复杂，而前额叶与 DMN 其他脑区之间的相互联系、相互作用参与更为复杂的认知加工过程（Forbes et al.，2010）。当多个网络必须有效地相互作用以保持高水平的认知表现时，比如在完成执行功能的任务时，网络的有效性将最脆弱。由此可见，DMN 连通性对有氧健身功能的增强可能有助于解释有氧健身对执行功能的一些优势。然而，这一假设需要进一步调查研究。

中央后回作为感觉中枢，接收来自全身的浅、深感觉。中央后回的变化直接影响人体的感觉功能。此外，中央后回在注意功能中也起着重要作用。中央后回可以调节注意力的定位，特别是当目标被重新定位时（Hietanen et al.，2006）。太极拳组右侧中央后回和右侧顶叶的激活水平虽小于对照组，但在静息状态下太极拳组左侧辅助运动区和右侧枕下回的功能连通性大于对照组。本节提示，与步行运动相比，长期太极拳运动可促进感觉运动的激活。Burzynska 等人研究了20名专业舞者，对比了20名年龄和文化程度匹配的非舞者在运动学习网络中的功能连接差异，发现专业舞者在与舞蹈技能和平衡相关的行为观察网络中表现出更大的激活性（Burzynska et al.，2017）。枕叶作为视觉网络的重要脑区，在听觉和触觉刺激的处理中起着重要的作用，特别是与个体声音定位能力的准确性有关(Renier et al.,2010)。我们的研究表明,太极拳组的视觉网络激活大于对照组,提示长期的太极拳运动可以提高左、右枕中外侧回的激活水平。

太极拳是一种中等强度、慢节奏的运动,作为改善大脑健康、延缓脑衰老的一种潜在有效的运动方法,正受到越来越多的关注(Loprinzi et al.,2013)。早期研究发现太极拳可能是预防脑容量损失和改善认知功能的有效方法(Pieramico et al.,2012;Torres et al.,2015)。Pieramico 等人指出多模态运动是预防老年性认知损伤的有效策略,锻炼后的老年人脑功能和结构没有显著衰退(Torres et al.,2015)。其他研究表明,定期的体育锻炼可能有助于改变脑结构(Colcombe et al.,2006)、脑功能(Chen et al.,2016;Yang et al.,2019),并缓解与年龄相关的认知能力下降(Erickson,2011)。在大多数运动认知成像研究中,研究者关注的是运动的短期效应,而不是长期的认知益处,特别是对于运动认知训练,如太极拳。衰老的一个重要特征是认知衰退,它随着大脑结构和功能的变化而变化。我们的研究发现,太极拳运动可能是脑老化的一个潜在调节因子,它可以延缓人类老化过程中神经系统的衰退。太极拳也有望成为延缓脑结构衰老变化、有益身心健康的有效干预手段。

近年来,体育活动作为一种改善大脑健康的有效方法已得到了广泛的关注。丰富的精神、身体和社会刺激活动有利于预防老年人脑功能和认知能力的下降(Tao et al.,2016,2017;Li et al.,2014)。有氧运动是常见的体育活动类型。它强度适中、节奏较慢且富韵律性,被大众所接受与喜爱。目前,已有证据支持有氧运动可能是预防脑容量减少、提高认知功能的有效方法(Erickson et al.,2011;Stranahan et al.,2009;Hillman et al.,2008)。已有不少研究关注有氧运动对健康人群、患病人群大脑 DMN 区域结构与功能的影响。Valentina 等研究评估了持续 6 个月的多模式活动对健康老年人的认知能力的影响(Valentina et al.,2012)。一系列多模式活动可以有效地抵消与衰老相关的认知衰退,同时也表明老年人仍具有显著的功能和结构变化能力。

五、小结

本节对 20 例太极拳组与 22 例对照组受试者影像学数据进行了独立成分分析,发现太极拳组与对照组静息态功能磁共振的默认网络、感觉运动网络、视觉网络存在显著的差异，推测不同的锻炼方式对老年人静息态脑网络影响不同，并通过不同的神经机制对大脑可塑性产生影响。

第三节　长期太极拳锻炼通过重塑海马结构和功能改善记忆

一、问题的提出

衰老是个整体的生物进程，它改变了所有组织的解剖、神经化学和生理功能，包括脑组织的结构、功能和形态的改变。研究文献表明，颞叶体积与年龄呈负相关。内侧颞叶结构，包括海马和内嗅皮质，深受研究人员关注，其中一个重要原因是它们被认为是阿尔茨海默病病理最早的病灶（Braak，1991）。海马的纵向研究结果表明，70 岁及以上的非痴呆成年人中，海马的体积每年缩小约 1.7%，而 AD 基因易感人群海马体积的减少每年达到 8%（Fox et al.，1996）。文献表明，海马体积与年龄呈负相关（$r = -0.37$），进而导致老年人加工速度、情节记忆等认知能力的下降（Persson et al.，2012）。认知衰退是人体自然的变化规律，如何使老年人的认知能力更缓慢地衰退，是人们追求的目标。越来越多的研究表明，通过训练，老年人的认知功能可以得到一定程度的改善甚至逆转，而训练也会引起脑容量、脑功能激活等方面的变化，这种现象被称为认知可塑性和神经可塑性（杜新，2010）。有氧健身和体育活动可以有效预防老年人的皮质萎缩和认知障碍。流行病学证据表明，体育活动和锻炼可降低 AD 的风险（Barnes et al.，2011）。Erickson 等报告了高健康水平老年人更大的海马体积（ROI 法）与更好的空间记忆表现有关。Erickson 推测，较高的健康水平和海马体积之间的联系可能是体育活动降低 AD 风险的一条途径（Erickson et al.，2009；Erickson et al.，2010）。目前尚无有效治疗 AD 的临床药物，因此发展非药物干预方法改善老年人的脑功能，尤其是延缓海马的结构和功能的衰退，对于防止痴呆的发生和发展非常重要。

太极拳作为中华武术的瑰宝，可以通过心血管健康（刘静等，2003）、运动健身（张志雷等，2018）、呼吸调节（杨慧馨等，2012）、运动协调（黄强民等，2009）、社会互动和运动冥想（Wei et al.，2013）等方式改变脑的结构和功能，因此被人们视为一种行之有效的体育疗法。从目前国内外的研究来看，有氧运动、无氧运动、抗阻运动等都可能具有延缓认知衰退的机制,但太极拳作为一种运动认知融合的训练方式,对于延缓认知衰退的效果可能更为优越(Zou et al.,2019)。我们前期的研究表明,长期的太极拳锻炼者和步行锻炼者的白质结构网络都具有小世界属性,而长期太极拳锻炼者基于图论的白质结构网络的小世界属性更优化,全局效率和局部效率更高(Yue et al.,2020);通过独立成分分析法发现,长期太极拳锻炼者的默认网络和对照组有显著差异,海马是默认网络中重要的结构(Yue et al.,2020)。

静息态局部一致性(ReHo)指标,可从功能分离或区域专门化的角度研究神经可塑性。ReHo 分析是一种独特的 RS-fMRI 方法,用于评估大脑静息状态下自发产生的低频波动信号的局部同步性。该方法可测量给定体素及其最邻近体素的时间序列之间的相似性(Zang et al.,2004)。研究表明,ReHo 值的变化具有神经生物学基础。作为一种数据驱动的方法,ReHo 方法具有很高的重测信度,并且可以检测到整个大脑中不同条件引起的区域变化,而无需任何先验知识(Zuo et al.,2013)。它被广泛应用于研究健康人的大脑功能,预测认知任务中的个体表现(Tian et al.,2012;Wang et al.,2014)。此外,ReHo 指标已被用于监测 AD 和 MCI 患者的疾病进展。Zhang 等进行的一项研究表明,利用 ReHo 值可以把 71.4% 的 MCI 和 AD 患者从健康人群中区分出来。相关分析表明,MCI 和 AD 患者的记忆和其他认知能力越低,ReHo 值也越低(Zhang et al.,2012)。因此,ReHo 可能是检查衰老大脑中区域可塑性的潜在的、重要的辅助方法。基于体素的形态学分析法(VBM)是一种通过对各组受试者之间灰质体积和灰质密度的体素比较,来检测局部脑萎缩的技术(Good et al.,2001)。VBM 在检测神经退行性疾病灰质体积变化方面表现出了很高的敏感性。目前 VBM 也常应用于阿尔茨海默病、语义性痴呆等患者的海马体积测量(Serra et al.,2020)。

基于当前的研究,要考查长期太极拳锻炼是否能有效延缓海马区灰质体积的减少,以及长期太极拳锻炼者海马区脑神经元的活动特征,我们拟采用基于体素的形态学分析 VBM(Ashburner and Friston,2000)研究脑皮质结构,而 ReHo 可反应海马区域脑神经元活动的时间同步性(Zang et al.,2004)。

二、研究对象与方法

(一)研究对象

同本章第一节。

（二）研究方法

1. 数据采集

磁共振图像采集于苏州大学第二附属医院 MRI 磁共振室的飞利浦 3.0T 磁共振扫描仪。静息态扫描：所有受试者的功能像采用平面回波成像序列获得；扫描参数如下。TR：2 000 ms；TE：30 ms；视野（FOV）：（220×220）mm²；翻转角：90°；矩阵：64×64；层数：36；层厚：4 mm；扫描时间：400 s。结构像扫描：使用矢状面 3D T1WI 高分辨率磁化准备快速梯度回波序列行全脑扫描。TR：7.1 ms；TE：2.98 ms；翻转角：9°；层厚：1.0 mm；无间隔连续扫描，视野：（256×256）mm²；矩阵：256×256；体素大小：（0.625×0.625×1）mm³。

所有扫描操作由熟练磁共振操作的放射科医生完成。采集期间，受试者平躺于扫描仪内，头部调整至舒适位置后给予适当固定，受试者要保持头部与身体不动，自然清醒放松状态。扫描结束后所有受试者均反馈没有做任何意向性思维，也没有睡着。

2. 数据处理

1）基于体素的形态学分析 VBM 处理步骤

结构像数据基于 Matlab2013b 平台进行分析处理。使用 SPM12（https://www.fil.ion.ucl.ac.uk/spm/）及 CAT12（http://www.neuro.uni-jena.de/cat12/CAT12）软件对结构像数据进行预处理。使用 CAT 默认参数，简而言之，预处理包括空间标准化：将每一个受试者的结构原始图像移到一个相同的三维立体空间作标准化处理。对所有受试者 3D 结构像进行图像切割，分成灰质、白质和脑脊液。重采样体素大小为（1.5×1.5×1.5）mm³，增加参数统计检验的效力，最后通过非线性成分对体素相乘以调制图像。对灰质图像进行 8 mm 的半高全宽（FWHM）平滑以提高信噪比。为了进行统计，本节排除了 GM 值低于 0.2 的所有体素，以避免 GM 与 WM 边界附近可能出现的部分密度效应。计算每个受试者的颅内全脑总体积（TIV），并将其作为进一步统计分析的协变量。

2）局部一致性 ReHo 处理步骤

使用 RESTplus 软件在 Matlab2013b 平台上对静息态数据进行预处理。首先删除前 10 个时间点的图像数据，保留静息态下的 190 个时间点的数据。接着进行时间层校正与头动校正，依据头动校正曲线，排除头动在 X、Y、Z 轴平移大于 3 mm 与旋转大于 3°的受试者。通过空间标准化，将头动校正后的数据配准到蒙特利尔神经病学研究所神经空间坐标上,进行空间标准化处理,减少个体间的差异。标准化后的数据采用线性回归方法去除其线性漂移。然后将白质信号、脑脊液信号以及 24 个头动参数作为协变量进行回归,以去除生理上的影响(Fox et al., 2009;Murphy et al., 2009)。基于肯德尔和谐系数(KCC),采用 RESTplus 软件对每个体素的 ReHo 值进行计算,得到每个体素的 ReHo 值,从而得到每个受试者的脑 ReHo 图。为了标准化的目的,每一个 ReHo 图被除以整个大脑的平均 ReHo 值。对标准化的 ReHo 图进行 8 mm 全宽半高(FWHM)平滑增强图像分布的高斯性,增加信噪比(Zang et al.,2004)。

3. 统计

本节应用 SPSS 19.0 统计软件,对太极拳组与对照组一般资料进行 t 检验,检验水平 α 定为 0.05。采用 SPM 软件包采用独立样本 t 检验比较太极拳组与对照组的 GM、ReHo 差异,并进行统计分析。未校正阈值 $p<0.001$,voxel>50 定义为 GM 有统计学差异的脑区。未校正阈值 $p<0.001$,voxel>20 定义为 ReHo 脑区有统计学差异的区域。采用偏相关分析比较组间各 MoCA 子项目和 GM、ReHo 的相关性,年龄(岁)、性别和受教育程度(年)作为协变量;应用 Bonferroni 校正来调整 MoCA 子项目比较的 p 值。使用 Xjview、BrainNet Viewer toolbox(http:// www. nitrc. org/projects/bnv)(Xia et al., 2013)、Origin 9 软件画图呈现结果。

三、结果

(一)一般资料结果

表 8-6 详细列出了两组的人口统计数据。通过独立样本 t 检验发现两组人群的年龄、受教育年限无统计学差异。两组人群均通过 MMSE、MoCA 量表评估和测试,结果表明两组人群均无认知障碍。VBM 统计分析两组人灰质、白质体积等指标无明显差异。

表 8-6 受试者基本资料

	太极拳组(TCC) $n=20$	对照组(HC) $n=22$	t	p
年龄(年)	62.9±2.4	63.27±3.6	−0.393	0.193[a]
受教育程度(年)	9.05±1.8	8.86±2.74	0.188	0.074[b]

续　表

	太极拳组（TCC）n＝20	对照组（HC）n＝22	t	p
利手（左/右）	0/20	0/22	——	——
锻炼年限（年）	16.58±7.33	14.95±5.94	0.823	0.42[a]
运动量（小时/周）	9.91±3.04	10.87±2.06	−1.26	0.20[b]
MMSE	28.5±1.1	28.14±1.0	1.1	0.636[b]
MoCA	28.4±1.5	27.5±1.5	1.94	0.83[b]
CSF（cm³）	356.30±142.11	327.36±103.56	0.74	0.46[b]
GMV（cm³）	560.45±61.73	533.91±45.08	1.56	0.13[b]
WM（cm³）	483.50±64.27	462.27±41.53	1.25	0.22[b]
TIV（cm³）	1 400.35±15.10	1 323.77±142.53	1.43	0.16[b]
GM/TIV	0.40±0.04	0.41±0.03	−0.16	0.87[b]
GM＋WM（cm³）	1 043.95±119.27	996.18±78.81	1.51	0.14[b]
GM/GM＋WM	0.54±0.02	0.54±0.02	0.25	0.81[b]

注：a采用双尾双样本 t 检验；b采用非参数检验法。GMV，灰质密度；CSF，脑脊液；WM，脑白质；TIV，全脑密度。

我们使用 MoCA 量表中文版作为主要结果指标，此量表是用于检测 MCI 的认知筛查工具。MoCA 量表是经典的老年人整体执行功能的测量工具，可以评估视空间、执行能力、命名、记忆、语言流畅性、注意力、抽象思维、延迟记忆和定向力 9 个执行功能的子成分，分值范围 0～30 分（较高的分数等同于更好的功能）（Yu et al.，2015）。如表 8-7 所示。

表 8-7　组间 MoCA 量表子项目的比较

	太极拳组（n＝20）	对照组（n＝22）	Cohen's d	p
MoCA	28.4±1.5	27.5±1.5	0.600	0.83[a]
视空间	1.6±0.60	1.82±0.39	−0.435	0.167[a]
执行能力	2.7±0.47	2.86±0.35	−0.386	0.213[a]
命名	3±0	2.64±0.73	0.674	0.029[a]
注意力	5.4±0.68	5.5±0.67	−0.148	0.635[a]

	太极拳组 ($n = 20$)	对照组 ($n = 22$)	Cohen's d	p
记忆	1.7±0.57	1.82±0.39	−0.246	0.445^a
语言流畅性	1±0	1±0		
抽象思维	1.9±0.31	1.82±0.39	0.227	0.456^a
延迟记忆	4.45±0.89	3.32±1.25	1.041	**0.002^{a*}**
定向力	5.85±0.37	5.95±0.21	−0.332	0.273^a

注：a 采用非参数检验法。

有意思的是，虽然长期太极拳组受试者（实验组）和长期步行组受试者（对照组）的总体 MoCA 量表评估成绩无统计学差异，但是延迟记忆任务，组间有显著的差异（$p < 0.01$）。

（二）基于体素的形态学分析（VBM）结果

本节对 T1 加权结构像进行了 VBM 分析，$p < 0.001$ 体素数量大于 50 阈值下统计发现，与对照组相比，长期锻炼的太极拳组受试者的左侧海马、左侧脑岛、右侧辅助运动区、右侧梭状回的灰质密度更大（见表 8-8、图 8-9、附图 2）。

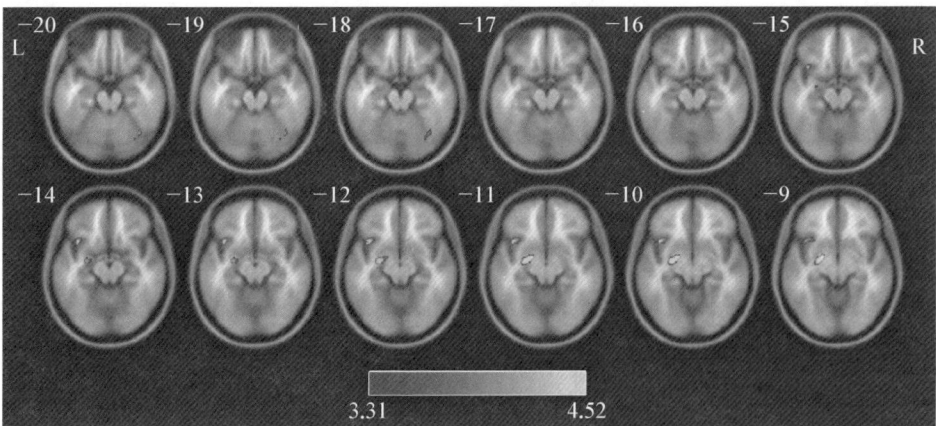

图 8-9　太极拳组与对照组 VBM 差异脑区定位

注：VBM 分析显示，与对照组相比，长期锻炼的太极拳受试者的左侧海马、左侧脑岛、右侧辅助运动区、右侧梭状回的灰质密度更大。冠状位上，使用 $p < 0.001$（未校正阈值）的 MNI 坐标。

表 8-8　太极拳组大于对照组的灰质密度差异脑区

体素 （个）	MNI 坐标（mm）			脑　区	半球	p （团块）	p （峰值）
	X	Y	Z				
163	39	−63	−22.5	梭状回	右	<0.001	3.93
278	−39	15	−13.5	脑岛	左	<0.001	4.19
272	−19.5	−4.5	−7.5	海马	左	<0.001	4.79
110	6	0	72	辅助运动区	右	<0.001	4.27

注：独立样本 t 检验结果，$p<0.001$，voxel>50，未校正。Peak 点 t 值为该脑区差异最显著点；MNI 坐标值基于蒙特利尔研究所标准模板空间得出，坐标零点位于大脑中部，X 指左右，Y 指前后，Z 指上下。L，左脑；R，右脑。

（三）静息态局部一致性（ReHo）结果

通过静息态磁共振分析发现，$p<0.001$，voxel>20 阈值下，长期锻炼的太极拳受试者的左侧海马、右侧中央前回、左侧脑岛 ReHo 活动大于对照组。对照组右侧顶上回活动大于太极拳组（见表 8-9、附图 3、附图 4）。

表 8-9　太极拳组与对照组 ReHo 的差异脑区

体素 （个）	MNI 坐标（mm）			脑　区	半球	p （团块）	p （峰值）
	X	Y	Z				
280	−27	−33	−3	海马	左	<0.001	6.51
61	18	−45	3	中央前回	右	<0.001	4.52
57	−42	−12	6	脑岛	左	<0.001	4.26
46	24	−66	51	顶上回	右	<0.001	−4.28

注：独立样本 t 检验结果，$p<0.001$，voxel>20，未校正。Peak 点 t 值为该脑区差异最显著点；MNI 坐标值基于蒙特利尔研究所标准模板空间得出，坐标零点位于大脑中部，X 指左右，Y 指前后，Z 指上下。L，左脑；R，右脑。

（四）脑结构、脑功能指标与行为学表现的相关性

对 VBM 分析得到的 4 个感兴趣区（右侧梭状回、左侧脑岛、左侧海马和右侧辅助运动区）和认知神经心理任务 MoCA 量表（见表 8-7）的 9 个子项目（视空间、执行能力、命名、注意力、记忆、语言流畅性、抽象思维、延迟记忆和定向力）进行偏相关分析，对受试者的年龄、受教育年限进行控制。对于太极拳

组,结果显示受试者的左侧海马区的灰质密度和延迟记忆任务在 Bonferroni 多重校正阈值 0.001 4(0.05/36)下的相关系数($r=0.435,p=0.001\ 1$)存在显著的正相关。对于对照组,结果显示受试者的左侧海马区的灰质密度和延迟记忆任务在 Bonferroni 多重校正阈值下的相关性($r=0.276,p=0.007$)未显示显著的正相关。所有受试者的左侧海马区的灰质密度和延迟记忆任务的相关性($r=0.462,p=0.000$)具有统计学意义(见图 8-10)。此外,还发现所有受试者的左侧脑岛的灰质密度和延迟记忆任务的相关性具有统计学意义($r=0.462,p<0.05$,Bonferroni 校正);其余两个 ROI 的灰质密度与所有的 MoCA 子项目不存在显著的相关性。

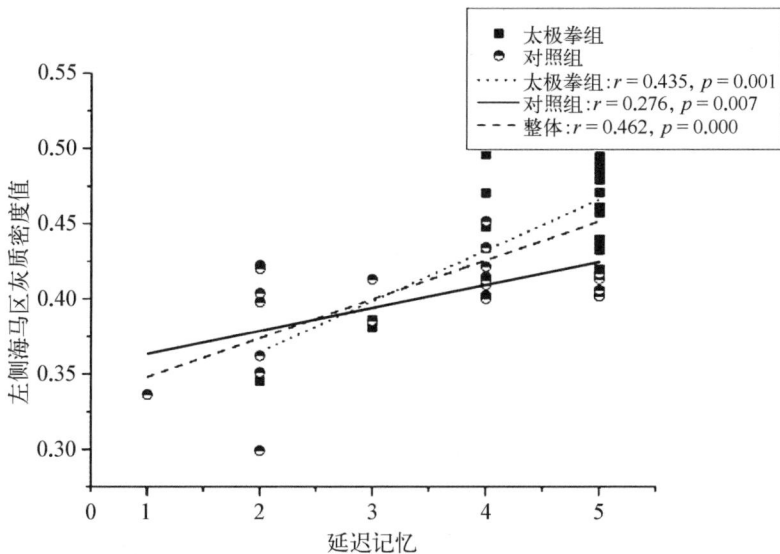

图 8-10　左侧海马区灰质密度与延迟记忆的相关性

对 ReHo 分析得到的 4 个感兴趣区(左侧脑岛、左侧海马、右侧顶上回和右侧中央前回)和认知神经心理任务 MoCA 量表的 9 个子项目进行偏相关分析,对受试者的年龄、受教育年限进行控制。对于太极拳组,结果显示受试者的左侧海马区的 ReHo 值和延迟记忆任务在 Bonferroni 多重校正阈值 0.001 4(0.05/36)下的相关系数($r=0.667,p=0.003$)存在边缘显著的正相关(ps<0.1,Bonferroni 校正),对照组的左侧海马区的 ReHo 值和延迟记忆任务的相关性($r=0.528,p=0.017$)未通过 Bonferroni 校正。所有受试者的左侧海马区的 ReHo 值和延迟记忆任务的相关性具有统计学差异($p<0.05$,

Bonferroni 校正）（见图 8 - 11）。其余 3 个感兴趣区的 ReHo 值与所有的
MoCA 子项目不存在显著的相关性。

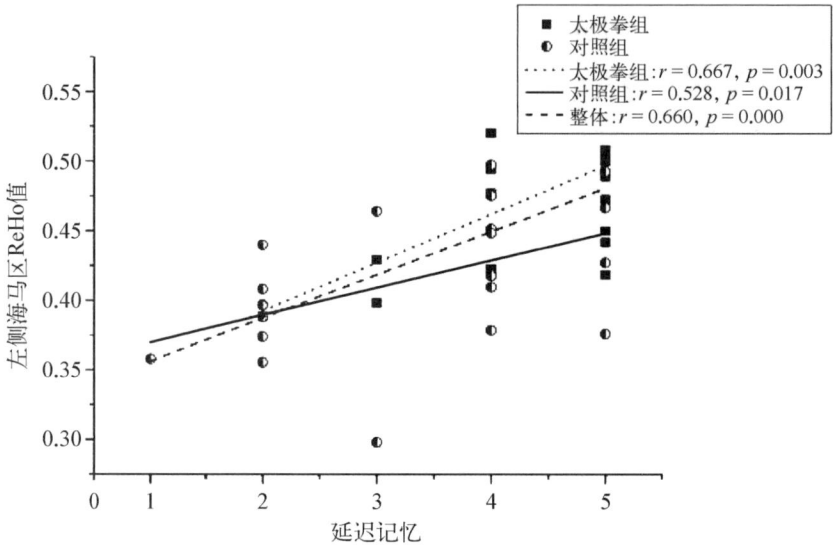

图 8‑11　左侧海马区 ReHo 值与延迟记忆的相关性

四、讨论

本节探讨了长期太极拳锻炼和步行锻炼对脑结构和脑功能影响的异同。
行为学比较显示，长期太极拳锻炼组（实验组）和长期步行锻炼组（对照组）的
总体 MoCA 量表评估成绩没有统计学差异（$p=0.83$），但组间 MoCA 量表的
子项目延迟记忆任务的成绩有显著差异（$p=0.002$）。进一步的 VBM 结果显
示，长期太极拳锻炼组的左侧海马、左侧脑岛、右侧辅助运动区、右侧梭状回灰
质密度较长期步行锻炼组明显更大（见表 8‑8、图 8‑9、图 8‑10）；同时，长期
太极拳锻炼组左侧海马、右侧中央前回、左侧脑岛的局部一致性 ReHo 活动增
强，而右侧顶上回的 ReHo 活动减弱（见表 8‑9、附图 3、附图 4）。有趣的是，
进一步进行脑结构、脑功能指标与行为学表现的相关性研究发现，太极拳组的
左侧海马的灰质密度和延迟记忆任务的相关系数（$r=0.435$，$p<0.05$，
Bonferroni 校正）存在显著的正相关，同时所有受试者的左侧海马的灰质密度
和延迟记忆任务的相关系数（$r=0.462$，$p<0.05$，Bonferroni 校正）也存在显

著的正相关。此外,所有受试者的左侧海马区的 ReHo 值和延迟记忆任务的相关性具有统计学意义($p<0.05$,Bonferroni 校正),太极拳组的左侧海马区的 ReHo 值和延迟记忆任务存在边缘显著的正相关($r=0.667$,ps<0.1,Bonferroni 校正)。步行组的左侧海马区的 ReHo 值和延迟记忆任务的相关性($r=0.528$,$p=0.017$)未通过 Bonferroni 校正。

（一）长期太极拳锻炼对海马的结构和功能的影响

我们的研究表明,相对于常见的步行锻炼方式,长期太极拳锻炼的 MoCA 子项目在延迟记忆衰退、命名任务上优于长期步行组,尤其是在延迟记忆衰退上。进一步的结构和功能研究表明,长期太极拳锻炼者海马的灰质密度明显较大,并且发现他们海马的 ReHo 活动也更高。我们还发现,延迟记忆成绩和左侧海马的灰质密度显著相关;同时,延迟记忆成绩和左侧海马的局部一致性 ReHo 值也具有相关性。

海马位于大脑内侧颞叶深处,是边缘系统的一部分。它的主要作用包括巩固陈述性(情景性)记忆和情景依赖性空间学习,以及调节情绪行为(El-Falougy and Benuska,2006)。许多疾病都与海马功能障碍有关(Small et al.,2011)。海马结构与记忆障碍相关疾病密切相关,一直是国内外相关研究的重点。海马体积的减少是阿尔茨海默病的指标(Jack et al.,2010),而在成年后期海马的退化易导致记忆障碍。海马的结构和功能的完整性对于正常的学习和记忆巩固是至关重要的,而这种结构在衰老过程中尤其脆弱(Geinisman et al.,1995)。

海马已被确认是最易受体育活动影响的,具有脑可塑性的主要部位之一,是对有氧运动干预非常敏感的大脑区域。体育锻炼可以积极地影响脑血管系统(通过增加大脑的血流量,增强血管生成和/或血脑屏障的通透性)和海马细胞的增殖(Fabel and Kempermann,2008)。海马齿状回的亚颗粒区(SGZ)是成人大脑中在整个成年阶段有生成新神经元能力的两个区域之一(Lie et al.,2004)。这些新生神经元在 SGZ 中生成,迁移至 DG 颗粒细胞层,在 DG 颗粒细胞层进行树突的树突化,并融入现有的神经元环路,从而促进海马的功能(Bruel-Jungerman et al.,2007)。因此,体育锻炼对海马的可塑性尤其是成年海马的神经发生具有累积效应(Fabel et al.,2008)。本节推测长期的太极拳锻炼能够影响海马等脑区的灰质变化,有助于防止年龄相关的海马功能衰退和维持神经元健康，这也有助于我们对太极拳锻炼的神经机制的进一步理解。

以往的太极拳研究中已经报道了干预对灰质体积的影响。Tao 等人的研究发现 12 周的太极拳锻炼可使左侧海马旁体积增大(Tao et al.,2017)，并且改善了海马与 mPFC 之间的相互作用，并进一步改善了记忆的功能(Tao et al.,2016)。研究发现有氧训练可以增加年轻人和老年人的海马体积。Erickson 和他的同事发现，经过一年的中等强度运动，个体的空间记忆和海马体积显著增大，可有效地将与年龄相关的体积损失逆转 1～2 年(Erickson et al.,2011)。定期锻炼是保持终生认知健康的一种非常有效的策略(Rendeiro and Rhodes et al.,2018)，定期的锻炼会增加老年人的海马体积(Niemann et al.,2014)。有研究表明更健康的老年人的海马和内侧颞叶的体积更大，而更大的海马体积能够引起空间记忆的改善(Erickson et al.,2009)。有研究发现健康水平越高、海马体积越大，则记忆力测试越好(Voss et al.,2013)。体育锻炼有助于记忆的形成，并增加幼龄和老年小鼠的神经元和突触的数量(van Praag et al.,2005)。体育锻炼还可以通过改变基因表达和脑源性神经营养因子(BDNF)的浓度，增强皮质重组和促进记忆形成(Briones,2004)。身体锻炼的益处主要由增强的 BDNF 信号介导(Korol et al.,2013)，而有氧训练后颞叶功能连接增加与 BDNF、胰岛素样生长因子 1 型(insulin-like growth factor type 1, IGF - 1)、血管内皮生长因子(vascular endothelial growth factor, VEGF)有关(Voss et al.,2013)。长期太极拳锻炼的结果与以往有关的短期干预研究结果一致(Niemann et al.,2014; Kleemeyer et al.,2016; Cooper et al.,2018)，都发现海马灰质密度的增大，并和延迟记忆表现相关。

众所周知，自发性静息态脑活动可能在脑功能中起重要作用(Fox et al.,2007)。衰老会导致老年人多个脑区的局部一致性降低，而这些脑区 ReHo 值的降低与老年人运动能力和认知功能的下降密切相关(Wu et al.,2007)。此外，先前的研究证明，ReHo 值与认知表现的个体差异有关(Tian et al.,2012; Wang et al.,2014)。Zheng 等报告了一项 6 周的综合活动干预，包括认知训练，太极拳锻炼和团体咨询，干预后受试者的颞上回、颞中回以及小脑后叶的 ReHo 值发生了变化，同时认知表现得到改善。干预引起的局部自发活动一致性的变化与受试者认知能力的提高具有相关性(Zheng et al.,2015)。因此，有理由推测，当前太极拳锻炼组左海马区域的局部自发性脑活动的一致性增强表明,长期太极拳锻炼比步行锻炼更能增强海马皮质的脑功能可塑性,并导致与延迟记忆相关的大脑区域的功能改善。

（二）长期太极拳锻炼对灰质密度的影响

除左侧海马外,长期太极拳锻炼组的左侧脑岛、右侧辅助运动区、右侧梭状回灰质密度较长期步行锻炼组明显更大。

脑岛是一种脑结构,涉及不同的认知、情感和调节功能,包括感知觉、情绪反应和共情过程(Menon et al. ,2010)。研究认为脑岛是人类大脑网络的重要枢纽,它们在记忆过程中发挥着重要作用(Levens and Phelps,2010)。脑岛前部和前扣带回皮质形成一个"凸显网络",其功能是将内部和外部刺激中相关的区域分开,以指导行为(Menon and Uddin,2010)。Tang 及其同事发现,5 天的身心训练可增加左腹侧脑岛,前扣带回皮质和纹状体的大脑活动(Tang et al. ,2009)。以往的研究表明,体育锻炼(Peters et al. ,2009)、太极拳和八段锦锻炼(Tao et al. ,2017)都可能会增加脑岛的皮质厚度。我们的结果与先前的发现相吻合,表明脑岛在太极拳的调节作用中具有重要作用。

有意思的是,长期太极拳锻炼组的右侧梭状回的灰质密度显著大于长期步行组的受试者。以往研究者们使用神经影像技术发现人类大脑中存在着加工面孔刺激的特异性区域——梭状回面孔加工区(fusiform face area,FFA)。研究发现,面孔和物体识别所激活的脑区不同。同识别一般物体相比,识别面孔时大脑梭状回的激活程度更高(Kanwisher et al. ,1997;McCarthy et al. ,1997)。在神经成像和诱发电位研究基础上,Haxby 等人提出了人类面孔知觉的神经系统模型,认为不同面孔的表征更多是由位于梭状回的面孔反应区负责,如对独特身份的知觉。FFA 和外围的颞叶前部一起,可以从面孔中提取个体身份、名字和其他信息(Haxby et al. ,2000)。在太极拳练习中,练习者会经历很多的社会交往。太极拳被认为是一种具有巨大潜力的以社区为基础的社会支持干预手段。Mortimer 等人最近报告的一项研究已经确定了太极拳和社会交往之间的联系,这种积极的联系和大脑认知功能相关(Mortimer et al. ,2012)。我们可以认为,太极拳锻炼增进了人们的社会交往,而社会交往的增多,有助于延缓老人们梭状回的功能衰退。

长期太极拳锻炼组的右侧辅助运动区的灰质密度和对照组有显著差异。太极拳中许多动作需要来回移动,需要很好的手脚协调性。辅助运动区与高级运动调节相关，对双手协调有贡献，作用可能比初级运动皮质更大（Passingham et al.，1996）。也有人认为辅助运动区是由额叶和顶叶皮质组成的胼胝体相互连接和网络分布的一部分，这些区域共同协调了双手的协调（Kazennikov et al.，1999）。

大量文献表明，环境富集能增加成年动物每个神经元的突触和树突棘数量（Briones et al.，2004；Kozorovitskiy et al.，2005）。特定形式的训练，如运动和空间学习，会对树突分支和突触数量产生类似的影响（Black et al.，1990）。此外，神经胶质细胞可能会以补偿的方式增加其数量，用来平衡突触数量的减少（Tata et al.，2006）。学习、体育锻炼相关的皮质厚度的变化可能与突触形成和树突形态的变化有关。在海马上，新生成的神经元也可能对皮质厚度起作用。某个区域脑容量的可塑性可能反映了树突分支、突触、神经元数量、神经元大小和毛细血管的级联变化。此外，在研究大脑结构的变化时，还必须同时考虑神经组织的密度和体积（Lövdén et al.，2013）。

（三）长期太极拳锻炼对局部一致性 ReHo 值的影响

众所周知，自发性静息态脑活动可能在脑功能中起重要作用（Fox et al.，2007）。此外，以往的研究证明了 ReHo 值与认知表现的个体差异有关（Tian et al.，2012；Wang et al.，2014）。长期太极拳锻炼者，除左侧海马外，左侧脑岛的灰质密度较大，局部一致性 ReHo 值也较大。ReHo 值大小体现了大脑体素与体素之间的协同能力。我们的研究表明，长期太极拳锻炼后左侧海马的同步性增加，右侧顶上回的同步性下降，但确切的原因并不明确。顶叶是人脑的主要结构之一，与感觉、情感记忆和空间认知等认知活动密切相关。顶叶损伤容易引起失认、失用等认知障碍。经典理论大多认为 MCI 患者脑结构的萎缩集中在内侧颞叶和额叶，但随着近年来研究的深入，研究者发现顶叶萎缩和短时记忆、延迟记忆有关（Gonzalez et al.，2015）。顶叶有助于正确的即时和延时再认记忆，顶叶腹侧和内侧颞叶可能在再认目标和拒绝干扰方面作用互补，特别是在再认记忆过程中（Krumm et al.，2017）。

五、结论

本节证实，长期太极拳锻炼者的延迟记忆表现更好，海马灰质密度显著高于对照组,并且海马的局部一致性也较高。海马的结构、功能和记忆相关,说明太极拳组是通过重塑海马结构和功能获得了更好的记忆能力。这表明了长期太极拳锻炼在延缓认知衰退方面优于对照组。此外,我们的研究还为长期太极拳锻炼具有的社会交往、身体协调性的作用提供了依据。本节通过 VBM 与 ReHo 这两种分析方法的联合应用,使我们更全面地理解太极拳锻炼对老年人脑机制的影响,为研究太极拳延缓认知衰退提供了依据。

第四节　太极拳练习者静息态功能磁共振的研究

一、问题的提出

太极拳是我国一项传统的有氧运动,以其柔和、缓慢的运动方式吸引了越来越多的老年人(邱丕相等,2006)。越来越多的证据表明,身体锻炼可能有助于优化大脑的结构形态和功能,进而延缓认知衰退(Voss et al.,2010;Colcombe et al.,2003)。

静息态功能磁共振成像研究的是静息状态下大脑内部发生的血氧水平依赖性(BOLD)信号的自发活动,反映的是各脑区之间低频涨落信号波动的相关性。比率低频振幅(fALFF)可以从能量的角度反映各个体素在静息态脑自发活动水平的高低(Zou et al.,2008),能更好地反映大脑功能网络特征。脑成像技术的快速发展,对练习太极拳延缓老年人认知功能衰老的脑机制研究提供了新的研究方法。

本文从大脑静息态角度探索太极拳组与对照组的 fALFF 值的变化差异,探讨长期的太极拳锻炼是否可以改善脑功能,延缓脑认知老化。

二、对象与方法

(一)受试者

同本章第一节。

（二）行为学数据采集

N-back 范式让受试者将当前所呈现的刺激与倒数第 n 个刺激进行比较,并根据比较结果进行按键反应。N-back 被认为是测量工作记忆中更新功能的重要范式(Owen et al.,2005)。更新是指根据新呈现的信息不断更改工作记忆的过程,体现了人们不断对记忆中内容进行修正的能力(Collette et al.,2002)。Friedman 等人研究发现,相对于其他中央执行功能,工作记忆的更新功能与高级认知活动之间的关系更为密切(Friedman et al.,2006)。

本实验采用 2-back 范式(见图 8-12),刺激的呈现以及反应记录均由计算机自动控制。实验刺激程序用 E-prime2.1 编制而成,实验的刺激材料是呈现于白色的背景图像上的 20 cm×20 cm 的 1~9 的数字,整个刺激出现在屏幕中央。采用戴尔 17 英寸的液晶显示器,分辨率为 1 024×768,实验时的屏幕背景为白色。实验采用 event 实验设计,一个试次(trial)的时间序列为:注视点"＋"呈现时间在 300~600 ms 之间,刺激呈现 500 ms,到下一个刺激出现前随机的 2 400~2 700 ms 为反应时间,其中匹配刺激与不匹配刺激比例为 1∶1,以伪随机循序呈现正式测试,正式测试为 100 个试次。受试者的任务是判断当前出现的数字和他前面隔一个出现的数字是否相同,并记录受试者的正确率与反应时。实验过程:受试者坐在隔音的房间里,先看计算机屏幕上呈现的指导语,理解实验任务后进入练习程序,练习结束后进入正式实验,要

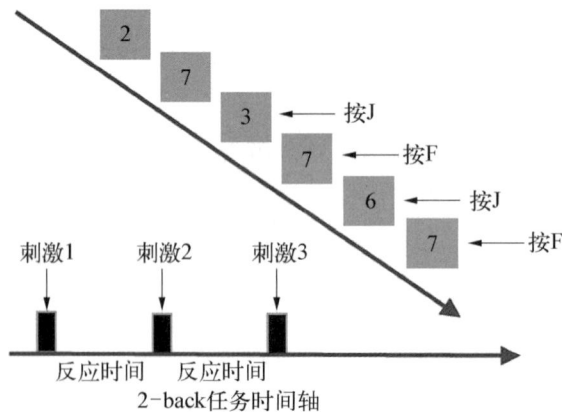

图 8-12　2-back 范式刺激呈现示意

求受试者注意计算机屏幕中央，刺激出现时迅速按键反应，受试者距离屏幕约60 cm，正式时间大约为 5 min。

（三）磁共振数据采集、预处理和 fALFF 值的计算

1. 磁共振图像数据采集

磁共振图像采集于苏州大学第二附属医院 MRI 磁共振室的飞利浦 3.0T 磁共振扫描仪，所有受试者的功能像采用平面回波成像（EPI）技术获得，扫描参数如下。TR：2 000 ms；TE：30 ms；视野（FOV）：（220×220）mm²；翻转角：90°；矩阵：64×64；层数：36；层厚：4 mm；扫描时间 400 s。所有扫描操作由熟练磁共振操作的放射科医生完成。采集期间，受试者平躺于扫描仪内，头部调整至舒适位置后给予适当固定，受试者要保持头部与身体不动，自然清醒放松状态，尽可能不作任何动作和意向性思维，但避免睡着。

2. R-fMRI 数据预处理

应用北京师范大学认知神经科学与学习国家重点实验室开发数据处理软件在 Matlab2013 平台上对数据进行分析处理。步骤如下：删除前 10 个时间点的图像数据，保留静息态下的 190 个时间点的数据。然后进行头动校正与时间校正，依据头动校正曲线，排除掉头动在 X、Y、Z 轴平移大于 3 mm 与旋转大于 3°的受试者。通过空间标准化，将时间校正后的数据配准到蒙特利尔神经病学研究所神经空间坐标上，以减少个体间的差异。之后采用半高全宽（FWHM）为 6 mm×6 mm×6 mm 的高斯平滑核进行平滑处理，处理后的数据采用线性回归方法去除其线性漂移。之后将白质信号、脑脊液信号以及 6 个头动参数作为协变量进行回归，以去除生理上的影响（Fox et al.，2009；Murphy et al.，2009）。

3. fALFF 值的计算

将去线性漂移后未滤波生成的图像运用 DPARSF2.0 软件进行 fALFF 值分析。首先对 0.01~0.08 Hz 信号的功率谱行开方计算，得到 ALFF 值；之后将此范围内的低频振幅相加得到总和值，与全频段振幅总和值相除，得到 fALFF 值；再将每个体素的 fALFF 值与全脑信号幅值的均值相除，对全脑体素进行标准化处理，让每位受试者获得一个平均的 fALFF 图（mfALFF）。

（四）统计分析

采用 SPSS 19.0 软件对太极拳组与对照组的年龄、受教育年限以及 2 - back 行为结果进行独立样本 t 检验。利用 SPM12 软件以年龄、受教育年限为协变量，双样本 t 检验对两组受试者脑功能图进行统计分析。结果如表 8 - 10 所示。采用 AlpahSim 校正，$p < 0.005$，voxel > 33 的脑区定义为有统计学差异的区域。以 MRIcron 软件进行结果呈现。提取太极拳组与对照组有差异脑区的 fALFF 值与行为学结果做相关分析，行 Pearson 相关性检测，$p < 0.05$。

表 8 - 10　受试者基本资料

	太极拳组 ($n = 20$)	对照组 ($n = 22$)	t 值	p 值
年龄（岁）	62.81±3.02	63.55±3.04	0.10	0.89
受教育程度（年）	9.05±1.96	8.73±2.21	0.49	0.62
利手（右/左）	20/0	22/0	—	—
2 - back 正确个数（n）	91±3.75	87±5.51	2.76	0.009
2 - back 反应时间（ms）	761.03±146.61	855.73±138.39	2.53	0.037

三、结果

（一）一般资料比较

两组受试者年龄、受教育年限之间无统计学差异。行为学结果显示，在 2 - back 任务中，太极拳组在正确个数、反应时间方面，与对照组之间差异有统计学意义（$p < 0.01$，$p < 0.05$）（见图 8 - 13）。

（二）太极拳组与对照组在 0.01～0.08 Hz 频段 fALFF 结果

表 8 - 11 为 0.01～0.08 Hz 频段 fALFF 值太极拳组与对照组有差异脑区统计表。附图 5 为差异脑区定位显示图，0.01～0.08 Hz 频段太极拳组在左侧额中回 fALFF 值大于对照组。进一步研究发现，太极拳组左侧额中回的 fALFF 值与 2 - back 工作记忆刷新任务的反应时间存在明显的相关性（$r = 0.576$，$p = 0.007$），而在对照组中没有明显的相关性（$r = 0.321$，$p = 0.145$）（见图 8 - 14）。

正确个数结果图

反应时间结果图

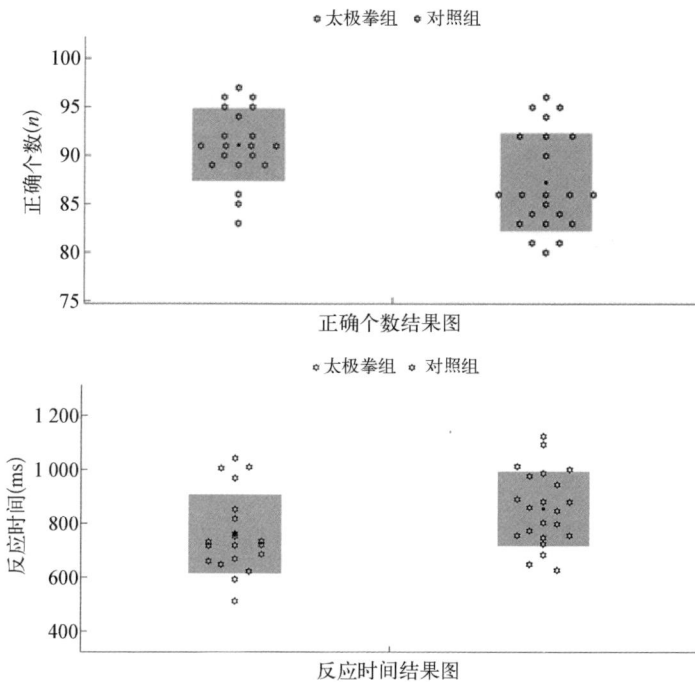

图 8 - 13　太极拳组与对照组 2 - back 任务结果统计

表 8 - 11　太极拳组与对照组 fALFF 的结果

脑区（AAL）	团簇大小	最大差异点 MNI 坐标			Peak 点 t 值
		X	Y	Z	
0.01～0.08 Hz 太极拳组＞对照组					
左侧额中回	64	－33	15	33	3.805 2

注：双样本 t 检验结果，$p＜0.005$，经过 AlphaSim 矫正，团簇大小＞33。Peak 点 t 值为该脑区差异最显著点；MNI 坐标值基于蒙特利尔研究所标准模板空间得出，坐标零点位于大脑中部，X 指左右，Y 指前后，Z 指上下。

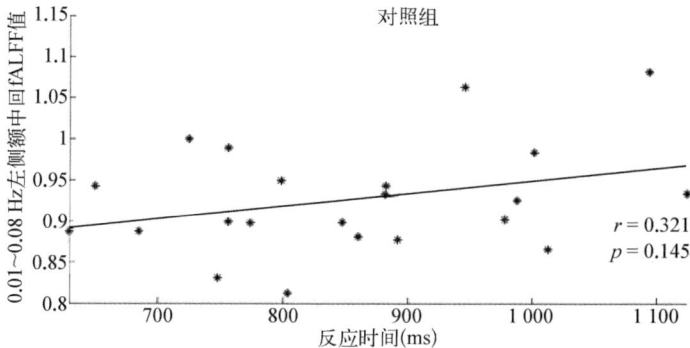

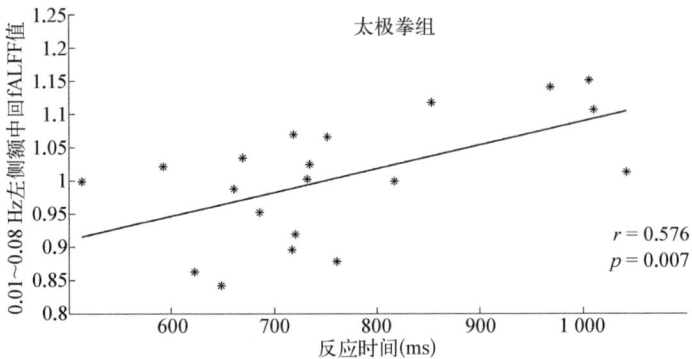

图 8-14　太极拳组与对照组差异脑区 fALFF 值与任务反应时间相关性

四、讨论

静息态功能性磁共振成像技术是一种较新的脑功能成像方法，能够测量大脑的内在或自发神经活动(Biswal et al.,1995;Fox et al.,2007)，是研究静息状态下人脑自发神经活动的重要手段(Lee et al.,2013)。大脑在静息状态下，自发的脑区之间活动的相关分析可以更完整地揭示功能和解剖上密切联系的神经环路(Xiong et al.,1999)。本节通过静息态功能磁共振技术研究发现太极拳组与对照组 0.01~0.08 Hz 频段的 fALFF 值在左侧额中回脑区存在的差异，同时发现太极拳组在左侧额中回脑区的 fALFF 值与 2-back 任务反应时间存在统计学上的相关性。

大脑许多脑区存在着自发的神经活动，包括记忆系统、默认网络等。而额叶作为默认网络重要的脑区已经引起研究者的广泛关注。额叶皮质是衰老所致神经元损失最大的区域之一(De et al.,1998)。脑成像研究证明了大脑前额叶在工作记忆中的重要作用，前额叶为工作记忆的关键脑区(Funahashi et al.,1989)。相关研究已经发现前额叶参与记忆的编码、维持与再认(Cabeza et al.,2000;Fletcher et al.,2001)。研究发现，包括太极拳锻炼在内的多模式干预方式可以增强老年人前额叶的 fALFF 值(Yin et al.,2015)。持续 12 周的太极拳锻炼后练习组的前额叶 fALFF 值显著高于对照组(Tao et al.,2017)。本节发现太极拳锻炼能够增强额叶自发的神经活动，与之相吻合。我们推测太极拳锻炼增强了神经系统的活性，进而增加了额叶的血流量，从而增强了静息态条件下额叶的神经活动。

工作记忆的行为实验及认知实验研究日趋成熟,基于倒数 n 项测验范式的 N-back 任务是研究工作记忆最常用的认知实验之一,研究者们基于该实验利用神经影像技术研究人类工作记忆的脑机理以及负载效应等都取得了丰硕成果(Owen et al.,2005;Jaeggi et al.,2010)。工作记忆作为人类高级的认知活动的核心,信息加工过程复杂(Baddeley,2001;Baddeley,2003)。大量的研究证实,工作记忆在老年期出现衰老,是多种认知功能老化的重要中介变量(Conway et al.,2002;Salthouse,1994)。有间接的证据表明,工作记忆的刷新功能与流体智力在前额叶区存在着部分重叠(Kane et al.,2002)。另外有研究发现,通过工作记忆的训练能够增强额中回与额下回的激活强度(Olesen et al.,2004;Westerberg et al.,2007)。工作记忆训练能够增加前额叶的激活程度,通过训练可使工作记忆能力提高。本节发现太极拳组在工作记忆任务中的反应时明显短于对照组,且与左侧额中回激活存在显著的相关性。这种神经活动与行为表现正相关可能是由于长时间的太极拳锻炼通过对额叶产生持续累积效应引起了认知功能变化,最终通过提升工作记忆的能力延缓了老年人认知功能的衰退。虽然工作记忆刷新过程与传统的工作记忆任务在信息保持上有些相似,工作记忆训练与身体锻炼是否有着相同的作用机制不得而知,它们在工作记忆中的确切作用还有待深入研究。

最近有研究表明,身体与心理等多模态相结合的干预方式能够更好地提升老年人的认知功能(Li et al.,2014;Zheng et al.,2015)。尽管大脑中频段的起源、关系和特定生理功能尚未完全阐明,但这一工作的发现将有助于确定相关频段信号的神经生理学基础。目前关于额叶在太极拳中的研究较少,其在太极拳锻炼生理机制中的作用和地位尚需进一步研究。

五、小结

本节应用比率低频振幅分析方法从神经活动层面探讨了静息状态下太极拳组与对照组脑功能活动的改变和可能的中枢调节机制,探讨了太极拳锻炼对老年人认知功能的变化的影响,提供了神经影像学方面的证据。但是本节存在一定的局限性,研究样本量相对较小且缺乏纵向比较,研究结果可能存在偏差。

第五节　太极拳锻炼对认知功能的影响：基于 ERP 的研究

一、问题的提出

随着我国老年人口的逐渐增多，老龄化带来的身体上的问题也日益凸显，表现为认知加工、工作记忆等能力的下降。身体锻炼对老年人大脑可塑性的积极作用越来越受到关注(Voss et al.，2010)。在众多的认知干预方法中，认知训练对认知功能提高的转化影响相比身体活动来说更加受限，身体活动对认知领域有广泛的影响，且不受人群的制约(Bherer et al.，2015)。Colcombe 通过 meta 分析发现，运动比其他认知任务训练如加工速度、空间任务等对执行功能改善作用更大，这表明了身体锻炼对心理功能特异性的影响，即身体活动对认知的影响可能是选择性敏感的(Colcombe and Kramer，2003)。

工作记忆是指个体在执行认知任务时，对信息暂时储存与操作的能力 (Miller et al.，1986；Baddeley，2003)。有研究结果表明工作记忆具有可塑性 (Klingberg，2010)。随着年龄的增长，老年人大脑组织与功能会发生退行性变化，工作记忆功能的衰退就是特点之一，工作记忆的衰退主要发生在中央执行系统这个成分(Rypma，1999)。我们的研究，试图考察不同运动是否可以预防与延缓老年人工作记忆的退化。

N-back 范式是评估工作记忆功能的一个常用的方法(Kirchner，1958)。这一任务范式对信息的保持、持续刷新、处理速度等能力有一定的要求。使用 N-back 任务的脑老化研究表明，维持和检索记忆表征的多个记忆内容是导致老年人功能记忆缺陷的因素(Basak and Verhaeghen，2011)。

事件相关电位(ERP)是一种具有高度时间敏感性的神经电生理技术，可以反映认知过程中的大脑神经电生理变化，其内源性刺激电位反映大脑在执行认知任务时的处理过程，也被称为认知电位。在 N-back 任务中，N2 成分被认为反映了呈现的刺激与记忆中的表征之间的失匹配(Daffner et al.，2011)。P3 成分的波幅反映了分配给刺激的注意力资源的数量，P3 的潜伏期与刺激检测的效率和信息处理的速度有关(Pontifex et al.，2009)。

运动对不同年龄段人群的工作记忆能力有积极影响。研究发现,较高身体活动水平儿童比较低身体活动水平儿童有更高的反应正确率和更短的反应时。较高身体活动水平儿童有更小的 P3 波幅,延迟条件下的波幅比较低身体活动水平儿童非延迟条件更小。较高身体活动水平儿童有更大的晚期正成分(PSW)。身体活动水平与反应时呈负相关,与延迟条件下的 P3 波幅和 PSW 波幅成呈相关(Hsieh et al.,2018)。高有氧适能年轻人的 N-back 的行为学指标比低有氧适能年轻人更高。高有氧适能年轻人的 P3 波幅比低有氧适能年轻人更大。在 P3 波幅和最大摄氧量之间有显著的相关性。且在较大工作记忆负荷条件下,运动带来的益处不明显(Winneke et al.,2013)。闭锁式运动老年人、开放式运动老年人 N-back 任务中变现提高,两个运动组在额叶-顶叶皮质区域的 P3 潜伏期延长,且不同的运动模式对工作记忆功能产生了不同程度的神经心理效应(Tsai et al.,2017)。以上研究说明,不同程度、方式的运动对不同人群的工作记忆功能有提升作用,并且这种提升作用在不同模式的运动之间差异较大。既然运动可以提高工作记忆能力,这种效应的可能的生理机制是什么?哪些运动方式可以产生这种效应?

运动中认知需求的增加可能促进认知,复杂的环境对啮齿动物的认知能力有积极的影响,包括皮质厚度增加,神经发生增加和突触神经传递增强。Fabel 在动物模型中指出轮滑和环境富集条件,会刺激成年小鼠海马神经发生,这一发现与认知能力的提高有关。当轮滑和环境富集条件相结合时,小鼠的前体细胞增殖和神经发生比单独两种条件都增加了 30%(Fabel et al.,2009)。在人类身上也发现了类似的结果。在经验丰富的击剑运动员和非击剑运动员的比较研究中,发现击剑经验和体能水平增强了抑制控制(Taddei et al.,2012)。杨式太极拳练习时动作舒缓,强调"意运转,气领行,形相随",属于运动冥想;广场舞锻炼则要编排各种动作,完成协调统一的复杂的、成套集体舞蹈动作。相对于步行锻炼,太极拳和广场舞练习者都接收到了更大的认知刺激。

研究发现,采用 SECF、HAMD 和听觉 Oddball 任务对受试者进行测试,舞蹈组的老年受试者 P2、N2、P3 潜伏期和反应时间缩短,波幅显著提高(张新安等,2012)。太极拳组在干预开始 6 个月后,视觉 Oddball 任务中 P2、N2、P3 的潜伏期和反应比对照组明显减小。12 个月后,焦虑症状和抑郁程度显著降低,对照组则显著提高(Zhang et al.,2014)。这些研究表明,太极拳和广场舞锻炼均可以对老年人的认知功能有改善作用,那么这两种锻炼方式的效应相同吗,或者说作用的方式有无区别?

我们拟探讨参与一般有氧运动(散步)、太极拳、广场舞练习的老年人,在 N-back 任务上的表现差异,同时分析不同组受试者的 ERP 特征,以确定体育活动的形式是否影响体育活动和认知之间的关系。

二、研究对象与方法

(一) 实验对象

采用问卷调查和访谈法,在苏州市社区招募受试者。随机选取苏州工业园区 20 名健步走女性老年人,苏州市体育局广场舞协会 20 名女性老年人,苏州市太极拳协会 20 名女性老年人。她们年龄在 60～70 岁之间,学历在小学五年级以上,蒙特利尔认知评估量表得分不低于正常值,无严重躯体疾病,无脑梗死及神经系统疾病病史,无药物和酒精依赖史或其他有可能影响大脑的疾病,无精神障碍及遗传病史,且目前精神状况良好,视力或矫正视力正常,非色盲或色弱。按照年龄和锻炼方式,将她们分为 3 组:老年女性杨式太极拳组(太极拳组)、老年女性广场舞组(广场舞组)、老年女性步行对照组(对照组)。太极拳组的干预方案为:受试者参加为期 6 个月的太极拳训练干预,国家级太极拳社会体育指导员进行教授,每周不少于 5 次,每次 75 分钟,运动时间为每天早晨 6:45～8:00,实验期间只允许参加预定的太极拳运动。广场舞组的干预方案为:受试者参加为期 6 个月的广场舞锻炼干预,国家级广场舞社会体育指导员进行教授,每周不少于 5 次,每次 75 分钟,运动时间为每天早晨 6:45～8:00,实验期间只允许参加预定的广场舞运动。对照组保持正常生活,每周至少步行运动 3 次,每次运动 30 分钟,不允许进行太极拳或广场舞或其他认知训练。由于对照组有 3 人退出,太极拳组有 4 人退出,广场舞组有 1 人退出,最终统计人数为太极拳组受试者 16 名,广场舞组受试者 19 名,对照组受试者 17 名。所有受试者在签署实验知情同意书后进行测试(见表 8-12)。

表 8-12 受试者基本情况

组 别	人数	年龄(岁)	受教育年限(年)	锻炼年限(年)
对照组	17	63.2±5.3	7.2±0.8	5.9±1.8
太极拳组	16	64.5±3.9	7.5±1.2	6.2±1.3
广场舞组	19	62.6±4.6	7.3±1.0	5.7±0.9

（二）实验设计

实验采用单因素前后测设计。对太极拳、广场舞、对照组 3 组的行为学数据与脑电数据进行前后测的比较。

（三）实验方法

刺激材料：使用阿拉伯数字 1～9 作为 N-back 任务的刺激材料。

实验程序：使用 N-back 任务，Event 设计。采用低（$n=1$）、高（$n=2$）两种工作记忆负荷，要求受试者将当前出现的刺激数字与它前面的第 n 个刺激数字进行比较并既快又准地判断两个数字是否相同。当 $n=1$ 时，受试者判断当前数字与它前一个数字是否相同，相同按"F"键，不同按"J"键；当 $n=2$ 时，受试者判断当前数字与它前面第二个数字是否相同，相同按"F"键，不同按"J"键。对按键"F""J"进行受试者间平衡。刺激数字大小为 3 cm×3 cm，刺激数字的视角为 1.7°×1.7°，受试者距离屏幕 50 cm。刺激使用 E-prime2.0 软件呈现，并记录受试者的正确率和反应时。一个试次的时间序列：注视点"＋"呈现时间随机在 300～600 ms 之间，数字刺激呈现 500 ms，到下一个刺激出现前随机的 2 400～2 700 ms 为反应时间。1－back 与 2－back 任务相同，共 120 个试次，每个任务前 20 个试次为练习，正式测试为 100 个试次。其中匹配刺激与不匹配刺激比例为 1∶1，以伪随机顺序呈现。正式实验前使用屏幕指导语为老年受试者语言讲解，确保受试者理解实验要求并练习至 80％正确率以上。每个受试者先进行 1－back 任务，然后进行 2－back 任务。整个实验共需 30 分钟（见图 8－15）。

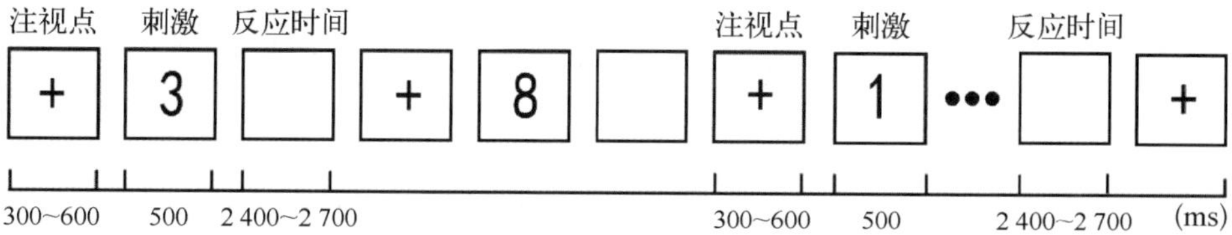

图 8－15　N-back 任务流程

（四）数据采集与处理

脑电数据采用国际 10－20 系统扩展的 32 导电极帽，以 Brain Products 系统记录 EEG 信号。TP9、TP10 电极的平均作为参考电极，以位于右眼上下的电极记录垂直眼电（VEOG），位于双眼外侧 1.5 cm 处的电极记录水平眼电（HEOG），滤波带通为 0.05～100 Hz，A/D 采样频率为 1 000 Hz，头皮与电极之间的阻抗小于 5 kΩ。离线分析数据时，剔除大于 ±100 μV 的伪迹波段，叠加每个同类型试次的脑电并进行比较。时间锁数据分析的总时程为 1 200 ms，包括刺激前基线 200 ms，刺激后 1 000 ms。

（五）数据统计

所有行为学数据剔除平均数±3 个标准差之外的值，使用 SPSS 22.0 软件进行处理，重复测量方差分析前均进行 Oddball 范式检验，并以 Huynh-Feldt 系数进行自由度调整。在实验前，对每组受试者的每个任务正确率和反应时采用重复测量方差分析法进行比较，讨论三组实验前的行为学差异。ERP 分析选取额区 Fz，中央区 Cz，顶区 Pz 三个电极点（Yerlikaya et al.，2018）。6 个月的实验结束后，对每组受试者，每个任务前、后测的正确率和反应时采用重复测量方差分析进行比较；对后测的每个任务的正确率和反应时进行组间重复测量方差分析；对每组受试者、N-back 范式前、后测的主要特征波 N2、P3 的波幅和潜伏期采用重复测量方差分析进行比较，讨论各组实验前、后的行为学与 ERP 差异。N2 的时间窗口为 132～304 ms，P3 的时间窗口为 246～628 ms（Hudac CM et al.，2018）。

三、研究结果

（一）行为学结果

在干预前，3 组间 1 - back、2 - back 任务的正确率与反应时均无差异（$p > 0.05$）（见表 8 - 13）。

表 8 - 13　对照组、太极拳组、广场舞组 N-back 任务前、后测比较（$n=52$）

指　标		时间点	对照组（$n = 17$）	太极拳组（$n = 16$）	广场舞组（$n = 19$）	f	p	η_p^2
1 - back	正确率（%）	基线	94.81± 3.64	96.31± 3.01	96.31± 2.53	1.006	0.378	0.063
		干预后	95.50± 4.03	97.75± 1.09	97.22± 1.72	16.021	0.000 ＊＊,∧	0.516

指 标		时间点	对照组 (n = 17)	太极拳组 (n = 16)	广场舞组 (n = 19)	f	p	η_p^2
1 - back	反应时 (ms)	基线	707.81± 117.02	704.06± 141.95	633.53± 73.44	1.848	0.175	0.110
		干预后	688.98± 98.46	664.75± 85.42	574.16± 96.77&. &	7.509	0.002 * *.@@.$ $	0.334
2 - back	正确率 (%)	基线	86.06± 4.82	86.70± 8.96	86.68± 7.04	0.029	0.972	0.002
		干预后	87.81± 7.32	92.00± 3.32#	91.21± 2.04&	3.785	0.030 *.^.@	0.179
	反应时 (ms)	基线	890.00± 210.14	897.35± 173.11	842.68± 139.39	0.642	0.533	0.041
		干预后	899.00± 211.73	816.65± 108.02#	735.37± 126.34&	4.538	0.019 *.@	0.232

注：# 代表太极拳组前、后测比较 $p<0.05$；& 代表广场舞组前、后测比较 $p<0.05$；& & 代表广场舞组前、后测比较 $p<0.01$；* 代表三组间比较 $p<0.05$；* * 代表三组间比较 $p<0.01$；^ 代表太极拳组与对照组比较 $p<0.05$；@ 代表广场舞组与对照组比较 $p<0.05$；@@ 代表广场舞组与对照组比较 $p<0.01$；$ $ 代表广场舞组与太极拳组比较 $p<0.01$。

6 个月的干预后，对照组的 1 - back、2 - back 任务正确率、反应时均无差异（$p>0.05$）。太极拳组 1 - back 任务正确率、反应时无差异（$p>0.05$）；2 - back 任务正确率[$f(1,15)=5.209,p=0.036,\eta_p^2=0.246$]、反应时[$f(1,15)=4.451,p=0.048,\eta_p^2=0.220$]差异显著。广场舞组 1 - back 任务正确率无差异（$p>0.05$），1 - back 任务反应时[$f(1,18)=20.886,p=0.000,\eta_p^2=0.537$]差异显著；2 - back 任务正确率[$f(1,18)=7.308,p=0.015,\eta_p^2=0.289$]、反应时[$f(1,18)=4.487,p=0.047,\eta_p^2=0.221$]差异显著。

对干预后 3 组 1 - back 任务正确率单因素重复测量方差分析显示，组间主效应显著，$f(2,49)=16.021,p=0.000,\eta_p^2=0.516$，成对检验结果显示，太极拳组 1 - back 任务正确率高于对照组（$p<0.05$）。3 组 1 - back 任务反应时单因素重复测量方差分析显示，组间主效应显著，$f(2,49)=7.509,p=0.002,\eta_p^2=0.334$，成对检验结果显示，广场舞组 1 - back 任务反应时短于对照组与太极拳组（$p<0.001$、$p<0.01$）。三组 2 - back 任务正确率重复测量

方差分析显示，组间主效应显著，$f(2, 49) = 3.785$，$p = 0.030$，$\eta_p^2 = 0.179$，成对检验结果显示，太极拳组与广场舞组 2 - back 任务正确率高于对照组（$p <$ 0.05、$p < 0.05$）。3 组 2 - back 任务反应时单因素重复测量方差分析显示，组间主效应显著，$f(2, 49) = 4.538$，$p = 0.019$，$\eta_p^2 = 0.232$，成对检验结果显示，广场舞组 2 - back 任务反应时短于对照组（$p < 0.05$）。

（二）ERP 结果

此处比较了对照组、太极拳组、广场舞组在前、后测 N-back 范式中的额区（Fz）、中央区（Cz）、顶区（Pz）各个电极主要特征波 N2、P3 的波幅和潜伏期差异（见图 8 - 16、附图 6、图 8 - 17）。

对对照组干预前、后 N-back 任务特征波的波幅、潜伏期进行重复测量方差分析，2 - back 任务中的 Cz[$f(1, 16) = 8.288$，$p = 0.011$，$\eta_p^2 = 0.341$]与 Pz[$f(1, 16) = 7.200$，$p = 0.016$，$\eta_p^2 = 0.310$]电极处的 P3 波幅增大。其余无差异 $p > 0.05$。

对太极拳组干预前、后 N-back 任务特征波的波幅、潜伏期进行重复测量方差分析，1 - back 任务中 Fz 电极的 N2 波幅增加 $f(1, 15) = 7.417$，$p = 0.015$，$\eta_p^2 = 0.317$；Cz 电极的 N2 波幅增加 $f(1, 15) = 31.281$，$p = 0.000$，$\eta_p^2 = 0.662$。2 - back 任务中 Cz 电极 N2 波幅增加 $f(1, 15) = 8.187$，$p = 0.011$，$\eta_p^2 = 0.338$；Pz 电极的 P3 波幅增加 $f(1,15) = 16.517$，$p = 0.001$，$\eta_p^2 = 0.479$。1 - back 任务中 Cz 电极 P3 潜伏期减少 $f(1, 15) = 5.360$，$p = 0.033$，$\eta_p^2 = 0.229$。其余无差异 $p > 0.05$。

对广场舞组干预前、后 N-back 任务特征波的波幅、潜伏期进行重复测量方差分析，1 - back 任务中 Fz 电极 P3 波幅增加 $f(1, 18) = 14.575$，$p = 0.001$，$\eta_p^2 = 0.447$；Cz 电极 N2 波幅减小 $f(1, 18) = 10.290$，$p = 0.005$，$\eta_p^2 = 0.364$，P3 波幅增加 $f(1, 18) = 18.547$，$p = 0.000$，$\eta_p^2 = 0.507$；Pz 电极 P3 波幅增加 $f(1, 18) = 8.299$，$p = 0.010$，$\eta_p^2 = 0.316$。2 - back 任务中 Fz 电极的 N2 波幅减小 $f(1, 18) = 28.269$，$p = 0.000$，$\eta_p^2 = 0.624$；Cz 电极 N2 波幅减小 $f(1, 18) = 20.201$，$p = 0.000$，$\eta_p^2 = 0.543$，P3 波幅增加 $f(1, 18) = 15.357$，$p = 0.001$，$\eta_p^2 = 0.475$；Pz 电极的 P3 波幅增加 $f(1, 18) = 8.593$，$p = 0.010$，$\eta_p^2 = 0.378$。其余无差异 $p > 0.05$。

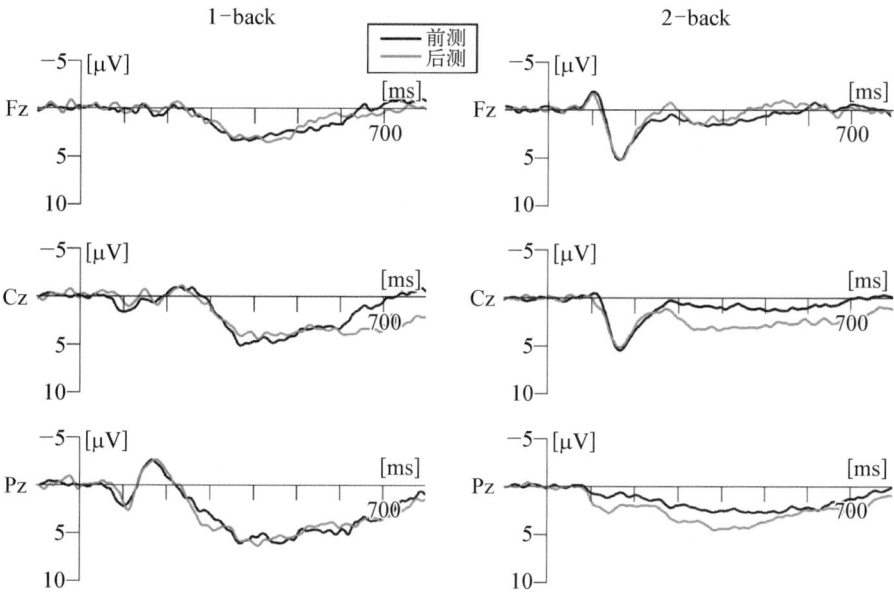

图 8－16　对照组 N-back 任务干预前后 ERP 成分比较

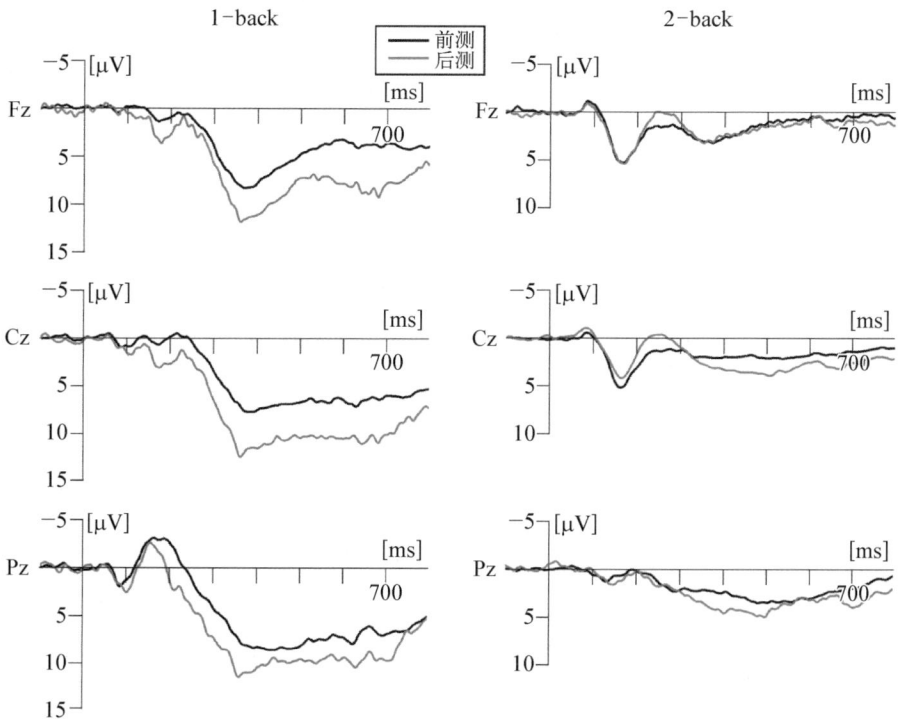

图 8－17　广场舞组 N-back 任务干预前后 ERP 成分比较

四、分析与讨论

本节的目的是评估太极拳与广场舞对老年人工作记忆的影响。我们采用 N-back 范式结合 ERP 技术来评估行为和神经相关的工作记忆。行为学结果显示，6 个月的干预后，对照组的 N-back 任务正确率、反应时差异均不显著。太极拳组 2-back 任务正确率、反应时有显著提高。广场舞组 1-back 任务反应时与 2-back 任务正确率、反应时有提高。太极拳组 1-back 任务正确率高于对照组。广场舞组 1-back 任务反应时短于对照组与太极拳组。太极拳组与广场舞组 2-back 任务正确率高于对照组。广场舞组 2-back 任务反应时短于对照组。

对照组干预前、后 2-back 任务中的 Cz、Pz 电极 P3 波幅增大。太极拳组干预前、后 1-back 任务中 Fz、Cz 电极 N2 波幅增大。2-back 任务中 Cz 电极 N2 波幅增大；Pz 电极的 P3 波幅增大。1-back 任务中 Cz 电极 P3 潜伏期缩短。广场舞组干预前、后 1-back 任务中 Fz 电极的 P3 波幅增大；Cz 电极的 P3 波幅增大，N2 波幅减小；Pz 电极 P3 波幅增大。2-back 任务中 Fz、Cz 电极 N2 波幅减小；Cz、Pz 电极 P3 波幅增大。

（一）行为学结果分析

本节中的 3 组老年受试者在 N-back 任务中，正确率随着工作记忆负荷的增加而降低，反应时则随着负荷增加而延长，1-back 任务时需要不断地刷新工作记忆的单个刺激内容，同时将这个刺激进行短时储存，2-back 任务则需要在视觉空间模板（短时记忆）（Unsworth and Engle，2008；Unsworth et al.，2009）不断加工和储存新的刺激，同时将中央执行系统处理与刺激进行匹配、注意资源的协调、策略的选择与计划（Baddeley，2003；赵鑫等，2014；Baddeley，2010），如此对工作记忆的要求大大提高，正确率也随之降低。视觉空间模板（短时记忆）和中央执行系统对刺激数字进行编码、刺激匹配以及做出相应反应的时间延长，使得总体反应时延长，这与以往认知神经科学与脑研究中受试者的表现一致（Daffner，2011；Gajewski et al.，2014；Kawagoe et al.，2014）。干预后，太极拳组受试者工作记忆能力有显著提高且高于对照组，与这些研究结果一致（Silva-Zemanate et al.，2014；Reid-Arndt et al.，2012；Larkey et al.，2016）。广场舞组受试者工作记忆能力有显著提高且高于对照组，与这些研究结果一致（Fabel et al.，2009；张新安等，2012；贾新建等，2017）。在负荷较低、难度较小的任务中，对新异刺激的编码时间较短，做出反应的时间相对稳定，反应时主要受刺激匹配时间的影响。太极拳组与广场舞组受试者在 N-back 任务中的正确率、反应时均有提高，说明这些老年受试者在工作记忆负荷任务时的刺激匹配时间较短，体现出这两种运动对中央执行系统的益处，在后续的研究中可以围绕这一问题进行探究。

（二）ERP 结果分析

1. N2 成分

Folstein 等的文章对视觉模态下的头前部 N2 成分的产生提供了可信的解释，认为由于当前呈现的刺激与记忆中储存的项目之间的不匹配，从而产生 N2（Folstein et al.，2008）。我们假设，在对目标进行决策/更新时，早期处理过程中的退化或延迟可能会影响可用信息的质量。在这种视觉模态中，前部 N2 成分对刺激与已经保持记忆间的失匹配或冲突是敏感的（Wienke et al.，2018）。在老年人中，有更多的前部 N2 成分的分布，而在 N-back 任务中不同成绩受试者之间存在的 P3 波幅的差异可能对 N2 成分有显著的影响。Hudac 和 Zhou 也报道了新异视觉刺激对与年龄有关的前部 N2 成分的影响（Hudac et al.，2018；Zhou et al.，2015）。我们猜测，工作记忆任务中头前部 N2 成分越高，代表对刺激的处理能力越强，随后的 P3 成分代表的处理阶段则更加轻松，P3 波幅与潜伏期会更短。

在我们的研究中，太极拳组受试者在 1－back 任务中的前额电极和中央区电极的 N2 成分的波幅显著增加，并且太极拳受试者和广场舞受试者在工作记忆负荷更大的 2－back 任务中表现出更大的 N2 波幅，说明太极拳与广场舞受试者在 N-back 任务中对当前刺激与已储存的记忆内容间的识别度更高。我们的研究结果与这些文章一致（Willemssen et al.，2011；Beste et al.，2009；Mathewson et al.，2008）。如果老年受试者没有明显的 N2 成分，认为刺激是不匹配/匹配，可能会给随后的慎重决策过程增加负担，带来额外的资源投入。我们猜测，随着 N-back 任务需求的增加，刺激呈现与记忆存储之间的延迟将导致 N2b 响应的减慢。可能的机制是，在太极拳和广场舞的练习过程中，都需要不断地学习和掌握相应的技术动作，并且在音乐环境下，与其他同伴保持一致的动作节奏和统一的队列位置，而这一过程均需要不断地进行注意、识别、判断、匹配等认知过程，这使得太极拳和广场舞练习可以促进信息早期处理过程中的编码、检索、识别能力，并且太极拳更加强调对呼吸的调节、体内气息的融会贯通，这一特点与冥想促进认知能力有相同的作用(Biedermann et al.,2016)。在这一过程中，多种因素共同作用，使受试者出现 N2 成分的显著增长。

随着 N-back 任务难度的递增，对照组在 2-back 任务中具有中央区 N2 相对减小，而前额 N2 相对增加的趋势，并且中央区与前额叶 N2 成分潜伏期的差异，也支持后-前转移的老化假说(Kropotov et al.,2016)。也就是说，2-back 任务成绩较差的受试者的 N2 成分的潜伏期延长，和工作记忆的负荷有关，需要额外资源来参与随后的处理阶段，由此产生了较大的 P3 波幅，这使得成绩差的受试者很快达到他们能力的极限，这些处理过程被认为依赖于前扣带皮质(ACC)、双侧前额叶背外侧皮质(DLPFC)、双侧前额叶腹外侧(VLPFC)等脑区的活动或它们的连接(Daffner et al.,2011; Banich,1997; 张卫东,2000; 杨桂芬等,2007; Van et al.,2002)。这些脑区的活动或他们之间的连接是否与太极拳和广场舞练习的有益影响有关，还需要进一步的 fMRI 实验来验证。

2. P3 成分

P3 与记忆过程、认知资源的分配有关(Polich,2007)，它可以测量在工作记忆/刷新过程中分配资源能力的极限(Daffner et al.,2011)。为了获得与更好表现的受试者相同水平的准确性，成绩较差的受试者表现出需要分配更多的资源和在较长的时间内完成完整的认知操作，这个推论可以用 P3 指标更小的波幅、更短的潜伏期来说明。在我们的研究中，较低工作记忆负荷的 1-back 任务条件下，对照组前、后测 P3 成分波幅潜伏期均无差异，太极拳组 P3 波幅无差异，具有减小的趋势，在中央区电极上 P3 潜伏期变短，但广场舞组前额叶、中央区与顶叶 P3 波幅均有显著增大。可能的机制是太极拳组受试者在 1-back 任务中较高的早期 N2 导致了 P3 的相对减小与中央区的潜伏期的变短，从而减小了认知过程的压力与资源分配的负荷；而广场舞组较高的 P3 波则与行为学表现的结果一致，广场舞组 1-back 任务的反应时短于太极拳组与对照组。正是由于其 P3 波幅高于这两组，反映了广场舞组受试者能够以较高的资源分配能力处理工作记忆过程中的信息，在信息处理的中期有更快的速度，才能在行为学上体现出较大的差异。

顶叶 P3,被认为反映了一般过程的注意控制，刺激分类，及选择之间的竞争刺激或反应(Colcombe et al.,2004；Neuhaus et al.,2010)。随着工作记忆负荷的增加,较好表现受试者有能力来集合额外的资源做决策或进行刷新,而较差表现受试者只有较少的资源来分配,可获取资源和任务需求水平之间的不匹配,表现为准确性的下降与更大的 P3 波幅及更长的潜伏期。在我们的研究中,在较高工作记忆负荷的 2 - back 任务条件下,对照组受试者在中央区与顶叶均有 P3 波幅的增大,而行为学结果没有相应的提高,说明对照组受试者体现出了老年人脑老化的特征,可分配资源较少,且可获取资源和任务需求水平之间的差距使得他们在中央区和顶叶均表现出较大的 P3 波波幅。而太极拳组和广场舞组受试者在较高工作记忆负荷的 2 - back 任务中,顶叶 P3 波波幅增大,同时正确率更高、反应时更短,证明他们有足够的资源来进行分配。太极拳组受试者中央区 P3 波波幅无差异,说明太极拳组受试者在提高其行为学正确率的基础上,并没有更多地向前募集认知资源,与后-前转移的老化假说不一致,证明太极拳练习对老年人正常脑老化过程有抵抗作用。广场舞组受试者的中央区 P3 波波幅增大,可能与其在任务中更高的资源分配与认知处理有关。太极拳组受试者并没有在较高工作记忆负荷的 2 - back 任务中表现出相对对照组更快的反应速度,但广场舞组受试者的 2 - back 任务的反应时比对照组显著变短,可能的原因是他们具有更高的资源分配能力和更快的信息处理能力。

五、结论

综上所述,本节补充了太极拳在以工作记忆为特征的认知方面的影响,并首次以广场舞作为干预手段来探讨其对认知功能的作用。对长期练习太极拳、广场舞的女性老年人与她们的工作记忆之间的关系进行了探究,提供了长期练习太极拳、广场舞对老年女性的影响实证,表明练习太极拳、广场舞可以提高老年人工作记忆能力,延缓认知衰退,尤其是两组在较低工作记忆负荷下的 N2、P3 成分和较高负荷的任务中的 N2 成分的优势表现更是说明了这一点。我们的研究结果表明,太极拳、广场舞练习可在工作记忆的早期匹配、判断过程中调用更多的注意资源,加速刺激的评估,并且分配更多的认知资源。未来的探究可采用更先进、可视化的技术如 fMRI、PET 等来探究太极拳、广场舞对老年人的其他认知功能的可塑性影响。

附　录

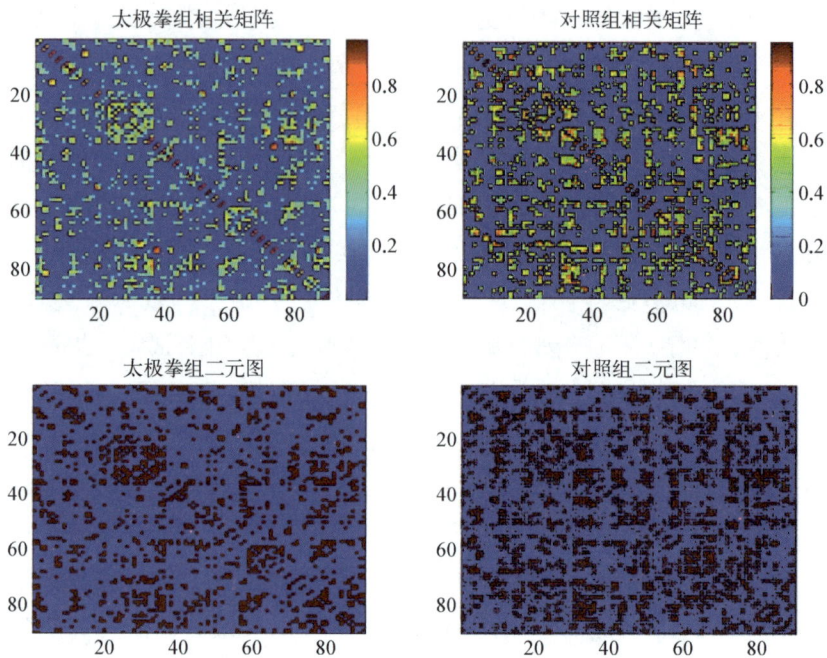

太极拳组相关矩阵　　　　　　　对照组相关矩阵

太极拳组二元图　　　　　　　　对照组二元图

附图 1　太极拳组与对照组结构连接矩阵

注：颜色条显示了连接强度，横纵坐标数代表 90 个脑区。

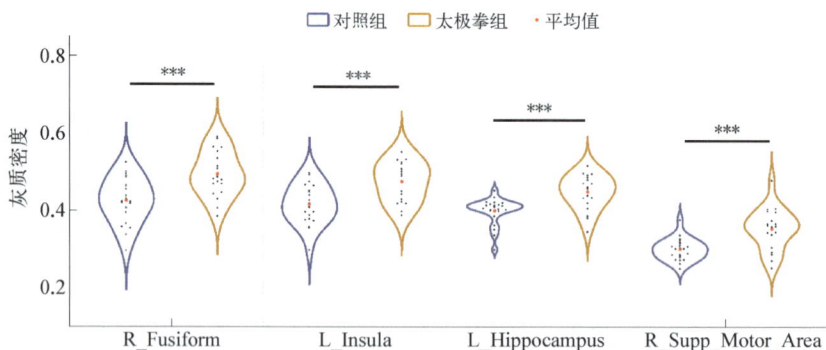

附图 2　太极拳组与对照组 VBM 差异脑区的灰质密度值

注：柱状图显示了对照组与太极拳组 VBM 差异脑区的灰质密度的值，值是平均值与 1 倍标准差，独立样本 t 检验用于条件之间的比较。R_Fusiform，右侧梭状回；L_Insula，左侧脑岛；L_Hippocampus，左侧海马；R_Supp_Motor_Area，右侧辅助运动区。

*** 表示 $p < 0.001$，未校正。

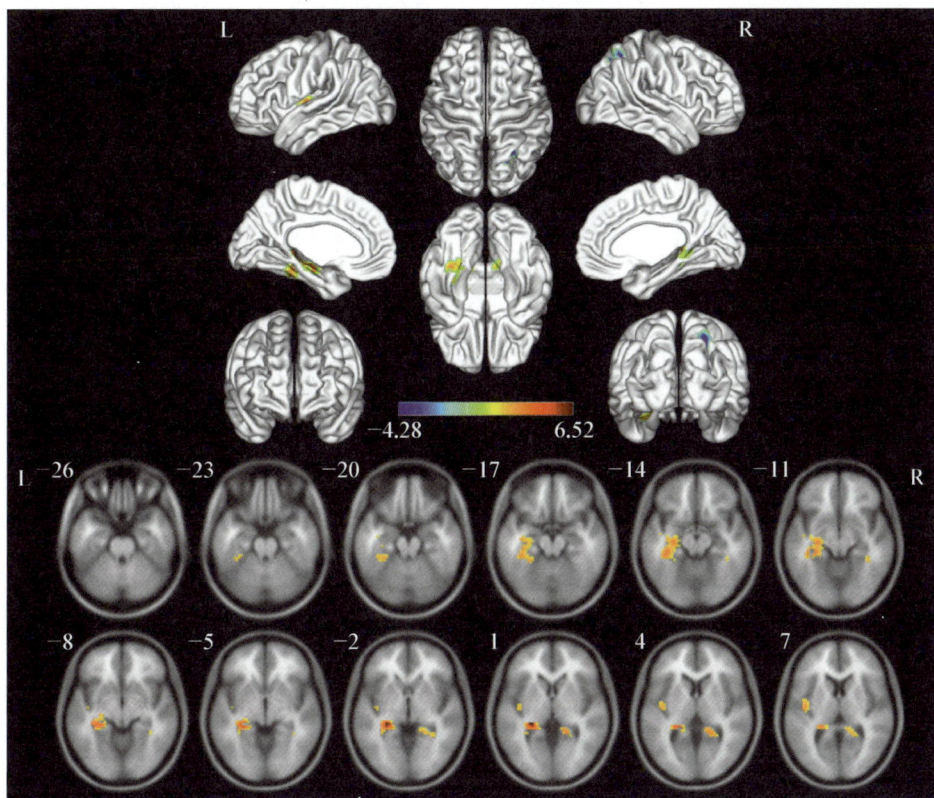

附图 3　太极拳组与对照组 ReHo 值差异脑区定位

注：ReHo 分析显示，长期锻炼的太极拳受试者的左侧海马、右侧中央前回、左侧脑岛 ReHo 激活大于对照组。右侧顶上回对照组激活大于太极拳组。使用 $p < 0.001$（未校正阈值）的 MNI 坐标。暖色表示 ReHo 值太极拳组大于对照组。

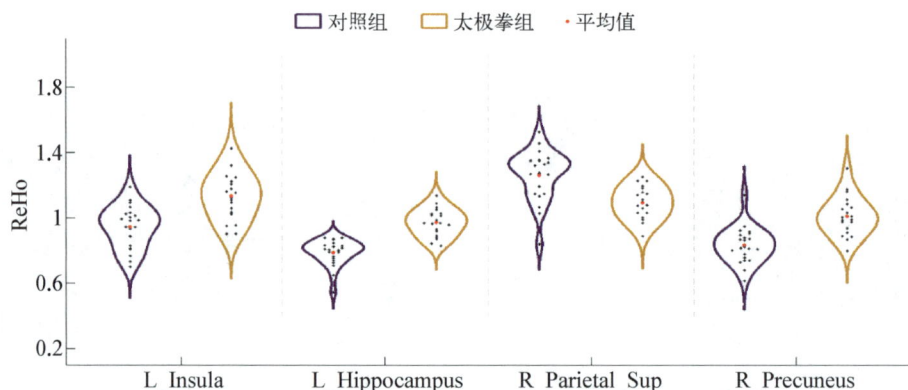

附图 4　太极拳组与对照组 ReHo 差异脑区值

注：柱状图显示了对照组与太极拳组 ReHo 差异脑区值，值是平均值与 1 倍标准差，独立样本 t 检验用于条件之间的比较。L_Insula，左侧脑岛；L_Hippocampus，左侧海马；R_Parietal_Sup，右侧顶上回；R_Precuneus，右侧中央前回。

*** 表示 $p < 0.001$，未校正。

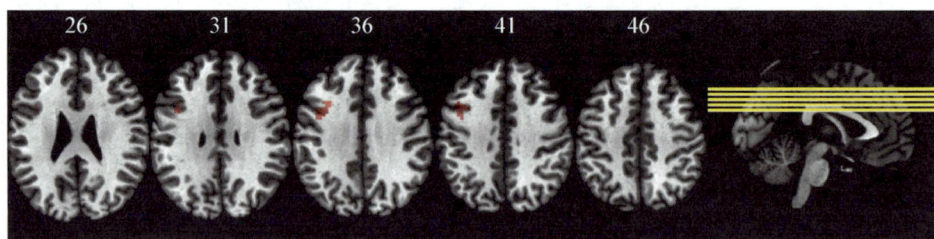

附图 5　太极拳组与对照组差异脑区定位

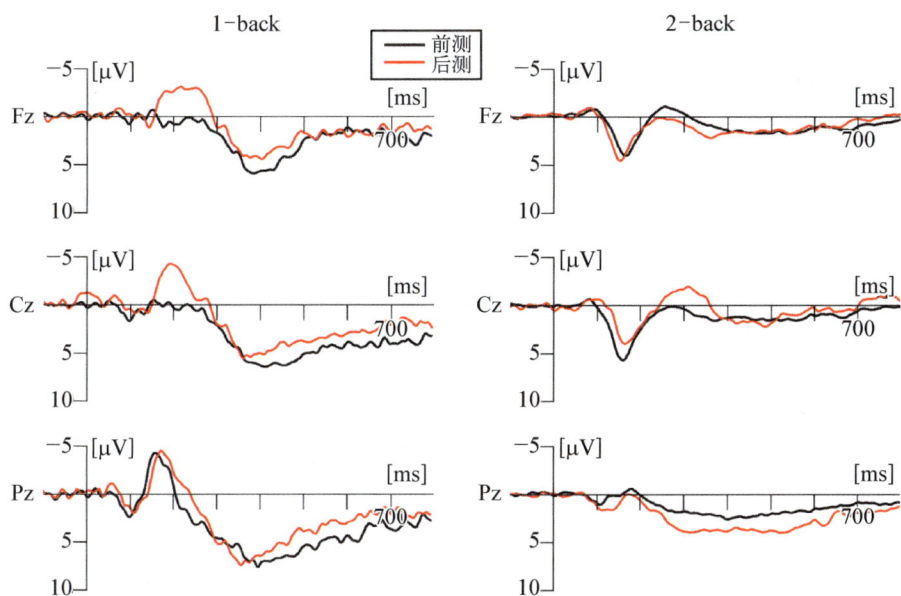

附图 6　太极拳组 N-back 任务干预前后 ERP 成分比较

参考文献

［1］ 白蓉.身体活动对老年认知功能的影响[J].心理科学进展,2011,19(12)：1777 - 1787.

［2］ 杜新,陈天勇.老年执行功能的认知可塑性和神经可塑性[J].心理科学进展,2010,18(9)：1471 - 1480.

［3］ 包尚联.脑功能成像物理学[M].郑州：郑州大学出版社,2006.

［4］ 傅建,范亚荣.不同时间中等强度体育锻炼对初中生执行功能和学业成绩影响的实验研究[J].体育与科学,2016(6)：110 - 116.

［5］ 贾新建.广场舞对提高老年女性认知功能障碍患者药物治疗的作用[J].中国老年学杂志,2017,37(16)：4071 - 4072.

［6］ 李琳,季浏.短时中等强度功率自行车运动对大学生完成执行功能任务的影响[J].沈阳体育学院学报,2014,33(6)：108 - 112.

［7］ 梁夏,王金辉,贺永.人脑连接组研究：脑结构网络和脑功能网络[J].科学通报,2010,55(16)：1565 - 1583.

［8］ 梁永文.太极拳对老年人心肺机能的影响[J].体育学刊,2001,04：64 - 65,75.

［9］ 刘静,陈佩杰,邱丕相,等.长期太极拳运动对中老年女性心肺机能影响的跟踪研究[J].中国运动医学杂志,2003,03：290 - 293.

［10］ 刘俊一.有氧体育锻炼对大学生执行功能的积极性影响：fMRI 研究的探索[J].北京体育大学学报,2014(3)：77 - 83.

［11］ 潘家礼,殷恒婵,陈爱国,等.运动干预对学习困难、正常小学生执行功能影响的实验研究[J].体育科学,2016,36(6)：84 - 91,97.

［12］ 邱丕相,王岗.走进主流社会的中国太极拳文化[J].北京体育大学学报,2006(12)：1603 - 1605.

［13］ 孙皎,王磊,张秀英,等.太极拳对认知功能及精神健康影响的研究进展[J].中国老年学杂志,2012,32(17)：3844 - 3847.

［14］ 颜军,王源,陈爱国,等.短时中等强度不同类型运动对小学生执行功能的影响[J].体育与科学,2014(6)：94 - 100.

［15］ 杨桂芬,张云亭,张权,等.前额叶皮质在数字工作记忆维持中的作用：事件相关fMRI 研究[J].实用放射学杂志,2007(12)：1588 - 1591.

［16］ 殷恒婵,陈爱国,马铮,等.两种运动干预方案对小学生执行功能影响的追踪研究[J].体育科学,2014,34(3)：24 - 28.

［17］ 张楠楠,吕晓标,倪伟,等.长期太极拳锻炼改善中老年人认知能力的作用［J］.中国临床康复,2006,10(26)：7－9.

［18］ 张卫东.扣带皮质的生理心理机能［J］.心理科学,2000(6)：720－724.

［19］ 赵鑫,周仁来.工作记忆刷新功能的可塑性［J］.心理科学进展,2014,22(10)：1521－1531.

［20］ Andrews-Hanna J R，Snyder A Z，Vincent J L，et al. Disruption of large-scale brain systems in advanced aging［J］. Neuron，2007，56(5)：924－935.

［21］ Antonenko D，Meinzer M，Lindenberg R，et al. Grammar learning in older adults is linked to white matter microstructure and functional connectivity［J］. NeuroImage，2012，62：1667－1674.

［22］ Artero S，Tiemeier H，Prins N D，et al. Neuroanatomical localisation and clinical correlates of white matter lesions in the elderly［J］. J Neurol Neurosur PS，2004，75：1304－1308.

［23］ Bäckman L，Farde L. Cognitive neuroscience of aging：Linking cognitive and cerebral aging［M］. New York：Oxford University Press. 2004.

［24］ Baddeley A. Is working memory still working［J］? Am Psychol，2001，56(11)：851.

［25］ Baddeley A. Working memory［J］. Curr Biol，2010，20(4)：136－140.

［26］ Baddeley A. Working memory：looking back and looking forward［J］. Nat Rev Neurosci，2003，4(10)：829－839.

［27］ Barnes D E，Yaffe K. The projected effect of risk factor reduction on Alzheimer's disease prevalence［J］. Lancet Neurol，2011，10：819－828.

［28］ Barnes J N，Schmidt J E，Nicholson W T，et al. Cyclooxygenase inhibition abolishes age-related differences in cerebral vasodilator responses to hypercapnia［J］. J Appl Physiol，2012，112(11)：1884－1890.

［29］ Basak C，Verhaeghen P. Aging and switching the focus of attention in working memory：age differences in item availability but not in item accessibility［J］. J Gerontol B-Psychol，2011，66(5)：519－526.

［30］ Bayod S，Guzmán-Brambila C，Sanchez-Roige S，et al. Voluntary exercise promotes beneficial anti-aging mechanisms in SAMP8 female brain［J］. J Mol Neurosci.，2014，55：525－532.

［31］ Belleville S，Clement F，Mellah S，et al. Training-related brain plasticity in subjects a risk of developing Alzheimer's disease［J］. Brain，2010，134，1623－1634.

［32］ Bernhardt BC，Chen Z，He Y，et al. Graph-theoretical analysis reveals disrupted small-world organization of cortical thickness correlation networks in temporal lobe epilepsy［J］. Cereb Cortex，2011，21(9)：2147－2157.

［33］ Bertoni-Freddari C，Fattoretti P，Delfino A，et al. Deafferentative synaptopathology in physiological aging and Alzheimer's disease［J］. Ann NY Acad Sci，2002，977：322－326.

［34］ Beste C，Willemssen R，Saft C，et al. Error processing in normal aging and in basal ganglia disorders[J]. Neurosci, 2009, 159(1): 143 – 149.

[35] Bherer L. Cognitive plasticity in older adults: effects of cognitive training and physical exercise[J]. Ann NY Acad Sci, 2015, 1337(1): doi: 10.1111/nyas.12682.

[36] Biedermann B, De Lissa P, Mahajan Y, et al. Meditation and auditory attention: An ERP study of meditators and non-meditators [J]. Psychophysiol, 2016, 109: 63 – 70.

[37] Black J E, Isaacs K R, Anderson B J. Learning causes synaptogenesis, whereas motor activity causes angiogenesis, in cerebellar cortex of adult rats[J]. Proc Natl Acad Sci USA, 1990, 87(14): 5568 – 5572.

[38] Bodles A M, Barger S W. Cytokines and the aging brain—what we don't know might help us[J]. Trends Neurosci, 2004, 27: 621 – 626.

[39] Braak H, Braak E. Neuropathological stageing of Alzheimer-related changes[J]. Acta Neuropathol, 1991, 82: 239 – 259.

[40] Brant-Zawadzki M, Weinstein P, Bartkowski H, et al. MR imaging and spectroscopy in clinical and experimental cerebral ischemia: a review[J]. AM J Roentgenol, 1987, 148: 579 – 588.

[41] Brown A D, McMorris C A, Longman R S, et al. Effects of cardiorespiratory fitness and cerebral blood flow on cognitive outcomes in older women[J]. Neurobiol Aging, 2010, 31: 2047 – 2057.

[42] Bruel-Jungerman E, Rampon C, Laroche S. Adult hippocampal neurogenesis, synaptic plasticity and memory: facts and hypotheses[J]. Rev Neurosci, 2007, 18 : 93 – 114.

[43] Brunk U T, Terman A. The mitochondrial-lysosomal axis theory of aging: accumulation of damaged mitochondria as a result of imperfect autophagocytosis[J]. Eur J Biochem, 2002, 269: 1996 – 2002.

[44] Buckner R L, Andrews-Hanna J R, Schacter D L. The brain's default network: anatomy, function, and relevance to disease[J]. Ann NY Acad Sci, 2008, 1124: 1 – 38.

[45] Buckner R L, Sepulcre J, Talukdar T, et al. Cortical hubs revealed by intrinsic functional connectivity: mapping, assessment of stability, and relation to Alzheimer's disease[J]. J Neurosci, 2009, 29(6): 1860 – 1873.

[46] Budde H, Voelcker-Rehage C, Pietrabyk-Kendziorra S, et al. Acute coordinative exercise improves attentional performance in adolescents[J]. Neurosci Lett, 2008, 441: 219e23.

[47] Burdette J H, Laurienti P J, Espeland M A, et al. Using network science to evaluate exercise-associated brain changes in older adults[J]. Front Aging Neurosci, 2010, 2: 23. doi: 10.3389/fnagi.2010.00023.

[48] Burgener S C, Yang Y, Gilbert R, et al. The effects of a multimodal intervention on outcomes of persons with early-stage dementia [J]. Am J Alzheimers Dis Other Dement. 2008, 23(4): 382 – 394.

[49] Bugg J M, Head D. Exercise moderates age-related atrophy of the medial temporal lobe[J]. Neurobiol Aging, 2011, 32: 506 - 514.

[50] Bullock T, Cecotti H, Giesbrecht B. Multiple stages of information processing are modulated during acute bouts of exercise[J]. Neurosci, 2015, 307: 138 - 150.

[51] Cabeza R, Nyberg L. Imaging cognition II: An empirical review of 275 PET and fMRI studies[J]. J Cogn Neurosci, 2000, 12(1): 1 - 47.

[52] Cahn W, Hulshoff Pol H E, Lems E B, et al. Brain volume changes in first-episode schizophrenia: A 1 - year follow-up study[J]. Arch Gen Psychiatry, 2002, 11: 1002 - 1010.

[53] Calhoun V D, Adali T, Pearlson G D, et al. A method for making group inferences from functional MRI data using independent component analysis[J]. Hum brain mapp, 2002, 16(2): 131 - 131.

[54] Cameron H A, Woolley C S, McEwen B S, et al. Differentiation of newly born neurons and glia in the dentate gyrus of the adult rat[J]. Neurosci, 1993, 56: 337 - 344.

[55] Cameron H A, Mckay R D G. Adult neurogenesis produces a large pool of new granule cells in the dentate gyrus[J]. J Comp Neurol, 2001, 435: 406 - 417.

[56] Cardenas V A, Du A T, Hardin D, et al. Comparison of methods for measuring longitudinal brain change in cognitive impairment and dementia [J]. Neurobiol Aging, 2003, 24: 537 - 544.

[57] Casey B J, Traino R J, Orendi J L, et al. A developmental functional MRI study of prefrontal activation during performance of a go-no-go task[J]. J Cogn Neurosci, 1997, 9(6): 835 - 847.

[58] Cavanna A E. The precuneus: a review of its functional anatomy and behavioural correlates[J]. Brain, 2006, 129, 3: 564 - 583.

[59] Chang Y, Nien Y, Chen A, et al. Tai JiQuan, the brain, and cognition in older adults[J]. J Sport Health Sci, 2014, 3(1): 36 - 42.

[60] Chang Y K, Huang C J, Chen K F, et al. Physical activity and working memory in healthy older adults: an ERP study[J]. Psychophysiology, 2013, 50: 1174 - 1182.

[61] Chen S, Ross T J, Zhan W, et al. Group independent component analysis reveals consistent resting-state networks across multiple sessions[J]. Brain Research, 2008, 1239: 141 - 151.

[62] Chen Z J, He Y, Rosaneto P, et al. Revealing modular architecture of human brain structural networks by using cortical thickness from MRI[J]. Cereb Cortex, 2008, 18(10): 2374 - 2381.

[63] Chiu Y C, Yantis S. A domain-independent source of cognitive control for task sets: shifting spatial attention and switching categorization rules[J]. J Neurosci, 2009, 29 (12): 3930 - 3938.

[64] Coen R F, Lawlor B A, Kenny R. Failure to demonstrate that memory improvement is due either to aerobic exercise or increased hippocampal volume[J]. Proc Natl Acad

Sci USA, 2011, 108(18): doi: 10. 1073/pnas. 1102593108.

[65] Colcombe S, Kramer A F. Fitness effects on the cognitive function of older adults: a meta-analytic study[J]. Psychol Sci, 2003, 14: 125 - 130.

[66] Colcombe S J, Erickson K I, Scalf P E, et al. Aerobic exercise training increases brain volume in aging humans[J]. J Gerontol A-Biol 2006, 61(11): 1166 - 1170.

[67] Colcombe S J, Kramer A F. Fitness effects on the cognitive function of older adults: A meta-analytic study[J]. Psychol Sci, 2003, 14(2): 125 - 130.

[68] Colcombe S J, Kramer A F, Erickson K I, et al. Cardiovascular fitness, cortical plasticity, and aging[J]. Proc Natl Acad Sci USA, 2004, 101(9): 3316 - 3321.

[69] Collette F, Linden M V D. Brain imaging of the central executive component of working memory[J]. Neurosci Biobehav Res, 2002, 26(2): 105 - 125.

[70] Conway A R A, Cowan N, Bunting M F, et al. A latent variable analysis of working memory capacity, short-term memory capacity, processing speed, and general fluid intelligence[J]. Intelligence, 2002, 30(2): 163 - 183.

[71] Cooper C, Moon H Y, Van Praag H. On the run for hippocampal plasticity[J]. Cold Spring Harb Perspect Med, 2018, 8(4): doi: 10. 1101/cshperspect. a029736.

[72] Crone E A, Wendelken C, Donohue S E, et al. Neural evidence for dissociable components of task-switching[J]. Cereb Cortex, 2006, 16(4): 475 - 486.

[73] Davenport M H, Hogan D B, Eskes G A, et al. Cerebrovascular reserve: the link between fitness and cognitive function? [J]. Exerc Sport Sci Rev, 2012, 40: 153 - 158.

[74] Dosenbach N U F, Visscher K M, Palmer E D, et al. A core system for the implementation of task sets[J]. Neuron, 2006, 50(5): 799 - 812.

[75] Driscoll I, Hamilton D A, Petropoulos H, et al. The aging hippocampus: cognitive, biochemical and structural findings[J]. Cereb Cortex, 2003, 13(12): 1344 - 1351.

[76] Driscoll I, Howard S R, Stone J C, et al. The aging hippocampus: a multi-level analysis in the rat[J]. Neurosci, 2006, 139: 1173 - 1185.

[77] Du A T, Schuff N, Chao L L, et al. Age effects on atrophy rates of entorhinal cortex and hippocampus[J]. Neurobiol aging, 2006, 27: 733 - 740.

[78] Du A T, Schuff N, Zhu X P, et al. Atrophy rates of entorhinal cortex in AD and normal aging[J]. Neurology, 2003, 60: 481 - 486.

[79] Duffy S N, Craddock K J, Abel T, et al. Environmental enrichment modifies the PKA-dependence of hippocampal LTP and improves hippocampus-dependent memory[J]. Learn Mem, 2001, 8: 26 - 34.

[80] El-falougy H, Benuska J. History, anatomical nomenclature, comparative anatomy and functions of the hippocampal formation[J]. Bratisl Lek Listy, 2006, 107(4): 103 - 106.

[81] Erickson K I, Prakash R S, Voss M W, et al. Aerobic fitness is associated with hippocampal volume in elderly humans[J]. Hippocampus, 2009, 19: 1030 - 1039.

[82] Erickson K I, Raji C A, Lopez O L, et al. Physical activity predicts gray matter

volume in late adulthood: the Cardiovascular Health Study[J]. Neurology, 2010, 75: 1415 - 1422.

[83] Erickson K I, Voss M W, Prakash R S, et al. Exercise training increases size of hippocampus and improves memory[J]. Proc Natl Acad Sci USA, 2011, 108: 3017 - 3022.

[84] Fabel K, Kempermann G. Physical activity and the regulation of neurogenesis in the adult and aging brain[J]. Neuromolecular Med, 2008, 10: 59 - 66.

[85] Fazekas F, Ropele S, Enzinger C, et al. MTI of white matter hyperintensities[J]. Brain, 2005, 15: doi: 10. 1093/brain/awh567.

[86] Ferri C P, Prince M, Brayne C, et al. Global prevalence of dementia: A Delphi consensus study[J]. Lancet, 2005, 366(9503): 2112 - 2117.

[87] Fjell A M, Walhovd K B, Reinvang I, et al. Age does not increase rate of forgetting over weeks—neuroanatomical volumes and visual memory across the adult life-span [J]. J Int Neuropsych Soc, 2005, 11: 2 - 15.

[88] Fox N C, Warrington E K, Freeborough P A, et al. Presymptomatic hippocampal atrophy in Alzheimer's disease. A longitudinal MRI study[J]. Brain, 1996, 119: 2001 - 2007.

[89] Fox M D, Raichle M E. Spontaneous fluctuations in brain activity observed with functional magnetic resonance imaging[J]. Nat Rev Neurosci, 2007, 8(9): 700 - 711.

[90] Fox M D, Snyder A Z, Vincent J L, et al. Intrinsic fluctuations within cortical systems account for intertrial variability in human behavior[J]. Neuron, 2007, 56 (1): 171 - 184.

[91] Fox M D, Zhang D, Snyder A Z, et al. The global signal and observed anticorrelatedresting state brain networks[J]. J Neurophysiol, 2009, 101(6): 3270 - 3283.

[92] Furutani K, Harada M, Minato M, et al. Regional changes of fractional anisotropy with normal aging using statistical parametric mapping (SPM)[J]. J Med Invest, 2005, 52: 186 - 190.

[93] Gauthier S, Reisberg B, Zaudig M, et al. Mild cognitive impairment[J]. Lancet, 2006, 367(9518): 1262 - 1270.

[94] Gazzaniga M S. Principles of human brain organization derived from split-brain studies[J]. Neuron, 1995, 14: 217 - 228.

[95] Geinisman Y, Detoledo-morrell L, Morrell F, et al. Hippocampal markers of age-related memory dysfunction: behavioral, electrophysiological and morphological perspectives[J]. Prog Neurobiol, 1995, 45: 223 - 252.

[96] Gertz K, Priller J, Kronenberg G, et al. Physical activity improves long-term stroke outcome via endothelial nitric oxide synthase-dependent augmentation of neovascularization and cerebral blood flow[J]. Circ Res, 2006, 99: 1132 - 1140.

[97] Gil-Mohapel J, Brocardo P S, Choquette W, et al. Hippocampal neurogenesis levels

predict WATERMAZE search strategies in the aging brain[J]. PLoS One, 2013, 8: e75125.

[98] Good C D, Johnsrude I S, Ashburner J, et al. A voxel-based morphometric study of ageing in 465 normal adult human brains[J]. NeuroImage, 2001, 14: 21 – 36.

[99] Gordon B A, Rykhlevskaia E I, Brumback C R, et al. Neuro-anatomical correlates of aging, cardiopulmonary fitness level, and education[J]. Psychophysiol, 2008, 45: 825 – 838.

[100] Grady C. The cognitive neuroscience of ageing[J]. Nat Rev Neurosci, 2012, 13 (7): doi: 10. 1038/nrn3256.

[101] Gunning-Dixon F M, Raz N. Neuroanatomical correlates of selected executive functions in middle-aged and older adults: a prospective MRI study [J]. Neuropsychol, 2003, 41: 1929 – 1941.

[102] Gunning-Dixon F M, Raz N. The cognitive correlates of white matter abnormalities in normal aging: a quantitative review[J]. Neuropsychol, 2000, 14: 224 – 232.

[103] Hampson M, Driesen N R, Skudlarski P, et al. Brain connectivity related to working memory performance[J]. J Neurosci, 2006, 26(51): 13338 – 13343.

[104] Haug H. Senile dementia of alzheimer type[M]. Berlin: Springer Press, 1985.

[105] Head D, Buckner R L, Shimony J S, et al. Differential vulnerability of anterior white matter in nondemented aging with minimal acceleration in dementia of the Alzheimer type: evidence from diffusion tensor imaging[J]. Cereb Cortex, 2004, 14: 410 – 423.

[106] Head D, Raz N, Gunning-Dixon F, et al. Age-related shrinkage of the prefrontal cortex is associated with executive, but not procedural aspects of cognitive performance[J]. Psychol Aging, 2002, 17: 72 – 84.

[107] Hillman C H, Snook E M, Jerome G J. Acute cardiovascular exercise and executive control function[J]. Int J Psychophysiol, 2003, 48(3): 307 – 314.

[108] Hosseini S M, Kramer J H, Kesler S R. Neural correlates of cognitive intervention in persons at risk of developing Alzheimer's disease[J]. Front Aging Neurosci, 2014, 6: doi: 10. 3389/fnagi. 2014. 00231.

[109] Insausti R, Juottonen K, Soininen H, et al. MR volumetric analysis of the human entorhinal, perirhinal, and temporopolar cortices[J]. Am J Neuroradiol, 1998, 19: 659 – 671.

[110] Jack C R, Theodore W H, Cook M, et al. MRI-based hippocampal volumetrics: data acquisition, normal ranges, and optimal protocol[J]. Magn Reson Imaging, 1995, 13: 1057 – 1064.

[111] Jack C R, Knopman D S, Jagust W J, et al. Tracking pathophysiological processes in Alzheimer's disease: An updated hypothetical model of dynamic biomarkers[J]. Lancet Neurol, 2013, 12(2): 207 – 216.

[112] Jessberger S, Clark R E, Broadbent N J, et al. Dentate gyrus-specific knockdown of adult neurogenesis impairs spatial and object recognition memory in adult rats

[J]. Learn Mem, 2009, 16: 147 - 154.

[113] Johansen-Berg H. Behavioural relevance of variation in white matter microstructure [J]. Curr Opin Neurol, 2011, 23: 351 - 358.

[114] Johnson N F, Kim C, Clasey J L, et al. Cardiorespiratory fitness is positively correlated with cerebral white matter integrity in healthy seniors. NeuroImage, 2012, 59: 1514 - 1523.

[115] Kaye J A, Swihart T, Howieson D, et al. Volume loss of the hippocampus and temporal lobe in healthy elderly persons destined to develop dementia [J]. Neurology, 1997, 48: 1297 - 1304.

[116] Kemper T. Clinical neurology of aging [M]. New York: Oxford University Press, 1994.

[117] Kempermann G, Fabel K, Ehninger D, et al. Why and how physical activity promotes experience-induced brain plasticity[J]. Front Neurosci, 2010: http://dx.doi.org/10.3389/fnins.2010.00189.

[118] Killiany R J, Hyman B T, Gomez-Isla T, et al. MRI measures of entorhinal cortex vs. hippocampus in preclinical AD[J]. Neurology, 2002, 58: 1188 - 1196.

[119] Kobilo T, Liu Q R, Gandhi K, et al. Running is the neurogenic and neurotrophic stimulus in environmental enrichment[J]. Learn Mem, 2011, 18: 605 - 609.

[120] Konishi K, Etchamendy N, Roy S, et al. Decreased functional magnetic resonance imaging activity in the hippocampus in favor of the caudate nucleus in older adults tested in a virtual navigation task[J]. Hippocampus, 2013, 23: 1005 - 1014.

[121] Kordower J H, Chu Y, Stebbins G T, et al. Loss and atrophy of layer II entorhinal cortex neurons in elderly people with mild cognitive impairment[J]. Ann Neurol, 2001, 49: 202 - 213.

[122] Kramer A F, Erickson K I. Capitalizing on cortical plasticity: influence of physical activity on cognition and brain function [J]. Trends cogn sci, 2007, 11 (8): 342 - 348.

[123] Laakso M P, Frisoni G B, Könönen M, et al. Hippocampus and entorhinal cortex in frontotemporal dementia and Alzheimer's disease: a morphometric MRI study [J]. Biol Psychiat, 2000, 47: 1056 - 1063.

[124] Lamaître H, Crivello F, Grassiot B, et al. Age-and sex-related effects on the neuroanatomy of healthy elderly[J]. NeuroImage, 2005, 26: 900 - 911.

[125] Lazic S E. Modeling hippocampal neurogenesis across the lifespan in seven species [J]. Neurobiol Aging, 2012, 33: 1664 - 1671.

[126] Lemaire V, Koehl M, Le Moal M, et al. Prenatal stress produces learning deficits associated with an inhibition of neurogenesis in the hippocampus[J]. Proc Natl Acad Sci USA, 2000, 97: 11032 - 11037.

[127] Lindwall M, Rennemark M, Halling A, et al. Depression and exercise in elderly men and women: findings from the Swedish national study on aging and care[J]. J Aging Phys Act, 2007, 15: 41 - 55.

[128] Lista I, Sorrentino G. Biological mechanisms of physical activity in preventing cognitive decline[J]. Cell Mol Neurobiol, 2010, 30: 493 – 503.

[129] Liu Y, Yu C, Zhang X, et al. Impaired long distance functional connectivity and weighted network architecture in Alzheimer's disease[J]. Cereb Cortex, 2014, 24 (6): 1422 – 1435.

[130] Liu-Ambrose T, Nagamatsu L S, Voss M W, et al. Resistance training and functional plasticity of the aging brain: a 12-month randomized controlled trial[J]. Neurobiol Aging, 2012, 33: 1690 – 1698.

[131] Maheswaran S, Barjat H, Rueckert D, et al. Longitudinal regional brain volume changes quantified in normal aging and Alzheimer's APP × PS1 mice using MRI [J]. Brain Res, 2009, 1270: 19 – 32.

[132] Markham J A, McKian K P, Stroup T S, et al. Sexually dimorphic aging of dendritic morphology in CA1 of hippocampus [J]. Hippocampus, 2005, 15: 97 – 103.

[133] Marks B L, Katz L M, Styner M, et al. Aerobic fitness and obesity: Relationship to cerebral white matter integrity in the brain of active and sedentary older adults [J]. Brit J Sport Med, 2011, 45: 1208 – 1215.

[134] Marks B L, Madden D J, Bucur B, et al. Role of aerobic fitness and aging on cerebral white matter integrity[J]. Ann NY Acad Sci, 2007, 1097: 171 – 174.

[135] Marner L, Nyengaard J R, Tang Y, et al. Marked loss of myelinated nerve fibers in the human brain with age[J]. J Comp Neurol, 2003, 462: 144 – 152.

[136] Meier-Ruge W, Ulrich J, Bruhlmann M, et al. Age-related white matter atrophy in the human brain[J]. Ann NY Acad Sci, 1992, 673: 260 – 269.

[137] Morrison J H, Hof P R. Life and death of neurons in the aging brain[J]. Science, 1997, 278: 412 – 419.

[138] Mu Q, Xie J, Wen Z, et al. A quantitative MR study of the hippocampal formation, the amygdala, and the temporal horn of the lateral ventricle in healthy subjects 40 – 90 years of age[J]. AJNR Am J Neuroradiol, 1999, 20: 207 – 211.

[139] Mueller E A, Moore M M, Kerr D C, et al. Brain volume preserved in healthy elderly through the eleventh decade[J]. Neurology, 1998, 51: 1555 – 1562.

[140] Nakamura T, Ghilardi M F, Mentis M, et al. Functional networks in motor sequence learning: abnormal topographies in Parkinson's disease[J]. Hum Brain Mapp, 2001, 12: 42 – 60.

[141] Nyberg J, Aberg M A, Schioler L, et al. Cardiovascular and cognitive fitness at age 18 and risk of early-onset dementia[J]. Brain, 2014, 137: 1514 – 1523.

[142] Onoda K, Ishihara M, Yamaguchi S. Decreased functional connectivity by aging is associated with cognitive decline[J]. J Cogn Neurosci, 2012, 24(11): 2186 – 2198.

[143] Pantoni L, Garcia J H, Gutierrez J A. Cerebral white matter is highly vulnerable to ischemia[J]. Stroke, 1996, 27: 1641 – 1646.

[144] Park D C, Reuter-Lorenz P. The adaptive brain: Aging and neurocognitive

scaffolding[J]. Ann Rev Psychol, 2009, 60: 173 - 196.

[145] Persson J, Pudas S, Lind J, et al. Longitudinal structure-function correlates in elderly reveal MTL dysfunction with cognitive decline[J]. Cereb Cortex, 2012, 22: 2297 - 2304.

[146] Petersen R C, Doody R, Kurz A, et al. Current concepts in mild cognitive impairment[J]. Arch Neurol, 2001, 58(12): 1985 - 1992.

[147] Petersen R C, Morris J C. Mild cognitive impairment as a clinical entity and treatment target[J]. Arch Neurol, 2005, 62(7): 1160 - 1163.

[148] Petersen R C, Roberts R O, Knopman D S, et al. Mild cognitive impairment: ten years later[J]. Arch Neurol, 2009, 66(12): 1447 - 1455.

[149] Petzinger G M, Fisher B E, McEwen S, et al. Exercise-enhanced neuroplasticity targeting motor and cognitive circuitry in Parkinson's disease[J]. Lancet Neurol, 2013, 12(7): 716 - 726.

[150] Pico F, Dufouil C, Levy C, et al. Longitudinal study of carotid atherosclerosis and white matter hyperintensities: the EVA - MRI cohort[J]. Cerebrovasc Dis, 2002, 14: 109 - 115.

[151] Pontifex M B, Hillman C H. Neuroelectric and behavioral indices of interference control during acute cycling[J]. Clin Neurophysiol, 2007, 118(3): 570 - 580.

[152] Prakash R S, Voss M W, Erickson K I, et al. Cardiorespiratory fitness and attentional control in the aging brain[J]. Front Hum Neurosci, 2011, 4, 229: doi: 10. 3389/fnhum. 2010. 00229. eCollection 2011.

[153] Pruessner J C, Collins D L, Pruessner M, et al. Age and gender predict volume decline in the anterior and posterior hippocampus in early adulthood [J]. J Neurosci, 2001, 21: 194 - 200.

[154] Raz N, Gunning-Dixon F, Head D, et al. Aging, sexual dimorphism, and hemispheric asymmetry of the cerebral cortex: replicability of regional differences in volume[J]. Neurobiol Aging, 2004a, 25: 377 - 396.

[155] Raz N, Rodrigue K M, Acker J D. Hypertension and the brain: vulnerability of the prefrontal regions and executive functions [J]. Behav Neurosci, 2003a, 17: 1169 - 1180.

[156] Raz N, Rodrigue K M, Head D, et al. Differential aging of the medial temporal lobe: a study of a five-year change[J]. Neurology, 2004b, 62: 433 - 439.

[157] Raz N, Rodrigue K M, Kennedy K M, et al. Differential age-related changes in the regional metence-phalic volumes in humans: a five-year follow-up[J]. Neurosci Lett, 2003c, 349: 163 - 166.

[158] Raz N, Rodrigue K M, Kennedy K M, et al. Differential aging of the human striatum: longitudinal evidence[J]. Am J Neuroradiol, 2003b, 24: 1849 - 1856.

[159] Raz N, Rodrigue K M, Kennedy K M, et al. Hormone replacement therapy and age-related brain shrinkage: regional effects [J]. NeuroReport, 2004c, 15: 2531 - 2534.

[160] Raz N. Cognitive neuroscience of aging：linking cognitive and cerebral aging[M]. New York：Oxford University Press，2004.

[161] Resnick S M，Pham D L，Kraut M A，et al. Longitudinal magnetic resonance imaging studies of older adults：a shrinking brain[J]. J Neurosci，2003，23：3295 - 3301.

[162] Riddle D R，Sonntag W E，Lichtenwalner R J. Microvascular plasticity in aging [J]. Ageing Res Rev，2003，2：149 - 168.

[163] Rosano C，Venkatraman V K，Guralnik J，et al. Psychomotor speed and functional brain MRI 2 years after completing a physical activity treatment[J]. The Journals of Gerontology：Series A：Biol Sci Med Sci，2010，65A：639 - 647.

[164] Ruscheweyh R，Willemer C，Kruger K，et al. Physical activity and memory functions：an interventional study[J]. Neurobiol Aging，2011，32：1304 - 1319.

[165] Rutten B P，Korr H，Steinbusch H W，et al. The aging brain：less neurons could be better[J]. Mech Ageing Dev，2003，124：349 - 355.

[166] Sala-Llonch R，Bartrés-Faz D，Junqué C. Reorganization of brain networks in aging：A review of functional connectivity studies[J]. Front Psychol，2015，6：doi：10. 3389/fpsyg. 2015. 00663.

[167] Salat D H，Buckner R L，Snyder A Z，et al. Thinning of the cerebral cortex in aging[J]. Cereb Cortex，2004，14：721 - 730.

[168] Salthouse T A. Neuroanatomical substrates of age-related cognitive decline[J]. Psychol Bull，2011，137：753 - 784.

[169] Samuels B A，Hen R. Neurogenesis and affective disorders[J]. Eur J Neurosci，2011，33：1152 - 1159.

[170] Scahill R I，Frost C，Jenkins R，et al. A longitudinal study of brain volume changes in normal aging using serial registered magnetic resonance imaging[J]. Arch Neurol，2003，60：989 - 994.

[171] Schaie K W. The course of adult intellectual development[J]. Am psychologist，1994，49(4)：doi：10. 1037/0003 - 066x. 49. 4. 304.

[172] Seeley W W，Crawford R K，Zhou J，et al. Neurodegenerative diseases target large-scale human brain networks[J]. Neuron，2009，62(1)：42 - 52.

[173] Simic G，Bexheti S，Kelovic Z，et al. Hemispheric asymmetry，modular variability and age-related changes in the human entorhinal cortex[J]. Neurosci，2005，130：911 - 925.

[174] Skullerud K. Variations in the size of the human brain：Influence of age，sex，body length，body mass index，alcoholism，Alzheimer changes，and cerebral atherosclerosis [J]. Acta Neurol Scand—Supplement，1985，102：1 - 94.

[175] Sliwinski M，Buschke H. Cross-sectional and longitudinal relationships among age，cognition，and processing speed[J]. Psychol Aging，1999，14：18 - 33.

[176] Small S A，Nava A S，Perera G M，et al. Evaluating the function of hippocampal subregions with high-resolution MRI in Alzheimer's disease and aging[J]. Microsc

Res Techniq, 2000, 51: 101 - 108.

[177] Small S A, Chawla M K, Buonocore M, et al. Imaging correlates of brain function in monkeys and rats isolates a hippocampal subregion differentially vulnerable to aging[J]. Proc Natl Acad Sci USA, 2004, 101: 7181 - 7186.

[178] Smith J C, Nielson K A, Antuono P, et al. Semantic memory functional MRI and cognitive function after exercise intervention in mild cognitive impairment[J]. J Alzheimers dis, 2013, 37(1): 197 - 215.

[179] Smith S M, Fox P T, Miller K L, et al. Correspondence of the brain's functional architecture during activation and rest[J]. Proc Natl Acad Sci USA, 2009, 106 (31): 13040 - 13045.

[180] Soto I, Graham L C, Richter H J, et al. APOE stabilization by exercise prevents aging neurovascular dysfunction and complement induction. PLoS Biol, 2015, 13: 1 - 33.

[181] Stern Y. Cognitive reserve in ageing and Alzheimer's disease[J]. Lancet Neurol, 2012, 11: 1006 - 1012.

[182] Stern Y, Cognitive reserve[J]. Neuropsychologia, 2009, 4: 2015 - 2028.

[183] Sullivan E V, Pfefferbaum A. Diffusion tensor imaging in normal aging and neuropsychiatric disorders[J]. Eur J Radiol, 2003, 45: 244 - 255.

[184] Suzuki T, Shimada H, Makizako H, et al. A randomized controlled trial of multicomponent exercise in older adults with mild cognitive impairment [J]. PlosOne, 2013, 8(4): e61483.

[185] Taddei F, Bultrini A, Spinelli D, et al. Neural correlates of attentional and executive processing in middle-age fencers[J]. Med Sci Sport Exer, 2012, 44(6): 1057 - 1066.

[186] Tang Y Y, Ma Y, Fan Y, et al. Central and autonomic nervous system interaction is altered by short-term meditation[J]. Proc Natl Acad Sci U S A, 2009, 106 : 8865 - 8870.

[187] Tambini A, Ketz N, Davachi L. Enhanced brain correlations during rest are related to memory for recent experiences[J]. Neuron, 2010, 65(2): 280 - 290.

[188] Tao J, Liu J, Liu W, et al. Tai Chi Chuan and Baduanjin Increase Grey Matter Volume in Older Adults: A Brain Imaging Study[J]. J Alzheimers Dis, 2017, 60 (2): 389 - 400.

[189] Tao J, Chen X, Liu J, et al. Tai Chi Chuan and Baduanjin mind-body training changes resting-state low-frequency fluctuations in the frontal lobe of older adults: A Resting-state fMRI study[J]. Front Hum Neurosci, 2017, 11: https://doi. org/10. 3389/fnhum. 2017. 00514.

[190] Tao J, Liu J, Egorova N, et al. Increased hippocampus-medial prefrontal cortex resting-state functional connectivity and memory function after Tai Chi Chuan practice in elder adults[J]. Front Aging Neurosci. 2016, 8: https://doi. org/ 10. 3389/fnagi. 2016. 00025.

[191] Taren A A, Creswell J D, Gianaros P J. Dispositional mindfulness co-varies with smaller amygdala and caudate volumes in community adults[J]. PLOS ONE, 2013, 8：https：//doi. org/10. 1371/journal. pone. 0064574.

[192] Tata D A, Marciano V A, Anderson B J. Synapse loss from chronically elevated glucocorticoids：Relationship to neuropil volume and cell number in hippocampal area CA3[J]. J compara Neurol, 2006, 498(3)：363 – 374.

[193] Taubert M, Lohmann G, Margulies D S, et al. Long-term effects of motor training on resting-state networks and underlying brain structure[J]. NeuroImage, 2011, 57(4)：1492 – 1498.

[194] Taylor-Piliae R E, Newell K A, Cherin R, et al. Effects of Tai Chi and western exercise on physical and cognitive functioning in healthy community-dwelling older adults[J]. J Aging Phys Activ, 2010, 18(3)：261 – 279.

[195] Thompson P M, Hayashi K M, de Zubicaray G, et al. Dynamics of gray matter loss in Alzheimer's disease[J]. J Neurosci, 2003, 23：994 – 1005.

[196] Tian L, Ren J, Zang Y. Regional homogeneity of resting state fMRI signals predicts Stop signal task performance[J]. NeuroImage, 2012, 60(1)：539 – 544.

[197] Tomasi D, Volkow N D. Aging and functional brain networks[J]. Mol Psychiatr, 2012, 17(5)：doi：10. 1038/mp. 2011. 81.

[198] Torres E R, Strack E F, Fernandez C E, et al. Physical activity and white matter hyperintensities：A systematic review of quantitative studies[J]. Prev Med Rep, 2015, 2：319 – 325.

[199] Tousignant M, Corriveau H, Roy P M, et al. The effect of supervised tai chi intervention compared to a physiotherapy program on fall-related clinical outcomes：a randomized clinical trial[J]. Disabil Rehabil, 2012, 34(3)：196 – 201.

[200] Tsai C L, Pan C Y, Chen F C, et al. Open-and closed-skill exercise interventions produce different neurocognitive effects on executive functions in the elderly：a 6-month randomized, controlled trial[J]. Front aging neurosci, 2017, 9：doi：10. 3389/fnagi. 2017. 00294.

[201] Tsang W W N, Hui-Chan C W Y, Fu S N. Effects of Tai Chi on pre-landing muscle response latency during stepping down while performing a concurrent mental task in older adults[J]. Eur J App Physiol, 2012, 112(7)：2663 – 2669.

[202] Turner G R, Spreng R N. Executive functions and neurocognitive aging：Dissociable patterns of brain activity[J]. Neurobiol Aging, 2012, 33(4)：826. e1 – e13.

[203] Tzourio C, Dufouil C, Ducimetiere P, et al. Cognitive decline in individuals with high blood pressure：a longitudinal study in the elderly. EVA Study Group. Epidemiology of Vascular Aging[J]. Neurology, 1999, 53：1948 – 1952.

[204] Tzourio-Mazoyer N, Landeau B, Papathanassiou D, et al. Automated anatomical labeling of activations in SPM using a macroscopic anatomical parcellation of the MNI MRI single-subject brain[J]. Neuroimage, 2002, 15(1)：273 – 289.

[205] Unsworth N, Engle R W. Speed and accuracy of accessing information in working memory: An individual differences investigation of focus switching[J]. Journal of Experimental Psychology: Learning, Memory, and Cognition, 2008, 34(3): 616.

[206] Unsworth N, Redick T S, Heitz R P, et al. Complex working memory span tasks and higher-order cognition: A latent-variable analysis of the relationship between processing and storage[J]. Memory, 2009, 17(6): 635 - 654.

[207] Urrila A S, Hakkarainen A, Heikkinen S, et al. Stimu-lus-induced brain lactate: effects of aging and prolonged wakefulness[J]. J Sleep Res, 2004, 13: 111 - 119.

[208] Uylings H B, de Brabander J M. Neuronal changes in normal human aging and Alzheimer's disease[J]. Brain Cognition, 2002, 49: 268 - 276.

[209] Valentina P, Roberto E, Francesca S, et al. Combination training in aging individuals modifies functional connectivity and cognition, and is potentially affected by dopamine-related genes [J]. PLoS ONE, 2012, 7 (8): https: //doi. org/ 10. 1371/journal. pone. 0043901.

[210] Van Praag H. Exercise enhances learning and hippocampal neurogenesis in aged mice[J]. J Neurosci, 2005, 25(38): 8680 - 8685.

[211] Van Veen V, Carter C S. The anterior cingulate as a conflict monitor: fMRI and ERP studies[J]. Physiol behav, 2002, 77(4 - 5): 477 - 482.

[212] Voelcker-Rehage C, Godde B, Staudinger U M. Cardiovascular and coordination training differentially improve cognitive performance and neural processing in older adults[J]. Front Hum Neurosci, 2011, 5, 26: http: //doi. org/10. 3389/fnhum. 2011. 00026.

[213] Von Bohlen und Halbach O, Unsicker K, 2002. Morphological alterations in the amygdala and hippocampus of mice during ageing [J]. Eur J Neurosci, 16: 2434 - 2440.

[214] Voss M W, Chaddock L, Kim J S, et al. Aerobic fitness is associated with greater efficiency of the network underlying cognitive control in preadolescent children[J]. Neuroscience, 2011, 199: 166 - 176.

[215] Voss M W, Erickson K I, Prakash R S, et al. Functional connectivity: A source of variance in the association between cardiorespiratory fitness and cognition? [J]. Neuropsychologia, 2010a, 48(5): 1394 - 1406.

[216] Voss M W, Heo S, Prakash R S, et al. The influence of aerobic fitness on cerebral white matter integrity and cognitive function in older adults: results of a one-year exercise intervention[J]. Hum Brain Mapp, 2012: http: //dx. doi. org/10. 1002/ hbm. 22119.

[217] Voss M W, Prakash R S, Erickson K I, et al. Plasticity of brain networks in a randomized intervention trial of exercise training in older adults[J]. Front aging neurosci, 2010b, 2: https: //doi. org/10. 3389/fnagi. 2010. 00032.

[218] Walhovd K B, Fjell A M. The relationship between P3 and neuropsychological function in an adult life span sample[J]. Biol Psychol, 2003, 62(1): 65 - 87.

[219] Wang J, Wang L, Zang Y, et al. Parcellation-dependent small-world brain functional networks: a resting-state fMRI study[J]. Hum Brain Mapp, 2010, 30 (5): 1511 - 1523.

[220] Wang T, Chen Z, Zhao G, et al. Linking inter-individual differences in the conflict adaptation effect to spontaneous brain activity [J]. NeuroImage, 2014, 15: 146 - 152.

[221] Watts D J, Strogatz S H. Collective dynamics of 'small-world' networks[J]. Nature, 1998, 393: 440 - 442.

[222] Wei G, Xu T, Fan F, et al. Can Taichi reshape the brain? A brain morphometrystudy[J]. PLoS One, 2013, 8(4): e61038.

[223] Wei G X, Dong H M, Yang Z, et al. Tai Chi Chuan optimizes the functional organization of the intrinsic human brain architecture in older adults[J]. Front Aging Neurosci, 2014, 74(6): 1 - 10.

[224] Wei G X, Gong Z Q, Yang Z, et al. Mind-body practice changes fractional amplitude of low frequency fluctuations in intrinsic control networks[J]. Front Psychol, 2017, 8: 1 - 14.

[225] Weinstein A M, Voss M W, Prakash R S, et al. The association between aerobic fitness and executive function is mediated by prefrontal cortex volume[J]. Brain Behav Immun, 2012, 26(5): 811 - 819.

[226] Westerberg H, Klingberg T. Changes in cortical activity after training of working memory-a single-subject analysis[J]. Physiol Behav, 2007, 92(1 - 2): 186 - 192.

[227] Wienke A S, Basar-Eroglu C, Schmiedt-Fehr C, et al. Novelty N2 - P3a complex and theta oscillations reflect improving neural coordination within frontal brain networks during adolescence[J]. Front Behav Neurosci, 2018, 12: doi: 10. 3389/ fnbeh. 2018. 00218.

[228] Willemssen R, Falkenstein M, Schwarz M, et al. Effects of aging, parkinson's disease, and dopaminergic medication on response selection and control [J]. Neurobiol aging, 2011, 32(2): 327 - 335.

[229] Wilson R S, Boyle P A, Segawa E, et al. The influence of cognitive decline on well-being in old age[J]. Psychol Aging, 2013, 28(2): 304 - 313.

[230] Winneke A H, Raffington L, Godde B, et al. Relationship between cardiovascular fitness, working memory and p300[J]. Psycholphysiol, 2013, 50: S52 - S52.

[231] Wolf S L, Barnhart H X, Kutner N G, et al. Reducing frailty and falls in older persons: An investigation of Tai Chi and computerized balance training. Atlanta FICSIT Group. Frailty and Injuries: Cooperative Studies of Intervention Techniques [J]. J Am Geriat Soc, 1996, 44(5): 489 - 497.

[232] Wong A M, Lin Y C, Chou S W, et al. Coordination exercise and postural stability in elderly people: Effect of Tai Chi Chuan[J]. Arch Phys Med Rehab, 2001, 82 (5): 608 - 612.

[233] Woodcock E A, White R, Diwadkar V A. The dorsal prefrontal and dorsal anterior

cingulate cortices exert complementary network signatures during encoding and retrieval in associative memory[J]. Behav Brain Res, 2015, 290: 152 - 160.

[234] Wright I C, Mcguire P K, Poline J B, et al. A voxel-based method for the statistical analysis of gray and white matter density applied to schizophrenia[J]. Neuroimage, 1995, 2(4): 244 - 252.

[235] Wu Y, Wang Y, Burgess E O, et al. The effects of Tai Chi exercise on cognitive function in older adults: A meta-analysis[J]. J Sport Health Sci, 2013, 2(4): 193 - 203.

[236] Wu T, Zang Y, Wang L, et al. Normal aging decreases regional homogeneity of the motor areas in the resting state[J]. Neurosci Lett, 2007, 423(3): 189 - 193.

[237] Xiong J, Parsons L M, Gao J H, et al. Interregional connectivity to primary motor cortex revealed using MRI resting state images[J]. Hum Brain Mapp, 1999, 8: 151 - 156.

[238] Xu X, Jerskey B A, Cote D M, et al. Cerebrovascular perfusion among older adults is moderated by strength training and gender[J]. Neurosci Lett, 2014, 560: 26 - 30.

[239] Yerlikaya D, Emek-Savaş D D, Kurşun B B, et al. Electrophysiological and neuropsychological outcomes of severe obstructive sleep apnea: effects of hypoxemia on cognitive performance[J]. Cognitive Neurodynamics, 2018, 12(5): 471 - 480.

[240] Yeo B T, Krienen F M, Sepulcre J, et al. The organization of the human cerebral cortex estimated by intrinsic functional connectivity[J]. J Neurophysiol, 2011, 106 (3): 1125 - 1165.

[241] Yin S, Zhu X, Li R, et al. Intervention-induced enhancement in intrinsic brain activity in healthy older adults[J]. Scientific Reports, 2015, 8(2): https: //doi. org/10. 1016/j. brs. 2015. 01. 320.

[242] Yu A P, Tam B T, Lai C W, et al. Revealing the neural mechanisms underlying the beneficial effects of Tai Chi: A neuroimaging perspective[J]. Am J Chinese Med, 2018, 46(2): 231 - 259.

[243] Zalesky A, Fornito A, Harding I H, et al. Whole-brain anatomical networks: Does the choice of nodes matter? [J]. Neuroimage, 2010, 50(3): 970 - 983.

[244] Zhang R, Kadar T, Sirimanne E, et al. Age-related memory decline is associated with vascular and microglial degeneration in aged rats[J]. Behav Brain Res, 2012, 235: 210 - 217.

[245] Zhang X, Ni X, Chen P. Study about the effects of different fitness sports on cognitive function and emotion of the aged[J]. Cell biochem biophysics, 2014, 70 (3): 1591 - 1596.

[246] Zhang Y T, Zhang C Y, Zhang J. et al. Age-related changes of normal adult brain structure: analysed with diffusion tensor imaging[J]. Chinese Med J (England), 2005, 118: 1059 - 1065.

[247] Zhang Z, Liu Y, Jiang T, et al. Altered spontaneous activity in Alzheimer's disease and mild cognitive impairment revealed by Regional Homogeneity[J]. NeuroImage, 2012, 59(2): 1429 - 1440.

[248] Zheng Z, Zhu X, Yin S, et al. Combined cognitive-psychological-physical intervention induces reorganization of intrinsic functional brain architecture in older adults[J]. Neural Plasticity, 2015, 2015: 1 - 11.

[249] Zhou B, Yao H, Wang P, et al. Aberrant functional connectivity architecture in alzheimer's disease and mild cognitive impairment: A whole-brain, data-driven analysis[J]. BioMed res int, 2015: doi: http://dx.doi.org/10.1155/2015/495375.

[250] Zhou S, Després O, Pebayle T, et al. Age-related decline in cognitive pain modulation induced by distraction: Evidence from event-related potentials. The Journal of Pain, 2015, 16, 9: 862 - 872.

[251] Zhu W, Guan S, Yang Y. Clinical implications of Tai Chi interventions: A review [J]. Am J Lifestyle Med, 2010, 4(5): 418 - 432.

[252] Zlatar Z Z, Towler S, Mcgregor K M, et al. Functional language networks in sedentary and physically active older adults[J]. J Int Neuropsychol Soc, 2013, 19 (6): 625 - 634.

[253] Zou L Y, Loprinzi P D, Yeung A S, et al. The beneficial effects of mind-body exercises for people with mild cognitive impairment: a systematic review with meta-analysis[J]. Archives of Physical Medicine and Rehabilitation, 2019, 100(8): 1556 - 1573.

[254] Zou Q H, Zhu C Z, Yang Y, et al. An improved approach to detection of amplitude of low-frequency fluctuation (ALFF) for resting-state fMRI: Fractional ALFF[J]. J Neurosci Meth, 2008, 172(1): 137 - 141.

[255] Zuo X N, Xu T, Jiang L L, et al. Toward reliable characterization of functional homogeneity in the human brain: preprocessing, scan duration, imaging resolution and computational space[J]. NeuroImage, 2013, 65: 374 - 386.

索　引